U0415171

温儒敏论语文教育

三集

Wen Rumin
Lun Yuwen Jiaoyu
San Ji

温儒敏 著

北京大学出版社
PEKING UNIVERSITY PRESS

图书在版编目(CIP)数据

温儒敏论语文教育三集/温儒敏著. —北京：北京大学出版社，2016. 2
ISBN 978 - 7 - 301 - 26886 - 5

Ⅰ. ①温… Ⅱ. ①温… Ⅲ. ①语文教学-教学研究-文集 Ⅳ. ①H19-53

中国版本图书馆 CIP 数据核字(2016)第 020992 号

书　　名	温儒敏论语文教育三集
著作责任者	温儒敏　著
责任编辑	艾　英
标准书号	ISBN 978 - 7 - 301 - 26886 - 5
出版发行	北京大学出版社
地　　址	北京市海淀区成府路 205 号　100871
网　　址	http://www. pup. cn　新浪微博：@ 北京大学出版社
电子信箱	pkuwsz@ 126. com
电　　话	邮购部 62752015　发行部 62750672　编辑部 62756467
印 刷 者	北京鑫海金澳胶印有限公司
经 销 者	新华书店
	787 毫米 × 1092 毫米　16 开本　19. 75 印张　397 千字
	2016 年 2 月第 1 版　2021 年 8 月第 8 次印刷
定　　价	59. 00 元

前 记

2007年《语文课改与文学教育》出版，随后又有《温儒敏论语文教育》一、二集陆续问世，现在第三集又将付梓，这是我第四本有关语文教育的论集。文章写得不少，但大都是报刊上的访谈、评论、讲演稿之类，并非严格意义上的学术论作。我不病其浅陋，汇编出书，且连出几本，也是受众多一线语文老师的谬奖与支持，他们似乎更喜欢这类不那么"正式"却比较"接地气"的文字。有些学校甚至还把拙著作为教师培训的参考，这对我自然是莫大的鼓励。

我曾说自己介入基础教育，只是"敲边鼓"，希望"鼓吹"一番，就能有更多有学问有理想的人加盟此道。可是这些年我的"边鼓"越敲越放不下，不能不用许多精力投入中小学语文，一边学习，一边思考和研究。收在这本论集中的许多文字，都和这些年我所参与的课标修订、教材编写、课程改革，以及"国培"计划等工作有关。虽多为应时之作，却也有对语文教育的思考与探究，有的曾引起热烈的讨论，不应是明日黄花。它的结集出版，也许还能继续引发语文界的关注，特别是其中所谈论的那些关于语文课程及高考改革的话题。

论集共收文64篇，为方便检索阅读，大致分为7辑。一是"课标与课改"。其中多篇涉及对课标的理论阐释，也有对十多年语文课改得失的回顾。二是"教材编写"，谈到新的部编本语文教材的编写理念及设计意图，包括有些"背景材料"的介绍，也许会引起那些即将使用部编本教材师生的兴趣。三是"高考语文"，特别是高考作文，每年刚刚考完，就有报纸要求评点，多是急就章。不过有关高考改革的一些建议，以及改革趋向的分析，都曾引起过广泛注意。四是"语文教学"，有比较具体的一些建议，特别是主张把培养读书兴趣放到首位，以及阅读教学1+X的方法，鼓励"连滚带爬"读书、多读"闲书"等，都意在纠正当下语文教学的偏颇。五是"研修文化"，主要和一线老师讨论如何减缓"职业性倦怠"，以及营造"自己的园地"等等。对"研修文化"的倡导，也有现实的考虑。六是"大学本义"，有对目前大学普遍存在弊病的担忧，亦有对人文学科包括中文系出路的探讨。七是"文学生活"，是近几年我在主持的一项大型调查项目的某些侧影，也和语文教育有点关系。最后还有2篇附录，是报刊上对我的语文教育研究之反响，收在这里，也凑个热闹吧。七个方面分得有点碎，但主旨还是语文教育。

几天前，我到珠海参加新教材试教的会议，顺便为那里正在举行的小学语文教学观摩会讲一次课。讲课在市体育馆，6000多小学老师坐得满满当当，我一上台就让那个"气场”震撼了。我原本准备了两小时的讲稿,可是主办方只给我一小时,我只好匆匆“过”一遍。到时间了,满场掌声雷动,希望我再多讲一会儿。我知道,不是我讲课多么吸引人,而是一线老师们实在太渴望学习、渴望提高专业素养了。我似乎从老师们渴望的眼神中得到了启示,更加认识到这些年所做工作的方向与意义。这些具体工作和贴近现实的研究,不只是满足社会的需求,也能给人文学术研究带来活力,让我们这些容易在象牙塔里讨生活的学者,获得一般纯学术研究所难于企及的那种充实感。所谓荒郊老屋中二三素心人商量培养的学问固然令人羡慕,而贴近现实的研究和探求也自有其价值。我打心里感谢众多一线的老师。

2015 年 12 月 9 日

目　录

六辑:大学本义

七辑:文学生活

一　　辑

课标与课改

关于语文课程标准的修订
——《义务教育语文课程标准(2011年版)解读》* 前言

这次课标的修订,尽量往素质教育靠拢,同时遵循语文教学规律,注意激发兴趣,保护天性,让学生学会学习。

义务教育语文课程标准的实验稿早在2001年研制成稿,随后在全国多个省、市、区试验推行,同时试用多种按照"课标"编写的新的教材,也就是所谓新课程实验,或称"课改",自推广起,至今已有十年了。从2007年4月开始,教育部组成课标修订组,着手修订。先对29个省、市、区课改情况进行大面积调查,征询对课标的内容及实验结果的各种意见。然后修订组用了近四年的时间,反复调研,反复学习,反复修改,数易其稿,最终形成定稿。

语文课程标准的研制和修订努力坚持正确的方向,体现新的教学理念,概括起来有这么几点是始终比较关注的:一是以人为本、全面实施素质教育,在教学中渗透社会主义核心价值观,培养学生的社会责任感、创新精神和实践能力;二是倡导自主、合作、探究的学习方式,培养学生学会学习、学会合作,学会创新;三是重视语文课程人文性与工具性的统一,注重积累、感悟、实践和综合学习,注重语文的熏陶感染作用;四是遵循语文教育规律,体现学科目标和内容的循序渐进;五是合理地设计课程目标和内容,减轻学生过重的负担。

---

* 《义务教育语文课程标准(2011年版)解读》,温儒敏、巢宗祺主编,高等教育出版社,2012年。

语文是一门主课,在小学与初中阶段到底应当学什么?怎样来教,又怎样来学?可能有各种各样的意见,围绕语文的争议也特别多。义务教育语文课程标准的研制和修订,当然也会注意到各种争议,吸纳那些比较切合实际的意见,但更主要的工作,是针对长期以来语文教育方面存在的普遍性问题,总结这十多年来课改的经验,同时按照国家教育中长期规划的总体要求,面向未来,提出语文课程的基本标准。

十年课改很艰难,原先课标实验稿的试行,可以说举步维艰,但成绩还是显著的。就语文教学而言,课标提出的许多先进的理念、方法,在课改中已逐步沉淀下来,即使很多学校和老师一时实施不了,也已经承认这是方向。所以这次课标修订,特别注意把课改中实施并逐步得到认可的那些新的理念和做法,体现出来。我们希望这个语文课标的基本理念是先进的,又是基本的,相对稳定的,有可行性的。全国的教育不均衡,学校情况不一样,但在这些基本标准和要求上,应当都能共同遵循,课标是能面向全体学生的。

什么是语文?很难下定义。有人说是语言文字,或者语言文学、文化,等等。这次课标的研制和修订也没有做概念论述式的定义,而是从课程性质角度做简明的说明:"语文课程是一门学习语言文字运用的综合性、实践性课程。义务教育阶段的语文课程,应当使学生初步学会运用祖国语言文字进行交流沟通,吸收古今中外优秀文化,提高思想文化修养,促进自身精神成长。"所谓工具性与人文性的统一,也就体现在这里。

关于工具性与人文性的问题,曾经引起一些讨论。课标坚持"工具性与人文性的统一"这一理念,是为了更好地体现素质教育的精神,更加丰富语文课程的价值追求,促进学生在语文知识、能力和情感态度、思想观念多方面和谐地发展。

这次课标的研制和修订,比较引人注目的是提出了"语文素养"的概念。过去语文课一般只讲语文能力,比如听说读写能力,现在提出"语文素养",涵盖面大一些,既包括阅读写作能力、口语交际能力,又不只是技能性的要求,还有整体素质的要求。就是说,语文课程在语文基本能力培养的过程中,必然要注重优秀文化对学生的熏染,学生的情感、态度、价值观,以及道德修养、审美情趣得到提升,良好的个性和健全的人格得到培养。这一切不应当是附加的,不是一加一,更不是穿鞋戴帽,而真正是有机结合,自然而然展开的。比如小学生识字写字,既是一种能力训练,又是文化熏陶,还是一种习惯、修养的生成。"语文素养"这个概念,体现一种新的更阔大的教育视野。课程标准所说的"语文素养",是指中小学生具有比较稳定的、最基本的、适应时代发展要求的听说读写能力以及在语文方面表现出来的文学、文章等学识修养和文风、情趣等人格修养。

课标如何表述"能力训练"问题,也是一线教师比较关注的。课标倡导的是启发式、探究式、讨论式、参与式的教学,帮助学生学会学习,激发学生的好奇心,培养学生的兴趣爱好,营造独立思考、自由探索的良好环境,所以不再把"训练"作为唯一的教学实施方式,也不再作为语文课程的核心概念。但这不等于排斥训练,语文学习肯定还是要有必要的训练的。在课标的表述中,“训练”往往被包含在新的“语文素养—养成”的课程模型中,这个词没有频繁出现。

这次课标修订在课程目标方面下了一些功夫,更明确强调语文课要培养正确的价值观,培植热爱祖国语言文字的感情,发展个性,尊重多样文化,提高文化品位。落实到教学上,则有更具体的分学段的要求。和实验稿比较,课标的定稿有一些突出的变化:

一是适当减负。这个减负不完全是学习负担的减少,更是追求学习效率的提高,以及激发兴趣,教学生学会学习。比如小学生的识字写字教学,过去一二年级就要求 2000 多字,而且“四会”。现在减少识字量,改为认识常用汉字 1600,其中会写 800。提倡“多认少写”,不再要求“四会”。还请专家对儿童认字写字做了专门的字频研究,从儿童语文生活角度提出先学先写的 300 个字,附录有字表。

二是更加重视写字与书法的学习。针对目前电脑化之后,学生的写字能力普遍下降这一现状,这次修订特别加强了写字教学的分量,从小学一年级到初中三年级都有相关规定。明确写上“在小学每天语文课都要求安排随堂练习,天天练字”。

三是阅读教学也有新的理念。那就是强调阅读是个性化行为,尊重学生阅读的感受,老师应加强指导,但不应当以教师的分析代替学生的阅读实践,不要以模式化的解读代替学生的体验与思考。特别是提出了这样几句话:少做题,多读书,读好书,读整本的书。增加阅读量,提高阅读品味。

特别要提到,这次修订对于传统文化的继承是格外关注的。课标列出优秀诗文推荐背诵篇目,小学到初中,背诵古诗文 135 篇,其中小学背诵 75 篇。对课外阅读文学作品也有数量要求。

四是写作教学。“课标”将一二年级写作定位为“写话”,三年级开始是“习作”,初中才是“作文”。另外强调作文教学一定要减少对学生写作的束缚。现在作文教学那种完全面向考试,只教套题作文、馅饼作文、宿构作文的做法,不但助长假大空的文风,助长文艺腔,对学生的人格成长也是有很强的负面作用的。所以这次课标修订特别注意引导鼓励学生自由表达和有创意地表达,写真话、实话、心里话,不写假话、空话、套话。

五是关于语文知识的问题。这也是有些争论的。现在老师们受制于应试教育,很注重做题,注重讲授和操练所谓系统性的语法修辞知识,这并不利于学生自主学习,发展个性,而且容易让学生对语文产生厌烦情绪(或厌烦心理)。这次修订特别强调要摆脱对语法修辞等概念定义的死板记忆,不要照搬大学那一套,必要的语文知识的学习还应当保留,但不强调系统性,注意随文学习。

六是关于教材。最近关于语文教材的争议不断,很多都是传媒炒作,对于语文课改以及教学是有负面影响的。这次修订对于编写教材也提出一些建议,其中提到教材要符合学生的心理发展特点,有助于激发学习兴趣,选文要文质兼美,有典范性,还要给地方、学校、老师留有开发选择的空间,等等。

这次语文课标的研制与修订,希望在语文教育思想、课程目标、内容方面能为小学初中语文教学提供基本的要求,也提出一些具体的实施建议。总的目标是要尽量往素质教育靠拢,同时遵循语文教学规律,注意激发兴趣,保护天性,学会学习。课标提出的目标很鲜明,就是打好“三个基础”:为学好其他课程打好基础;为学生形成正确的人生观、形成健康的个性与人格打好基础;为学生的终身发展打好基础。

语文课程标准已经通过评审,即将正式颁布,为了帮助一线教师更好地学习领会课标的内容,修订组又组织专家编写了这本“课标解读”。对课标所论及的课程性质、目标、内容、方法等诸多方面,特别是一些新的理念,都会尽量结合实际做出阐说。课标所涉及的问题很多,有些只能从原则上提出要求或建议,不可能展开具体论述,“课标解读”可以在这些方面做一些补充。但课标是国家颁布的课程标准,体现国家教育指导思想,并非个人的学术专著,即使是参加课标研制和修订工作的成员,对课标的理解与阐说也不等于就是最终结论。所以在课标的学习贯彻过程中,还是要充分发挥一线教师的积极性,用他们的经验与智慧去丰富对课标的理解,只有紧密结合实际,课程改革的理念才能真正转化为教师的教学行为。

2012 年 1 月

语文教学如何沟通课内外的阅读*

语文教学的效果好不好，不只是看课内和考试，很大程度上要看课外，看是否培养了阅读的兴趣与习惯。

现在中小学生课外阅读状况不容乐观。最近有关调查表明，小学阶段的课外阅读情况尚好，特别到初一初二，是课外阅读的“峰值”阶段。不过，小学与初中的阅读大都是老师要求和指定的，学生并没有多少自己的选择。到了初三，特别是高中，就每况愈下。因为要应对中考与高考，课外阅读会受到限制，学生终日面对应考，读书全都是功利性的，兴趣就大幅衰减，除了教材与教辅，很少有学生完整地读过几本课外书。无可否认，现今中小学生的阅读兴趣培养仍然面临很大困扰，在这大环境中，老师们有时也很无奈。但大家不能忘了，语文教学完全指向中考与高考，是很枯燥、很累人、摧残人的，很多学生中学毕业了，却没有形成阅读的爱好与习惯，没有读过几本书，阅读对他们来说不是一件优雅有趣的事情。尽管我们花费了大量心血，但这样的语文课是失败的。即使从“功利”角度考虑，让我们的语文课有些活力，学生考得好，又不至于失去学习兴趣，那我们也必须想办法“平衡”一下，让学生多一点自主选择读书的机会。

课外阅读都说重要，但在教学中却难于落实，因此，必须有一些措施，关键是教学评价方面要有体现。课标就在教学评价上提出这样一种思路：语文教学的效果好不好，不只是看课内和考试，很大程度上要看课外，看是否培养了阅

* 本文系笔者与巢宗祺合作主编的《义务教育语文课程标准(2011 年版)解读》之一节。

读的兴趣与习惯。如认可这一思路,各个学校就可以根据各自情况,在教学评价上设计一些具体的可操作的细则。值得注意的是,现今有些地区中考或者高考也越来越重视考查学生的阅读面与知识面,有些题出得较活,光是读教材教辅,是难以完成的。这对课外阅读教学的推动就会起到积极的作用。

为了落实课外阅读的要求,课标对九年的课外阅读量专门做了规定:背诵优秀诗文240篇(段),课外阅读总量应在400万字以上。背诵的优秀诗文以古代的为主。240篇(段)不算多,九年平均每学期也就十多篇(段)。400万字阅读量也不算多,一本《安徒生童话》就十多万字,一本《红岩》就40多万字。课标是在充分调查研究的基础上提出这样一个阅读量的,这是一个基本的阅读量,所有学校只能在这个基础上增加,不应当减少。

课外阅读要给学生自主选择,但不是放任自流,必须有所指导。这就需要有相应的教学计划,根据各个学段的教学目标,安排适当的课外阅读,注意循序渐进,逐级增加阅读量与阅读难度,体现教学的梯度。当然,课外阅读很难像课堂教学那样有非常明确的要求,但又必须有一个大致的要求,总之,要不断激发学生阅读的积极性,把读书习惯作为很基本的素养来培育。课标对不同学段的课外阅读是有具体指导意见的,这里择其要点,分别来学习领会一下。

第一学段,小学低年段,课标要求"阅读浅近的童话、寓言、故事","诵读儿歌、儿童诗和浅近的古诗"。这不只是课堂教学的要求,也是课外阅读的指导性建议。教师可以结合课内的学习,并参照教材的内容,安排学生在课外多读一些童话、寓言、故事等。不要把课外阅读当作家庭作业来布置,那样负担就重了,但可以给家长一些建议,提供大致适合低年段学生心理特点及认知水平的书目范围,提倡亲子阅读。现在有些学校和家长一味搞"提前量",在小学低年段甚至学前班就要孩子们"读经",是不合适的。在需要童话、寓言的阶段,还是要多读童话、寓言、故事,不能拔苗助长。低年级的学生多读童话、寓言、故事等想象性的作品,有助于形象思维的发展。在学生喜欢"做梦"的时候,就应该为他们提供这样的机会和条件,允许学生"做梦"。如果在适合"做梦"的年龄没有去做,甚至被剥夺了"做梦"的权利,就违背了孩子的天性。

到第二学段,小学三四年级,课标开始重视叙事性作品的阅读。根据这个学段学生的阅读心理特点,学生喜欢具有生动形象、故事性较强的作品。因此,叙事性的作品应该成为这个学段课外阅读的主要部分。还要看到,课标对这一学段开始要求"初步学会默读,做到不出声,不指读。学习略读,粗知文章大意"。这一要求对课外阅读也是适当的。此外,课标要求阅读中积累优美词语、精彩句段,以及在课外阅读和生活中获得的语言材料。这也是读书习惯的培养,把课内外打通。课标又提出"养成读书看报的习惯,收藏图书资料,乐于与同学交流"。这就把阅读习惯的养成当作一个目标了。当前不少孩子玩网络游戏成瘾,并不利于身心健康,应当把他们往读书方面引导。这一学段课外阅读总量不少于40万字。

第三学段,小学五六年级,要求更高了,提到"扩展阅读面",课外阅读总量不少于100万字。对阅读的水平提升也提出具体的要求:阅读叙事性作品,了解事件梗概,能简单描述自己印象最深的场景、人物、细节;阅读诗歌,大体把握诗意,想象诗歌描述的情境,体会作品的情感;阅读说明性文章,能抓住要点;诵读优秀诗文,注意通过诗文的语调、韵律、节奏等体味作品的内容和情感。这些既是课堂阅读教学的要求,也是课外阅读的引导性意见。

到了初中,也就是第四学段,除了要求阅读文学作品,还特别要求阅读简单的议论文、新闻和说明性文章,以及浅易的文言文。这一学段课外阅读的种类更多样,因为这时学生阅读的自主性、选择性都加强了。教师一方面要"放手",另一方面要适当指导。"课标"特别提到阅读品位问题,要求"注重积累、感悟和运用,提高自己的欣赏品位",也是有针对性的。在网络化时代,在影视传媒商品化的时代,经典的优雅的文化受到冲击,孩子们容易迷恋上各种流行文化,他们周围又往往充斥着粗鄙的读物,让学生尽早养成选择的眼光,是非常必要的。课标还要求学生"能利用图书馆、网络搜集自己需要的信息和资料,帮助阅读","学会制订自己的阅读计划,广泛阅读各种类型的读物,课外阅读总量不少于260万字,每学年阅读两三部名著。背诵优秀诗文80篇(段)"。

这里特别要说说阅读方法与习惯问题。课外阅读一般都是学生自主性更强的阅读,方法的引导很重要。课标提到从小学高年段开始,要让学生"养成默读习惯,有一定的速度,阅读一般的现代文每分钟不少于500字。能较熟练地运用略读和浏览的方法,扩大阅读范围"。现在课堂教学普遍比较注重朗读,特别是集体朗读,而不太有机会让学生默读,也不是很重视浏览的训练。其实默读与浏览都是常见而又实用的阅读方法,是基本的阅读能力,应当想办法教学生学会默读与浏览。只有具备默读特别是浏览的能力,才有阅读的速度,也才能扩大阅读面,增加阅读量。

课外阅读要得到重视,不能停留于一般提倡,光有阅读量的要求也不行,关键还要有相应的评价。课标中提出的阅读教学评价的建议,不只是针对课堂教学的,也适合课外阅读。如应"加强形成性评价,注意收集、积累能够反映学生语文学习发展的资料,可采用成长记录袋等各种方式,记录学生的成长过程。对学生语文学习的日常表现,应以表扬、鼓励等积极的评价为主,采用激励性的评语,从正面加以引导"。这里所说"学生语文学习的日常表现",就包括课外阅读。课标还特别提到"要关注其阅读兴趣与价值取向、阅读方法与习惯,也要关注其阅读面和阅读量,以及选择阅读材料的能力"。这几点,涉及课外阅读的几个基本方面,是教学中应当关注,同时也可以再细化为阅读评价的几个维度。那么,到底应当如何来落实这些评价?课标建议"应根据课程标准各学段的要求,通过小组和班级交流、学习成果展示等活动,考察其阅读量、阅读面以及阅读的兴趣和习惯"。这只是一般的建议,具体到教学中,还需根据各自情况,制定更具体可行的办法。

课标在阅读教学上提出了新的理念,其中很重要一点,就是让学生有选择,有自由度,不断拓展阅读空间。对语文教学来说,阅读量至关重要,甚至可以说,阅读量的大小在相当程度上会决定语文素养的高低。光靠做题是不可能提升语文素养的,"题海战术"只会败坏学习语文的胃口,让学生失去对语文的兴趣,甚至讨厌语文,不喜欢阅读。因受中考与高考制约,许多家长与老师都不太愿意甚至限制学生课外阅读,他们常常把课外阅读看作是可有可无的"读闲书"。这种偏向是不对的。其实,读"闲书"也是一种阅读,可以引发阅读兴趣,扩大阅读面,提高阅读能力,更重要的,这是学生的"语文生活"的重要部分。如果老师对学生的"语文生活"有所了解,能借此与学生对话,那么语文阅读教学便可能别开生面,并可以事半功倍,大大延伸出去。

现在还不可能取消中考和高考,有些制约也难免。不过,即使从中考或者高考的情况来看,凡是形成了阅读习惯的学生,都是课外阅读量大、知识面广,读过很多"闲书"的,这一部分学生思想一般比较活跃,整体素质也高,往往也能在考试中名列前茅;而那些只熟习教材和教辅,课外阅读"闲书"少,没有阅读习惯的学生,即使考试成绩不错,视野都比较窄,思路也不太开展,往往是高分低能。所以,在应试教育还不可能完全取消的情况下,最好还是要兼顾一些,让学生适当保留一点自由阅读的空间,使他们的爱好与潜力能在相对宽松的个性化阅读中发展。阅读面宽了,思维开阔了,素养高了,反过来也是有利于考试拿到好成绩的。

中小学语文教学如何沟通课内课外的阅读,是需要探索解决的重要课题。现在各种新编教材,都比较注意阅读探究的"链接",给学生提供课外阅读书目。应当好好利用这种"链接"资源,鼓励课外阅读。老师家长应当把目光放长远一点来看问题,看到学生有课外阅读需求是非常值得珍惜的,不要因为考试而扼杀这种兴趣。老师和家长对学生的课外阅读应当有所关心并且提供一定的指导,但没有必要过多地干涉。学生有他们的"语文生活",有他们的语文"圈子"与表达形式,包括课外"闲书"的阅读交流、上网、博客、QQ,等等,其实这些都是他们语文能力成长的重要方面,又关系到语文兴趣的培养和阅读习惯的形成。我们也许不能完全进入学生的"语文生活",但应当给予尊重和必要的关照,尽可能在语文课和学生的"语文生活"之间疏通一条通道,那肯定会加倍引发学生学习语文的兴趣,培养起读书的习惯。应当看到现在的应试教育是扼杀兴趣的,学生除了课本和教辅,再没有兴趣读书。这是可悲的。语文课改一定要高度重视激发学生的阅读兴趣,重视并能多少进入学生的语文生活。阅读教学,甚至整个语文教学,都要高度注意培养学生广泛的阅读兴趣,扩大阅读面,增加阅读量,提高阅读品位。

语文教学除了学习知识,提高能力,还有更重要的,是培养高尚的读书习惯,把阅读作为一种基本的生活方式来培育。一个人成年后不管从事什么工作,无论贫穷富贵,如果没有读书的习惯,甚至基本上不怎么读书,就很难实现终身教育,也很难提升素养。培养阅读习惯是为学生的一生打底子。

课标所要求与建议的阅读教学,包括课外阅读,重在养成阅读的兴趣与习惯,发掘学习主动性与创造性,这是可以让学生终生受益的。如果能从培养一种完善的生活方式这一角度去理解,阅读教学包括课外阅读教学的改革就可能获得新的高度和力度。

2011 年 12 月

关于背诵篇目及课外读物的建议*

指导学生阅读经典，要充分考虑不同学段学生的心理特征和认知水平，要深入浅出，引发兴趣。

语文课程的实践性很强，语文素养的提升有赖于大量的阅读积累，而读书习惯的养成，是为学生今后的发展打底子的事情，所以课标对阅读教学包括课外阅读很重视，提出很多指导性意见，对小学与初中九年的阅读量也专门做了规定：背诵优秀诗文240篇（段），课外阅读总量应在400万字以上。这是一个基本的阅读量，所有学校都应当而且能够达到，只能增加，不要再减少。为了方便老师们制定阅读教学包括学生课外阅读的指导计划，课标提供这样一份"优秀诗文推荐背诵篇目"。

其实，各个学段到底应当指导学生读什么书、哪些作品，应当由教科书编者经过认真的研究来定，老师可以围绕教科书的相关内容以及班级教学的具体情况，来确定并建议课外阅读篇目。"优秀诗文推荐背诵篇目"中推荐的篇目，主要作为举例，"供学生读读背背，增加积累，在教科书中可作不同的安排，不必都编成课文"。

课标仅推荐古诗文135篇（段）。其中1—6年级75篇，7—9年级60篇。1—6年级的背诵篇目都是诗歌，7—9年级的篇目除诗歌外也选入了一些短篇散文。应当注意，课标例举和建议背诵的优秀诗文，都是古代的，其实还应当有现代与外国的。老师们可以自主选择一些现代与外国的

* 本文系笔者与巢宗祺合作主编的《义务教育语文课程标准（2011年版）解读》之一节。

优秀诗文,供学生背诵或者熟读。

这份“推荐背诵篇目”的确定,曾多次征询古典文学研究专家的意见,提出一个备选范围,又在一些中小学做过调查,并广泛征求一线教师的意见。篇目的选定主要考虑教学需要,而不是文学史的选目。

从所选古诗文篇目来看,绝大多数都是历代传诵的经典作品,经典性是入选的第一标准。第二,是比较优美、好读、上口,适合不同学段学生阅读背诵。第三,是思想情感也比较健康,适合中小学生接受。如李清照的《夏日绝句》(生当作人杰),从文学史角度看,并非李的代表作,李的另外一些表现凄清情绪的“婉约词”更出名,但考虑到学生的接受,还是选择了《夏日绝句》。

小学初中阶段的儿童少年,大脑处在发育期,对语言比较敏感,记忆力强,多读特别是多背诵一些诗文,对语言能力和情感、审美能力的发展大有好处。传统的语文教育很重视诵读与背诵。按照古人的经验,十来岁的孩子最好能背诵百来首(篇)诗文。如果要具备基本的写作能力,则至少要背诵熟读一二百篇古文。有这些诗文打底子,整个语文表达能力就可能提升一层次。所谓“熟读唐诗三百首,不会作诗也会吟”,“读书百遍,其义自现”,不无道理。背诵和诵读都是一种浸润式学习,反复诵读文质兼美的诗文,无形中就会沉浸到作品的意境之中,也会增强语感。

再说说“关于课外读物的建议”。

课标要求学生九年课外阅读总量达到400万字以上,这是基本的要求,不能再减少。课外阅读应当让学生有自己的选择,特别是到初中,学生自主选择的空间应当更大一些。所以课标并没有硬性规定必须阅读什么篇目,而只是以举例的方式,列举一些作品,并提出阅读建议。

建议中所例举的有:童话、寓言、故事、诗歌散文作品、长篇文学名著等。都是举例,且都是文学史有定论,而作者又已经过世的作品。当代文学包括儿童文学,而儿童文学中也不乏优秀之作,课标未能列举,不等于忽视。教师可根据需要,从中外各类优秀文学作品中选择合适的读物,向学生补充推荐。

科普科幻作品,如儒勒·凡尔纳的系列科幻小说,各类历史、文化读物及传记,以及介绍自然科学与社会科学常识的普及性读物等,则最好由语文教师和各有关学科教师商议推荐。

向学生推荐阅读的,最好是经典作品。经典是经过历史筛选沉淀下来的,是人类智慧的结晶。在中小学阶段让学生多读一些经典,也是为他们的精神成长打底子。学生的课外阅读可以多种多样,但经典阅读应当占较大的比重。教师对学生课外阅读的指导,主要的功夫也要下在经典阅读上。

学生不喜欢读经典并不奇怪,这是很常见的自然现象。因为他们与经典有历史距离,语言和形式可能有隔膜，当然也有年龄因素，生活经验和理解力限制了对经典的了解。加上年轻人比较好奇，有叛逆性，学校与老师越是要求他们阅读“分内”要读的经典，他们就可能越不喜欢，反而青睐那些“恶搞”的“无厘头式”作品。特别是在网上，自由发表不受拘束，调侃、嘲弄和颠覆的言论方式可以大行其是；视频技术的出现，更使得“糟改”和“恶搞”经典作品成为时髦的风尚。这些也都可能影响到青少年的思维与表达。我们必须了解这些新事物新情况，才能应对新的问题。如何拉近学生和经典的距离，让他们能以某种更加生动亲切的方式（包括网络和影视等等）来接近经典，是教育者包括负责任的媒体与文化商家应当考虑的课题。

指导学生阅读经典，要充分考虑不同学段学生的心理特征和认知水平，要深入浅出，引发兴趣。同样读鲁迅的一篇作品，小学和初中应当有不同的要求。

阅读经典需要沉得下心来，需要磨性子，是一个修身养性的过程。现在那种颠覆经典的东西太多，包围了许多青少年学生，他们不可能靠这些文化快餐养成良好的阅读习惯。许多同学在中学阶段除了应对考试，读书其实很少，对经典作品接触相当有限；即使有所接触，也不见得是经典原作，可能也就是上网读一些好玩的轻松的东西，包括“恶搞”的文字，这很容易受到那种价值消解、相对主义甚至游戏人生的思想影响，而且把阅读品位也败坏了，真有“终生受损”的危险。所以教师要面对现实，想办法引导学生认真阅读经典。

经典并非一成不变，它的含义可能始终在“流动”，不同时代人们对经典的理解和阐释会有变化。我们需要经典，是因为经典作品积淀了人类的智慧，可以不断启示人们对文化价值的理解，这也是经典能够生生不息传世的原因。正因为经典能不断注入不同时代人们的阐释，所以能成为民族精神的某种象征，显示某种文化价值的存在。经典都是在某一特定时代产生的，会带有特定的时代烙印，甚至可能有局限性，有不适应现在社会发展需要的成分。引导学生接受经典，教师自己也要读经典。要有感情，还要有理性，对经典的某些不适合当今社会的部分，当然可以采取批判的眼光，但那也是同情的理解，我们主要是吸纳经典中那些体现人类智慧的部分。

2011 年 12 月

在语文课和“语文生活”之间疏通一条通道*

“语文素养”是新课标中比较引人注目的核心概念。

新学期刚刚开始，由教育部正式印发的义务教育语文等19个学科课程标准(2011年版)，也于今年秋季开始实行，全国义务教育阶段各年级中小学生将陆续使用按照“新课标”编写的新版教材。语文是一门主课，在小学与初中阶段到底应当学什么？怎样来教，又怎样来学？

一、新课标，“新”在哪里？

这次新课标修订比较明确地说明：“语文课程是一门学习语言文字运用的综合性、实践性课程。义务教育阶段的语文课程，应当使学生初步学会运用祖国语言文字进行交流沟通，吸收古今中外优秀文化，提高思想文化修养，促进自身精神成长。”这样，就把工具性与人文性统一起来了。

现在老师们受制于应试教育，很注重做题，注重讲授和操练所谓系统性的语法修辞知识，这并不利于学生自主学习，发展个性，而且容易让学生对语文产生厌烦情绪(或厌烦心理)。课程标准特别强调要摆脱对语法修辞等概念定义的死板记忆，必要的语文知识的学习可以保留，办法是随文学习，不必刻意追求系统性。

---

* 本文系笔者在广州中学语文骨干教师“国培”班的讲课稿的部分内容，发表于2012年9月24日《羊城晚报》。

过去,语文课程的基本目标曾经是“语文知识”,后来则突出“语文能力”,关注点集中于语言文字运用的技术层面。新课标则要求关注学生的全面素质,为语文课程标准的目标系统建立了“三个维度”的模型,包括:知识和能力,过程和方法,情感、态度和价值观。知识、能力,是语文课程目标系统中十分重要的一部分,但不是全部,语文课程需要结合本学科的特点和内容,促进学生整体素质的发展。

新课标强调教学的“三维目标”,但不是每一堂课都落实三维,情感、态度、价值观等,是长期、隐性的目标。语文教育要靠熏陶,要特别注重引导阅读。阅读能力是一种综合能力,理解、感觉、体验、察悟,包括语感,主要靠大量阅读中去“涵泳”,逐步习得。如果缺少个人的阅读体验与感觉,没有个性化的阅读,而老师讲得太多、太细、太零碎,不见得好,还可能破坏那种“涵泳”的感觉。

“语文素养”是新课标中比较引人注目的核心概念。所谓“语文素养”,是指中小学生具有比较稳定的、最基本的、适应时代发展要求的听说读写能力以及在语文方面表现出来的文学、文章等学识修养和文风、情趣等人格修养。

二、新课标有哪些亮点?

这次新课标修订光是文字修改就有 200 多处,很多是吸纳大家的意见,让表述更准确、清晰。有几个值得关注的亮点:

一是适当减负。这个减负不完全是学习负担的减少,更是追求学习效率的提高,以及激发兴趣,教学生学会学习。比如小学生的识字写字教学,过去一二年级就要求会认 1600—1800 字,会写 800—1000 字。现在减少识字量,改为认识 1600 字,其中会写 800 字。提倡“多认少写”,希望扭转多年来形成的每学一字必须达到“四会”要求的做法,不再要求“四会”。

二是更加重视写字与书法的学习。针对目前电脑化之后,学生的写字能力普遍下降这一现状,这次修订特别加强了写字教学的分量,从小学一年级到初中三年级都有相关规定,强调“正确的写字姿势”和“良好的写字习惯”,强调书写的规范和质量。明确写上“在小学每天语文课都要求安排随堂练习,天天练字”。

三是阅读教学也有新的理念。那就是强调阅读是个性化行为,尊重学生阅读的感受,老师应加强指导,但不应当以教师的分析代替学生的阅读实践,不要以模式化的解读代替学生的体验与思考。“培养学生广泛的阅读兴趣,扩大阅读面,增加阅读量,提倡少做题,多读书,好读书,读好书,读整本的书”,要求九年课外阅读总量达到 400 万字以上。

课标提倡尽可能在语文课和学生的“语文生活”之间疏通一条通道,那肯定会加倍引发学生学习语文的兴趣,培养起读书的习惯。应当看到现在的应试教育是扼杀兴趣的,学生除了课本和教辅,再没有兴趣读书,这是可悲的。语文课改一定要高度重视激发学生的阅读兴趣,重视并能多少进入学生的语文生活。

四是写作教学。目前有不少学校搞“提前量”,小学一二年级就布置写作文,是不合适的。课标修订一二年级定位为“写话”,三年级开始是“习作”,初中才是“作文”。另外强调作文教学一定要减少对学生写作的束缚。现在作文教学那种完全面向考试,只教套题作文、馅饼作文、宿构作文的做法,不但助长假大空的文风,助长文艺腔,对学生的人格成长也是有很强的负面作用的。所以这次课标修订特别注意引导鼓励学生自由表达和有创意地表达,写真话、实话、心里话,不写假话、空话、套话。写作教学中应重新强调语言运用的评价,对有新意的表达多加鼓励,但不要过分追求“文笔”。“文笔”不是写作教学的第一要义。语文教学包括作文教学主要培养表达能力,特别是书面表达能力,能写通顺、清晰的文字,这是最主要的。

三、四点建议

在新课标的实施中,针对语文教学,向老师们提出四点建议:

第一,尊重语文教学规律,注意教学“梯度”,力求每课一得。语文课是综合性实践性的课程,需要不断模仿、练习,日积月累,逐步培养语感,这个过程比较漫长。语文教学基本规律之一,就是循序渐进,螺旋式上升。所以要讲梯度。每一学段、年级,甚至一个学期的前、中、后期,课文、知识点和练习的安排,都依照深浅程度形成一条循序渐进、螺旋式上升的线索。但现在的实际情况,是这条线索不清晰,梯度被打乱了。高一就开始瞄准高考,哪还有什么梯度?

第二,课堂教学别太琐碎,别太技术化,要多默读,多涵泳。现在的偏向是教师讲得多,讨论对话多,留给学生读的机会不多,“读”被挤压了。还有,就是讲课太琐碎,美文鉴赏变成冷冰冰的技术性分析,甚至沦为考试技巧应对。本来语文阅读是一种美好的享受,现在变成了苦差事。可以说,没有默读和细读,没有涵泳,也就没有成功的语文课。

第三,鼓励学生多读书,可以读“闲书”。即使从“功利”角度考虑,让我们的语文课有些活力,学生考得好,又不至于失去学习兴趣,那我们也必须想办法“平衡”一下,让学生多一点自主选择读书的机会。

第四,写作教学尽量避免“两不”:不把“文笔”当作第一要义,不教或者少教“宿构作文”。为了准备中考和高考作文,往往就教学生如何把文字写得漂亮,去吸引阅卷教师的“眼球”。这一做法影响到整个语文教学,从小学、初中到高中,作文课都往抒情、修辞、文学的方面走。于是那种缺少思想内涵与智性分析,动不动就用典、堆砌辞藻、宣泄人生感慨的写法,在中小学生作文中很多见。我把这种文风叫做“文艺腔”。

所谓“文艺腔”有这么几个共同点:多用排比、比喻;喜欢洋洋洒洒列数古今人物典故名言,显示有“文化底蕴”;堆砌词藻,走华丽的路子,大话空话多,炫耀文笔,很少是朴实、清晰、亲切的一路;预设开头结尾,彼此雷同。

写作教学的确有很多困难,但这毕竟是语文教学的重要方面,不是无所作为的,只要加大投入,细水长流,就一定会有成效。

怎样评价这十多年的课改*

课改有冲击力，也带有理想主义色彩，甚至有些悲壮的味道。

一、为什么要推行课程改革?

建国六十年来，随着社会变迁与不同阶段的时代需求的变化，已经进行过 8 次课改，最近三十年就有过 4 次。1978 年恢复被“文革”破坏了的教学秩序，拨乱反正，对中小学学制重新做了规定，颁布了教学大纲，集中编写了新的教材。这是第 5 次课改。到了 1981 年，为适应经济建设人才需要，抓一批重点大学、中学和小学，修订教学大纲，是第 6 次课改。1986 年颁布义务教育法，对中小学课程与教学体系进行调整，教学计划改为课程计划，突出学生素质的全面发展，这项工作一直持续 1990 年代，是第 7 次课改。接下来就是第 8 次，也就是这一次课改。这次课改从启动到现在，还没有结束，过程很长。最早可以追溯到十年前。1999 年国务院批转教育部“面向 21 世纪教育振兴行动计划”，强调以人为本，推进素质教育，提升国民素质与民族创新能力，提出用十年左右时间在全国推行新的教材教学体系。到 2001 年，颁布了《基础教育课程改革纲要(试行)》。这是建国以来规模最大，持续时间最长，变革最深刻，社会影响最大的一次课改。十多年了，上上下下付出巨大的努

---

* 本文系笔者与蔡可共同主编的《语文课改百问》一书撰写的几个条目，该书将由北京大学出版社出版。

力,成效应当肯定,但阻力太大。课改有冲击力,也带有理想主义色彩,甚至有些悲壮的味道。

为什么要进行课程改革?背景是什么?就是要改变目前中小学课程实践体系的落后状况,这种状况明显不适应社会变革以及学生身心健全发展的需要。社会生活中人们对两件事很不满意,一是医疗,二是教育,都和老百姓的生活关系密切。现在医疗改革正在启动,难度很大。那么教育呢?群众满意度也是很低的。课改实施之前,1996—1997 年,教育部曾经组织过涉及九省市义务教育情况的调查,表明问题很严重。表现在:教育培养方式与儿童成长规律及时代发展的需求不适应;品德教育针对性与实效性不强;课程"繁难偏旧",结构单一;各个学科体制封闭,难于反映现代科技与社会发展新的成就;中考与高考指挥棒下,老师搞"题海战术",学生死记硬背;课程评价过于看重考试,过于强调学业成绩和甄别、选拔的功能,等等。所有这些问题的存在,让学生负担很重,阻碍青少年身心健康发展,不利于创造性人才的培养。国门打开之后,有了中外的对比,我们的教育的弊病就更加明显了。现有的人才培养方式存在许多问题,最大的弊端,或者说重症,有两个,一是不讲差异,不重视发展学生的个性,不因材施教,把所有的学生都变成同一个模子里的"标准件",在这样的教育机器的加工下,创造力会衰退。二是教育"竞技化"。本来教育的涵义是让受教育者心智得到健全发展,让人更幸福,可是现在我们的教育却使所有人陷入了考试的竞技,从幼儿园到研究生都是这种竞技,这个过程对人的身心健康是很有害的。所以从国家的未来着想,必须推进课程改革,不改没有前途。从时代需求看,世界进入信息化时代,技术创新日新月异,国际竞争主要就是人才竞争。欧美最近几十年都在搞他们的课改,重视创新型人才培养。改革不适应时代的教育制度与课程体系,是一种世界潮流。对我们来说,还有非常现实的问题,就是现在孩子们学业负担太重,身心健康受到影响,从培养健全人格、从"以人为本"角度考虑,也迫切需要启动课改。我们要从这个大的背景下去理解和接纳这次课改。我们可以有争议,有对于课改的不同意见,但任何争论都应当服从"必须改革"这个前提,这是毋庸置疑的。

二、语文课程改革,"改"的是什么?

语文课改是整个课程改革的一部分,所以语文课改的总的目标,和整个课程改革的目标是统一的,就是要改"竞技化"的教育观念与方式,改"繁难偏旧"的课程体系,改过于偏重考试的课程评价标准。具体到语文课改,则要按照新的语文课程标准的要求,努力做好五点:一是更好地把握语文教育的规律,重视语文课程对学生思想情感所起的熏陶感染作用;二是倡导自主、合作、探究的学习方式;三是注重语文与生活的结合,注重知识与能力、过程与方法、情感态度与价值观的整体发展;四是注重读书、积累和感悟;五是拓宽语文学习和运用的领域，提高学习效率，养成现代社会所需要的语文素养。要“改”的方面很多，落实到教学中有很多细致的工作要做，下面还会具体展开来讨论，这里只是集中说到这五点。

三、如果说应试教育仍然根深蒂固，那我们怎样评价这十多年的课改？

“课改”已经实施十多年，情况和效果怎么样？概括地说，有成就，但举步维艰，多少带有理想主义色彩，甚至有些悲壮的味道。是继续突破推进，还是就此收兵，现在到了关键时期。

在很多地区和学校，课改碰到的阻力巨大，原先设想的目标并没有很好实现，课改的某些“亮点”也没有得到体现。比如“综合性学习”，高中的选修课开设，学业水平考试，等等，都是课改的“亮点”，但实施的效果不好，打了很多折扣。有些设计可能脱离实际，需要调整。比如高中课改的最大变化是把课程分为必修与选修。必修占 1.25 学年，选修占 1.75学年。这是很大的改革，可是，真正按照新课标要求开设多门选修课的学校不多。很多学校都是 1.25 学年必修学完后，就转入高考复习了；或者把部分选修课内容变为必修，那也就无所谓选修了。现在看来，选修课到底占多大比重，什么形式，是否应当在考试中体现，等等，还需要试验总结，做必要的调整。多数省市、地方的课改是有触动、有进步的，但也还有不少地方、学校我行我素，基本上没有改革。中考与高考有所改进，但还是“指挥棒”，对教学还是有覆盖性影响，学生的负担比课改之前还加重了。

我们要看到问题，更要看到成绩，无论如何，课改所提出的一些先进的教育理念，越来越得到认可，如“以人为本”，重视学生整体素质发展，注重学生身心健全发展，以学生为主体，启发式学习，引导学生学会学习，注重基本能力培养，等等。这些观念有的过去也提出过，但通过这次课改，从理论到实践那么集中强化提倡，开始为广大语文教师所熟悉、所认同，并且逐渐融入一线语文教师日常工作的话语系统。语文教师的教学行为和学生的学习方式得到初步的转变。那种“满堂灌”的讲解少了，注重学生的感受体验、强调诵读领悟的多了；以教参中的解释作为唯一正确解释的少了，尊重学生的理解，强调通过阅读讨论、分享交流生成对文本的合理解读的多了。注重积累，培养语感，鼓励学生自由、有创意地表达成为许多语文教师的实际教学行为。尽管有的理念一时还难于实施，起码大家认为这是个方向。课改激活了对于教育界存在问题的认识，社会对教育必须改革有了共识，这是一大收获。

四、影响课改实施的主要原因是什么？面对课改，教师难道只能抱怨、等待或者被动适应吗？

课改阻力很大，效果未见得很好，但不能责怪课改本身，也不能责怪学校与老师，原因主要在于其他方面。这次课改的原动力出自基层教师，普遍有这个要求嘛，而课改的实施却是从上到下，作为政策性的要求来推动的，加上试验阶段，有些配套措施并没有跟上，光靠学校老师是推动不了课改的。课改触及某些实质问题，往往就寸步难行。“择校风”为何始终解决不了？像人人学“奥数”这样畸形变态的风气为何就是刹不住车？学校与商家推销教辅赚钱的问题为何愈演愈烈？为什么在老百姓非常关注的某些教育界弊病面前，主管部门总是不作为？说穿了，背后有利益链。某些既得利益者实际上垄断了优势教育资源，他们并不支持课改。还有一个更大的原因，就是社会的阻力。近十多年来，竞争加剧，整个社会的“焦虑感”加重，矛盾转移到教育，就变为课改的巨大阻力。许多父母对素质教育寄予厚望，谁都希望孩子健全发展，但实际上他们又在不断给孩子增加负担，什么英语班、奥数班、作文班呀，还有音乐、美术、体育兴趣班，等等，都不敢落下，搞得孩子负担越来越重。老师们也对现今的教育方式不满，也赞同课改的理念，可是面对现实，又很难摆脱中考和高考的指挥棒。有很多时候，老师们明明知道那样做是不对的，对学生的发展不见得有利，可是没有办法，无力抵制，只好听之任之，随大流。老师们有他们的困惑与无奈。

教育本来就是理想的事业，良心的事业，作为老师，也应当有理想，有职业良知，这样，对课改的得失会有比较清醒的评断，既看到课改的进展艰难，又有信心，看到改革的大趋势。面对问题重重，我们也就仍然有信心，有定力，有基本态度。现在社会风气浮躁，对于很多负面的东西，容易人人抱怨，又人人都参与，结果就都卷入消极的怪圈。对此我们做老师的要保持某种清醒，起码不要再把这种消极的情绪传染给我们的学生。课改是大势所趋，无论多难，都会向前推进，我们不抱怨，不等待，能做一点是一点。对课改要补台，不拆台；要从长计议，不激进颠覆，不走过场。

五、课改之后，为什么学生的学业负担似乎更重了？老师究竟应当如何面对“减负”？

课改本来是要减轻过重的学业负担的，可是这些年许多学校学生的负担没有减下来，反而加重了。究其原因，主要是中考与高考的改革没有配套跟上，仍然发挥着“指挥棒”的作用。有些省市也曾经对中考、高考做了些改革，比如对中学生的评价不是单纯看一次中考成绩，而是同时参考成长记录与平时成绩。但是实施起来也有很大困难，家长都瞄准重点高中，竞争更加激烈。高考呢，这些年大学扩招很多，升学率大幅提升，可是瞄准211、985名校的竞争愈演愈烈。许多地区还是把高考考上名校学生的多少，作为衡量教学水平最主要的指标，排行榜把许多校长和老师压得喘不过气来。当下的教育，本质上仍然是单一的考试标准下的淘汰教育，小学、中学乃至幼儿园，很大程度上都是瞄准将来的高考，于是大家都不得不朝着这个单一模式去培养孩子。你素质教育讲再多,碰到高考这个实际,就虚化了,谁都不敢怠慢高考。这就是学生负担越来越重的原因吧。

当然如果从深层次看,还有更重要的原因,就是由于市场化的影响以及社会层级利益分配的不均衡,造成了普遍的心理紧张,这种紧张折射到教育领域来了。家长考虑的是孩子今后的出路,他们肯定把这个问题放到第一位,所以即使承认课改必要,也总是担心会耽误孩子考试,于是会很无奈地不断给孩子增加负担,报各种班。这是现实,是很无奈的民意。我们不能不正视这种民意。

给学生"减负",当然有赖于大环境的改变,有赖于教育主管部门有效地实施相关政策,特别是要逐步改革中考与高考,改革大学招生制度。但只要考试存在,竞争也就存在。我们当老师的,最好能在应对考试以及全面培养学生方面取得一些平衡。"题海战术",死读书,会越来越不能适应今后的中考与高考,尤其不能适应新的大学招生制度(如自主招生的面试)。所以大家在平时教学中还是要尽量实施课改的理念与方法,想办法提高学生的学习兴趣与效率,这本身也就等于是帮助学生"减负"。正视高考这个现实,在这种体制下,不是无可作为,要让学生考得好,又不至于把脑子搞死,兴趣搞无,这就要有些平衡。有水平的老师懂得平衡。所以教师的水平至关重要,当然还有事业心和职业操守,有水平,又有心,学生就受益。

为何中小学生减负越减越重？*

不少小学语文教学违背规律，失去“梯度”，一味搞“提前量”，造成学生负担越来越重。

昨天（2012年11月8日）去南京，为300多名小学语文老师做讲座，主要讨论如何看待课改十年的得失，以及如何以多读书来减轻“职业性倦怠”等问题，其中也探讨当前小学语文教学普遍存在的弊病。我认为现在的问题是不少小学语文教学违背规律，失去“梯度”，一味搞“提前量”，造成学生负担越来越重，甚至比课改之前负担还要重。按照规定，小学低年段学生是不布置家庭书面作业的，可是现在有几个小学能做到？小学老师用手机“群发”给家长布置作业，七八岁的孩子平均每天要做两三个小时，实在太累，而且是家长陪着累。学生自然会失去学习的兴趣，家长也对此不满。可是如果学校不给布置作业，很可能家长还是不满，会找人来给孩子辅导。这就是现实。减负的措施不得力，社会上“不让输在起跑线上”的集体无意识又越加紧迫，学生学业负担也就越减越重。这也就是课改十年举步维艰的原因吧。

不过我建议老师们不必灰心，也不要把原因全都推给体制与社会，作为老师，只要有心，想着孩子长远健全的发展，那还是有自己改革的空间，能改一点是一点。小学语文教学必须要讲规律，循序渐进、螺旋式上升，要有由浅入深的“梯度”意识。我建议大家对照一下各自的教学是否符合课标规定，有没有搞“提前量”。

---

* 本文发表于笔者的新浪博客。

课标如何规定小学语文各学段的内容目标？低年级的重点就是识字写字，理解少量的词，并没有把理解分析课文作为目标。

中年级呢，注重理解词句，体会关键词句表情达意的效果，能理解段落大意，注重的是“句段”，而不是“篇章”。但现在中年段的教学重点常常就落在“篇”的分析上，是把高年级的任务提前了。

高年级呢，也搞“提前”，用初中的要求与方法来教小学。比如课标指示让学生学习叙事性作品，只要求了解梗概，能简单描述印象最深的场景、人物、细节，说出自己的喜爱、憎恶、崇敬、向往、同情等感受，就可以了。但现在却花很多精力做烦琐的篇章结构和思想内容分析。不只是搞“提前量”，而且往往观点陈旧，“教化”味道太浓，给学生布置很多讨论和作业，动不动就要说出什么“人生意义”的启示之类。这些其实都是违反课标精神的。

我特别谈到，这次课标修订，重新强调了教学的“梯度”，希望能按照发展心理学和语文习得的规律，去安排教学，不要把成年人的东西强行塞到年幼孩子的头脑中。比如，第一学段识字量由“1600—1800”改为“1600 左右”，写字量则由“800—1000”改为“800 左右”，在教学建议中特别提倡“多认少写”的教学原则，希望扭转多年来形成的每学一字必达“四会”要求的做法，目的也是为了减负。拿阅读教学来讲，课标对每一学段年级都有内容目标的具体要求。小学一二年级，阅读教学主要是激发兴趣，让孩子开始接触阅读，喜欢阅读，感受阅读的乐趣，能多少结合上下文和生活实际了解课文中词句的意思。最重要的就是尊重天性，培养“兴趣”。到了三四年级，开始学习默读和略读，做到不出声，不指读；粗知文章大意，能联系上下文，理解词句的意思，体会课文中关键词句表达情意的作用。到了五六年级，才有阅读速度要求，让学生学会浏览，能初步阅读叙事性作品。作文教学呢，也有“梯度”要求。小学低年级不安排作文，只有“写话”，能用几句话写自己看到、听到、想到的事物，就可以了。高年级也还不要求完整的作文，所以叫“习作”，要求能不拘形式地写下自己的见闻、感受和想象，具体明确、文从字顺地表达自己的意思。到初中才有“作文”。可是现实呢？有的学校低年级就学作文了。字都还认不全，怎么作文？那只好由家长来顶替。

我认为有些传统的观念应当改一改。比如，有些教师要求小学生“不动笔墨不看书”，那也太过苛严了，结果就是让孩子害怕读书。不要搞那么“实际”，每次过节或者逛公园游玩，都布置学生作文，难怪学生现在那么讨厌作文呢。这是扼杀天性！

大家都对教育现状不满，可是大家又都无奈地卷进让自己不满的行动中。人人抱怨，又人人参与。比如减负问题，能不能不去推波助澜？能不能从我做起，努力去减少一点孩子的负担？我认为一个老师如果有水平，又有心，甚至还有点理想，那他就会面对现实，懂得平衡，既让学生考试考得好，又不至于陷入“题海战术”，把脑子搞死，兴趣搞无。所以关键还在于教师的素质。

我还说到家长也需要“教育”,不要断送孩子快乐的童年。不久前去武汉开会,一位在大学任教的年轻的母亲向我抱怨:她的孩子刚上小学,班上40多个学生,几乎全都在辅导班或幼儿园认识很多字,学过拼音、英语甚至数学,就她的孩子没有上过辅导班,不会小学的那些课程内容。班主任跟她说:你的孩子怎么搞的,什么都不会?应当给补课。这位家长很焦急,问我怎么办。我也没有“良策”,只能实事求是说:那些搞“提前量”、“什么都会”的孩子不正常,而你的孩子刚上小学,“很多都不会”才是正常的。

课改要摸清底细直面问题*

语文界不缺文章，缺的是科学的发现和切实可行的建议。课改中需要解决的问题很多，如果总停留于经验层面的争论，是解决不了问题的。

语文新课程实施，也就是课改，已经走过十多年了。对课改有各种评价，但有一点是共同的，就是承认一些新的教学理念得到普及，语文教学原本的一些问题被激活了，课改在艰难的跋涉中前进。不少学校的探索已经为语文新课程蹚出了可行之路，积累了经验，也面临不少困扰与问题。应试教育的局面依然严峻，语文教学有些偏向仍未得到纠正，学生过重的学业负担不减反增了，对新的教学理念，很多老师既欣赏，又感到无奈。

对语文课改的成效恐怕不能高估，但毫无疑问，课改的方向要肯定，对课改要坚持和补台，再难也不能走回头路。当务之急是要认真总结十年来课改的经验，正视那些老的、新的问题，包括短时期可能难于解决的问题，在深入调查的基础上做些科学的研究。这些总结不应停留于一般的经验描述，也不止是向上的汇报，应当有一些专门的研究，能把课改问题提升到教育科学的层面，前提就要有调查研究，摸清楚情况，还要有开阔的视野和清醒的理论参照。当前课改的实践经验以及所需解决的问题，是研究的出发点和生长点，也是研究的“归宿”：我们的研究终究还是要解决语文

---

* 本文写作得到蔡可先生的鼎力支持，特表谢忱。发表于《课程·教材·教法》2013年第2期。原计划作为《语文课程改革调研报告》（温儒敏、蔡可主编，北京大学出版社，2014年）一书的序言，出版时因故未能收进该书中。

教学的实际问题,推进学科的发展。

我们总是听到太多对语文教学的批评,每隔一段时间就会出来某个热点争论或炒作,这或许与语文学科的社会性有关,谁都插得上话。但认真研究会发现,这些周期性的争议和炒作对于语文学科的建设并没有多大的推进,往往还可能会拖后腿。其实语文学科的学术性很强,改革难度也最大,现在重要的不是去争论,不是只提印象式的、情绪性的批评与设想,而是让一部分专家和一线的教师坐下来,认真做一些调查研究。

语文界不缺文章,不缺所谓的流派主张,缺的是科学的发现和切实可行的建议。现今关于语文课程和教材的讨论非常多,许多意见都是公说公有理,婆说婆有理,争论难于"聚焦"。翻开各种语文刊物,课改的文章多如牛毛,可是绝大多数仍然停留于经验描述,通常就是观点加例子,很少有严密细致的量化分析与科学的论证。课改中需要解决的问题很多,如果停留于经验层面,光是靠观点加例子的争论,是解决不了问题的。我们学中文出身的老师,长处可能在感性,会写文章,短处是缺少科学的方法训练。所以语文课程改革的确任务很重,除了激情,还需要实事求是的态度,以及科学的方法,特别需要相关学科研究方法的介入。

近年来,北京大学语文教育研究所持续关注有关课改的基础性研究,强调实事求是,不搞"主题先行",我们把这种调查研究称为"非指向性"调研。我们试图通过扎实的田野调查,搞清楚当下的教育教学现状,为政策的制定与调整提供专业的支持。摆在大家面前的这本《语文课程改革调研报告》,就是北大语文所的成果之一。这是在《课堂内外》杂志社资助下,由北大语文所面向全国招标,从中选出的 9 项课题研究成果。这些调查结项已经有一两年时间,现在才汇集出版,不过也不算迟。这些调研所显示的当下语文课改推进中存在的问题和经验,这里略加概述,主要有五个方面。

(一)师资成为制约农村课改实施的关键问题。

语文所的调查有多项与农村特别是西部地区的课改有关。课改十年,争议最大的恐怕是两极分化问题。没有农村的课改是不全面的课改;农村的教育面貌没有本质改变,课改也很难说成功。调查表明,师资仍是制约农村课改推进的重要问题。"内蒙古自治区中小学语文教师现状调查研究"(主持人王朝霞)样本涉及内蒙古 11 个盟市的 135 所城乡学校。调研结果显示,内蒙古地区的中小学教师学历基本达标,对语文课改基本了解,但大多数教师认为新课程的培训不能满足自己的教学需要,他们渴望得到专家的指导,认为观摩与交流有助于自己迅速提高教学水平与研究水平。然而大多数中学语文教师每天的工作状态是早出晚归,班额超大,课时超标,兼任班主任,职业生涯疲惫不堪,没有时间与精力去学习和补充。在"义务教育新课程实施状况县域考察"(主持人蔡可)的调研中,这一问题也突出存在,尤其是在乡镇,中心校、教学点已经成为制约县域教育均衡发展的短板。在县以下的乡镇区域,教师负担过重,收入普遍偏低,工作、生活条件亟须改善。

首先，大班额、寄宿制带来工作量的增加。其次，在课改新的质量观下，教师面临着新理念、新教材、新方法，需要不断提升自己，在工作量上不断做加法，调研中义务教育阶段每天加班2小时以上的教师达到了62%。教师不适应、办学条件薄弱、专业支持不到位、课程资源匮乏等诸多问题，已将农村教育置于生死存亡关口。

而“青海省中学语文教学状况及改革研究”（主持人赵成孝）的调研显示，西部地区的师资问题尤为严重，教师的地区结构、专业结构不尽合理，优秀教师外流现象严重，在县乡一级教师甚至严重缺编。由于扩招直接关系到经济利益，师范专业的收费比起其他新设专业来低将近50%，各个学校对师范专业积极性不高。新专业的急剧增加影响到师范专业的教学质量，也影响到新进教师的整体质量水平。

其实说到底，课改就是想办法提升一线教师的水平，包括更新教学观念，提高教学水平。只要老师有水平，他们就有办法去切实地改进教学。在应试教育的大环境下，有水平的老师总还是能够有所超越，懂得必要的平衡，可以让学生考得好，又不至于扼杀兴趣，不至于完全屈从现实。他们懂得如何稳步推进课改。调查也足以说明，现在推行“国培”计划是必要而适时的，这是带动课改的大好时机。

（二）应试导向的评价机制和专业支持匮乏，制约着教师的专业发展。

课改的实施虽然存在着一些条件性的制约，但中小学语文教师对于正在实施的语文课程改革已经有了基本的了解。在内蒙古，小学、初中、高中教师对《语文课程标准》比较了解，比例分别为：95%、89.74%、80%。有意思的是，王朝霞发现，小学和初中语文教师比较认同新课改背景下学习方式的转变，而高中语文教师还没有把转变学习方式作为课堂教学的重要部分，更加注重知识的讲授；随着学段的上升，教师对新课程改革的了解程度和信心却呈下降趋势。主要原因在于以考试为主要方式的终端评价，始终是制约课程改革的瓶颈。考试内容过于注重书本知识与解题技巧，忽视学生的全面素质和个体差异；考试评价方法单一，过分注重结果而忽视学生的学习过程；考试评价功能错位，考试后给学生排位，把学生分成三六九等，严重打击学生的学习积极性，也影响着教师的教学。

为此，王朝霞建议，上级教育部门应建立相应的课改发展性评价考核体系来考核学校；学校领导也应制定以教师发展为目的的评价性标准体系来考评教师。赵成孝对青海省一所重点中学和青海师大的三所附中高一、高二年级学生进行了问卷调查，在“你认为以下选项哪些切中语文教学之痛”问题中，选择“使学生想象力僵化”的占到56.45%。这反映出一个突出问题，由于标准化试题和标准答案的存在，教师会不自觉地将学生的思维引向看似正确无误的答案，而忽略了语文学习的熏陶以及文学作品鉴赏过程中最为宝贵的主体独特阅读体验和感受。引人关注的还有39.52%的学生认为课程改革“应围绕考试和大纲展开”，说明考试成绩依然是学生关注的焦点。

蔡可在江西和河南两省县、乡的实地调研、访谈与问卷调查结果表明，伴随着课改理念被越来越多的老师、学生接受,理念转化为教育教学行为却存在着一定的偏差,例如课改提出“全面提高学生语文素养”,偏差表现为受应试影响,教学简单变为知识点分析、脱离文本的机械记忆、忽视真实情境运用,甚至以“考点”贯穿课堂教学,谈不上能力培养与素质提升。

面对严峻的形势,教师培训工作责任重大,教师们也普遍表示出对于获得更多更好培训的强烈愿望。但如果内容一味“凌空蹈虚”,或是像十年前只进行理念冲击,将很难收到实效。在江西龙南县的调研中,针对培训是否有收获的问题,竟有高达43%的老师认为没什么收获。教师的培训模式决定着未来的课堂形态,但教师培训形式相对呆板,需要创新培训模式,增强教师参与,注重生成性资源开发与地方能力建设;教师在岗专业发展制度更是有待深化,地方专业支持体系建设有待加强。

(三)学生阅读缺乏有效指导,教师自身阅读状况不容乐观。

听说读写,阅读最重要,阅读教学称得上语文教育的第一要务。而阅读教学是否成功,不能只看课内,很大程度上要看课外,没有课外阅读的语文课是不完整的,只能说是半截的。这批调查对学生的阅读状况很关注。“北京市中学生课外阅读状况调查”(主持人张杰)课题组对北京市19个区县的部分中学生和部分中学语文教师进行了相关调查,调研显示出中学生的阅读缺乏有效指导。学生选择读物主要是依据自己的兴趣、课内学习需要、同学间和媒体的推荐。老师推荐排在同学间相互推荐之后,家长推荐的更少。不仅如此,受社会上阅读材料肤浅化和娱乐化趋向影响,大多数学生喜欢轻松的、消遣性强的课外读物或网络阅读,对经典名著的兴趣远未达到理想的状态。高中生对教辅的阅读占较大比例。调查认为,社会、学校、教师、家长的支持和指导不足制约了中学生课外阅读的学习。值得注意的是,中学教师阅读现状不容乐观,除去“职业性阅读”,或者纯粹就是为了备课的阅读,几乎很少时间与精力去自由读书。自己都没有阅读兴趣,那就很难让学生喜欢阅读。为此,调查认为,要为教师最大限度减负,为教师提供有保证的读书自修时间,多为教师提供自我发展的空间和人文关怀。

“四川省少数民族地区义务教育阶段学生汉语阅读能力现状分析”(主持人靳彤)课题在凉山彝族自治州抽取11个样本班级进行了相关调研。凉山州义务教育阶段学生汉语阅读能力基本达标,但在需要综合各种信息做出推理或联系生活解决问题时表现出较明显的不适应性,形成解释和做出评价的能力稍弱。另一方面,调研显示中小学生阅读的城乡差异显著,城市学生阅读能力整体上远高于农村学生。即使在北京,城区和郊区也差距明显。张杰的调查还显示,农村校学生有浓厚的课外阅读兴趣,但他们的课外阅读资源严重不足。

(四)教师知识结构迫切需要更新。

现在的语文教学普遍效果不太好,不能吸引学生,学生缺乏兴趣,除了应试教育的制约,也跟老师讲课有关。由于教师知识结构的陈旧和单一,他们很难进入学生的语文生活,也很难让学生学会欣赏优美的作品。“中学语文与中国现代文学”(主持人吴福辉)的调查研究,为人们提供了不同的视角来观察语文课改。吴福辉在中学生中进行问卷调查的结果显示,中学生最喜爱的作家依次是:鲁迅、冰心、朱自清、老舍、徐志摩、余光中。中学生对以下7部现代文学经典的喜爱程度依次为:《阿Q正传》《围城》《雷雨》《骆驼祥子》《家》《女神》《子夜》。问卷提出“在55篇进入教材的现代文学作品中选出最喜欢的5篇作品”,中学生的回答中排在前5位的依次是:《再别康桥》《乡愁》《从百草园到三味书屋》《茶馆》《边城(节选)》。吴福辉认为,鲁迅既是中学生最热爱的作家,也是最受部分学生冷淡与批评的作家,这其实是学术界和社会上面对鲁迅经典化的复杂反应在中学的具体表现。那么,在教材中怎么选鲁迅的作品,需要认真研究。

这个课题还呈现出一些很新鲜的调查结果,如对近年来学术界评价渐高的胡适,中学生却未见得喜欢,而冰心、朱自清两位当年文学地位并不算最高的作家,作品却受到中学生稳定持续的喜爱。在诗歌受到冷遇的今天,中学生最喜爱的作品却是两篇现代诗歌,诗歌所具备的培养审美能力、语感的特殊功能应该得到教材编写者的重视。

从现代文学研究来看中学语文教学,启发我们认识到语文教学中的知识更新已非常迫切。当前教师知识结构陈旧,大部分一线教师接受本科教育是在1990年代甚至1980年代,职前教育与在职培训存在诸多问题,必须与时俱进,方能教好语文,做好课改。

(五)部分课改难点问题,如选修课设置、教材编写取得了一定突破。

教育是一门实践性很强的学科,这些调研有的直接介入了教学实践,如“广东普通高中语文新课程选修课的调查与研究”(主持人王土荣),全面调查研究了选修课实施过程中遇到的各种问题,对问题产生的原因进行了比较深入的分析,提出了具体有效的解决办法。在此调研基础上,广东省出版了《普通高中语文选修课优秀教学实例选评》,完善了课程标准和选修课的理论,如探索以文言、文学、实用设置系列,解决五个选修系列中的分类不当(如诗歌与散文、小说与戏剧分属不同系列);对目前的不同选修模式进行了比较与创新,形成了新的有效模式;对具体的调查研究进行了理性思考和抽象概括,形成了“自助餐式”教法60种和学法50种;设计了与新课程理念相适应的高考内容,出版了《普通高中语文科模块教学与考核要求》。尤其值得注意的是,课题还探索了体现选修课教学的评价方式,如研制了高中教学水平评估的实施方案,并经受了235所学校的评估检验,出版《普通高中语文教学与评价指导》。高中语文课程如何体现“选择性”既是亮点,也是难点,本课题的调研及后续工作,为突破传统高中教学评价提供了很好的借鉴。

“中学语文教材编写研究”(主持人顾之川)的课题调研则认真总结了新课程高中语文教材的编写经验。在“守正出新”原则指引下,人教版这套新的高中教材继承了“文道统一”、弘扬传统文化、重整体感知等传统,强调语文能力培养的科学性。同时又在如下几方面出新:一是倡导多元文化观念,教材渗透富有时代特征的人类共同价值观;二是联系学生的经验世界和生活体验,使语文教材具有丰沛的生活气息和亲和力;三是考虑学生的兴趣爱好,教材选文更加符合学生身心特点;四是设计“梳理探究”,旨在全面提高学生的语文素养。这套教材以过程与方法作为教材编排线索,借鉴了多国母语教材编排的经验,由过去的知识编排,到后来的能力编排,到现在的按过程与方法编排的尝试;开发课内外语文课程资源,处处渗透“实践”的理念。目前这套人教版高中语文教材正在全国大多数省区使用,其得失经验都值得下一步的教材编写借鉴。

一切教育研究都始于调查,这些调研报告调查面广,问题全面,数据准确,不搞主题先行,所有分析都建立在客观事实基础上,虽然部分结论与大家的印象契合。这种研究方法体现了科学研究的意义,我认为是值得提倡的;这种研究方法还摸清了“家底”,对实事求是地制定政策也是有帮助的。

北京大学语文教育研究所成立八年来,充分利用北大多学科的优势,整合校内外相关资源,在中小学以及大学语文教育方面发挥作用,通过参与课程标准修订、召开专项学术研讨会、承办国家教师培训、发布课题研究等,已经成为国内语文教育学术交流和教师培训的重要平台。今后,对于有助于语文课改的研究课题,包括能为课改提供决策参照的调查报告,语文所还将通过各种方式给予支持。语文所也希望能与有实力的单位合作,筹措和设立更多的科研基金,支持语文教学科研活动。

北京市语文教学的“新政”是否管用？*

想办法利用好高考和中考的“指挥棒”，让它反过来，尽量朝正面去“指挥”。

北京市教委最近出台了《中小学语文学科教学改进意见》，非常好，值得各个地区学校借鉴学习。日前有南方某市的教育局长来访，我就向他推荐了北京的做法，建议他们也结合本市情况起草一个“意见”。语文教学日益被边缘化，是有目共睹的事实；中考和高考仍然是指挥棒，也是必须面对的巨大的现实。不考虑这些“现实”是不行的，问题是要想出一些办法，有些平衡，既面对现实，又能提升教学效果，让学生整体素质得到健康发展。北京市重视语文教学，为此专门发文，做了一件实事、好事，值得语文学界关注。现特意转发于此，并逐条点评。我的点评只是一孔之见，不见得对，能引起大家讨论就更好。

北京市中小学语文学科教学改进意见(2014 年 12 月)

为充分发挥语文学科在立德树人方面的重要作用，落实培育和践行社会主义核心价值观要求，更好地推进全市中小学语文教育教学内涵发展和质量提升，有效解决当前语文教学中优秀传统文化内容彰显不足、经典文学作品阅读量不够、作文教学程式化、语文教学与其他学科以及社会实践整合不够充分等方面的深层次问题，现就改进中小学语文教学提出以下意见。

---

* 本文发表于《语文教学通讯》2015 年第 12 期，原题《点评并推荐北京市语文教学改进意见》。

一、严格按照课程标准组织教学,加强学段间衔接

第一条　小学1—2年级重点关注学生正确掌握拼音、笔顺、握笔姿势等基础内容。3—4年级培养学生独立识字能力,初步学会默读、略读,乐于与他人交流阅读感受。5—6年级重点培养学生从文字材料中获取和处理信息的初步能力。

第二条　初中加强词句的理解和使用,强化学生语文阅读和写作的基本能力。高中突出基础性和选择性,全面提高读写能力、独立思考和批判性思维能力。

(点评:课程标准对各个学段的识字写字、阅读、写作及综合性教学,都有比较具体的要求。这些要求是有层级梯度的。这两条集中提到的几点,课标中也是有要求的,但是教学中贯彻不好,"意见"有所强调。各地各校的学情不一,但都应当按照课标来组织实施教学。我注意到虽然经过"国培"等培训,仍然有很多老师未曾研读过课标。所以我赞成"严格按照课程标准组织教学"这一提法。"意见"突出学段之间的衔接,很有针对性。现在的问题就是各管一段,备课往往都是现炒现卖,或者就在课件设计上下功夫,缺少总体视野。)

二、传承经典,把传统文化经典、革命历史题材作为语文阅读和写作教学的基本素材

第三条　在教学中重视对国学经典文化的学习,重视历史文化的熏陶,加强与革命传统教育的结合,使学生了解中华文化的悠久历史,增强民族文化自信和价值观自信,使语文教学成为涵养社会主义核心价值观的重要源泉之一。

第四条　小学重点培养学生热爱中华优秀传统文化的感情。可以通过讲故事、阅读连环画等形式,了解中华传统文化的丰富多彩,了解重大历史事件和革命英雄人物事迹。为学生精选蒙学读物和古诗词等优秀国学经典,通过熟读成诵,提高学生对中华优秀传统文化的认知程度。

第五条　初中积极引导学生认识我国统一多民族国家的历史文化传统。通过与课内古诗文相关联的作家、作品,增加学生国学经典的阅读数量。为学生推荐表现中国人民为了解放事业前赴后继、英勇斗争的革命历史作品,有效对学生开展革命传统教育。

第六条　高中积极引导学生感悟中华优秀传统文化的精神内涵。可以采用专题学习的形式,加深学生对中华璀璨国学文化、悠久历史文化的了解,教育学生弘扬民族精神,传承民族文化,发扬传统美德。可以基于校本课程,选择经典国学作品以及重要革命文献,有重点地指导学生进行研读。

(点评:这四条都在强化传统文化和革命传统在语文教学中的分量。但“把中华传统文化经典、革命历史题材作为语文阅读和写作教学的基本素材”这个提法,仍需斟酌。另外,不宜提“国学经典文化”。“国学”这个词现在用得很滥,其实含义不清。第四条“精选蒙学读物”给学生熟读成诵,这“蒙学读物”的提法也欠妥。不能把“三百千”等当作经典,也不宜在中小学生中盲目提倡“读经”。对于古代文化传统,一是要继承,二是要有批判有选择地继承,目的是古为今用,面向未来。现在这方面有点乱。基本的价值标准不能丢。)

三、切实加强学科思想、经验培养,在运用中学习语文

第七条 重视汉字书写、书法、楹联等中华优秀传统文化内容的学习。小学低年级通过活泼的教学形式培养学生学习语文的浓厚兴趣。中、高年级培养学生掌握语言应用规律,引导学生关注语言应用的实际效果。

第八条 初中要聚焦语言运用,引导学生掌握随文学习的基本词汇、语法知识、常用的修辞方法,体会实际运用效果。要重视听说读写的结合,加强语文学习与生活实际应用的联系。

第九条 高中鼓励学生养成独立思考、反思批判的习惯,课堂上提倡以相互交流和思想碰撞为特征的多重对话,注重在实践中提高学生运用语言文字的水平。

(点评:三条要求都符合课标,也比较具体。但“聚焦语言运用”不只是初中的任务,应当贯彻到整个中小学语文教学中。课标中曾提出“随文学习”,主要是针对那种把基本词汇、语法知识和修辞方法“抠”得太细、反复操练的办法。虽然不宜做应试式的反复操练,但总还是要有一个语文教学的知识体系,要有训练。每个学段、单元或者每一课到底要学到哪些语文知识、进行哪些能力训练,老师必须心中有数。“随文学习”是一种主要的教学方式,特别是小学阶段,可以多用。但“随文学习”不等于放弃教学系统,讲到哪儿算哪儿。现在一线教学中“教什么”的问题比较混乱,需要有所整理和澄清。这并非走回头路。过去太死板,后来又太随意,现在需要略加调整,多注意语文教学的规律。)

四、积极拓展阅读视野,提升阅读能力

第十条 小学1—2年级通过讲故事、游戏、诵读、角色扮演等形式培养学生的阅读兴趣和习惯。3—4年级指导学生读懂单篇文章,理解重点内容。5—6年级注意篇章整体阅读,品读重点段落,基本理解作品内涵。

第十一条 初中扩大学生阅读视野,提升学生的思维品质。提倡整体阅读、主题阅

读、比较阅读,读懂一般科技类和说明类文章。高中引导学生研读文本,品味优秀作品,感受作品的思想和艺术魅力,发展想象力和审美能力。提倡专题阅读、比较阅读,读懂社科类和评论类文章。

(点评:第十一条很好,但要有措施来拓展阅读面,保证最基本的课外阅读。课内教学要重视指导课外阅读,往课外延伸。几种读书形式中,尤其要强调读整本的书。)

五、不断丰富阅读资源,加强方法指导

第十二条 小学1—2年级精选适宜的启蒙读物,采用诵读、讲述和背诵等形式进行学习。3—4年级推荐不同文体的单篇短文、优秀传统文化读物。5—6年级推荐并配备中、长篇文章及适宜的多体裁文学名著。小学阶段每天安排一定时间组织学生独立阅读,着力培养阅读习惯。

第十三条 初中每学年阅读3部以上经典文学名著,高中每学年阅读5部以上文学名著及其他读物。教师要注重阅读方式和方法的指导,引导学生提升阅读品位,增加文化积淀,丰富精神世界。

(点评:注意到分级阅读的要求,很好,有些量化的要求,也是必要的。名著的阅读范围可以宽一点,不宜死板规定全市学生都只读哪几种。学生最好能在一个建议的书目范围中有自己的选择。阅读方法的教学是要加强的,现在常见那种精读精解的授课方式,不能取代阅读方法。建议分清精读、略读和课外阅读三种课型,把三个方面结合起来。语文教师读书少的现象也堪忧。如果语文老师自己不是读书种子,他们的学生就很少可能会喜欢读书。)

六、有效加强学生写作能力培养

第十四条 小学培养学生细心观察社会生活、乐于表达内心思想。1—2年级训练学生文字表达意思清楚、通顺规范。3—4年级引导学生尝试运用积累的语言素材,注重写作的条理性。5—6年级指导学生根据写作目的构建文章框架,做到较为熟练准确地表达真情实感。

第十五条 初中培养学生乐于表达、善于表达,鼓励以日记、随笔等形式积累写作素材。引导学生多角度观察生活,丰富情感体验,积极运用多种表达方式反映生活。要培养学生的思辨能力、口头表达能力,以及适应现实生活需要的实用类文章的写作能力。

第十六条 高中培养学生的观察能力、想象能力和表达能力,指导学生运用“微写作”等形式反映、分析和解决实际问题。鼓励教师当面批改学生习作。提倡写作教学与阅读

教学的结合，实现相互促进。

（点评：这三条都是关于写作教学的，大致上都是课标的要求。问题是现在的写作教学普遍不受重视，认为不需要教，也很难教。加上教材的写作教学内容缺少系统，缺少方法，老师教写作也心中没底。高小和初中一二年级可能好一点，到了初三和整个高中，很多就是满足应试的考场作文技巧训练。这三条都很好，但需要有个东西把它"托"起来。我在最后一方面的点评中将有建议。）

七、扎实推进教与学方式转变，倡导开放学习

第十七条　积极拓展、整合教学资源，促进语文和其他学科教学的衔接。提倡把历史、地理、政治等学科内容作为语文学习的依托和背景，加强学习过程的开放性、体验性和实践性，构建满足学生个性需求的语文教与学方式。

第十八条　加强教学和社会实践的联系，将不低于10%的课时用于以语文应用为主的综合实践活动，发展听说读写能力。鼓励学校和资源单位合作研发校本课程，走进中小学生社会大课堂实践基地，引进高校及研究机构优质语文教学资源，多渠道补充教育教学资源。

第十九条　支持设立学生读书俱乐部、辩论俱乐部、写作俱乐部等各类语文社团，充分发挥学生的积极性和主动性，跨年级、跨校常态化开展活动。鼓励社会单位和个人参与中小学语文教育教学，整合校内外资源，构建开放性语文学习模式。

第二十条　充分发挥信息技术优势，推动各类语文主题俱乐部开展网上交流，利用网络系统记录俱乐部活动过程、积累活动成果。中学生活动成果记入学业评价档案，纳入综合素质评价。

（点评：这四条都是在具体落实课标的精神，实践开放的语文学习。第十八条要求"将不低于10%的课时用于以语文应用为主的综合实践活动，发展听说读写能力"，这就给出一个课量比重的要求了。但恐怕仍然难于落实。小学可能好一点，高中基本上做不到。而所谓综合性实践活动，如果设计不好，往往流于形式。这也是至今没有解决好的难题。第十九、二十条建议支持"语文社团"，以及语文活动成果计入综合素质评价，都是很好的主意。至于鼓励社会资源参与语文教育教学，需要有更具体的措施。）

八、不断深化学习评价方式改革

第二十一条　对每一个小学生的成长作个性化动态记录。初中开始完整记录学业成绩，突出评价学生的语言运用能力、独立思考能力等语文综合素养。中、高考语文试卷中

增大古诗文、现代文阅读量，增加优秀传统文化内容考查，适当增加主观题的比例，设置“可选择性”作文命题。

（点评：最后一条是关键。阅读也好，写作也好，课外读书也好，都必然受中考和高考“指挥棒”的指挥。所以要想办法利用好“指挥棒”，让它反过来，尽量朝正面去“指挥”。办法就是中、高考增大阅读题的量，题量可以增加50%甚至80%，有10%到15%的考生做不完试题，那也正常，因为是选拔性考试，需要拉开分距。有些题就是考阅读面和课外名著阅读的；还可以多来些“非连续文本”的考题；文言文则不只是考读懂，还要考文化的思考，等等。这样，高考语文难度系数上去了，就会“指挥”整个阅读教学受重视，语文教学的效能也就提高了，可改变语文教学被边缘化的颓势。作文设置“可选择性”命题是可行的，可以给学生更多空间。但这不一定能改变作文教学程式化的弊病。关键还是要让中、高考作文的阅卷评分拉开分差，对高分、满分作文不必控制过严，而所谓“保险分”，也就是二等分，不能过分集中。现在有些省市高考作文的二等分达到75%左右，属于畸高，不正常。这样，再努力也难得高分，马马虎虎就是二等，谁还会在作文教学上花气力？当然，也要有一套办法来控制评分的科学性与公平性。只有做到这一点，前面要求的写作教学诸多要求，才会在教学中得到重视和落实。所以第二十一条是最重要的，希望能有具体的办法跟上。）

如何看待语文教育水平的低下？*

"语文教育水平低下"并不是新问题，近百年来一直吵着"低下"，几乎从未有过对语文教育水平满意的时候。

目前的语文教学整体而言，还是受制于应试教育大环境，也的确存在很多弊病，教学的效果偏低。为此，应当努力推进改革。但对于语文的困境，以及语文总体水平的认知，也应当有比较理性的态度，不能焦虑，不能完全跟着媒体的炒作走。

语文教育水平的低下，是这些年媒体非常关注的问题，几乎每隔三两个月，就会有一次关于语文教育的"热炒"，这在其他学科是少见的。这跟语文学科所具有的特性有关——语文是综合性学科，涉及面广，社会性强，和国人的生活密切相关，大家都插得上嘴，而数理化就往往让人"免开尊口"。

我曾指导北大的一位研究生做有关1940年代《国文月刊》的研究，发现"语文教育水平低下"并不是新问题，近百年来一直吵着"低下"，几乎从未有过对语文教育水平满意的时候。这是值得思考的有趣的现象。我认为语文从来就容易受批评，因为掌握话语权的大都是搞语文出身的人，其他学科不见得那么容易发出批评的声音。

其实，批评归批评，最近二三十年，语文教育还是取得了空前未有的成绩，起码扫除文盲几千万和"普九"的巨大成功不能忽视。现在农村出来打工的绝大部分都有初中程

---

* 本文发表于2013年12月19日《山东商报》，这是其中部分内容的节选。

度,能看报刊和一般文字。这不是“水平”?解放前虽然出过很多大师,语文水平确实高,可他们毕竟是极少数,占整个国民比重90%的都是文盲。怎么去比较?现在的小学生初中生上网阅读,快极了,不也是一种语文水平?所以在讨论如何看待“语文教育水平的低下”这个问题时,不能笼统,有必要先弄清楚是在什么层面上探究问题。对语文教育的成绩不宜轻易抹杀,对既有的语文教学的经验也不能搞虚无主义。有些人动不动拿民国时期的语文教育来比较当前的语文,那是不切实际的。

现在很多语文老师被弄得灰头土脸,没有成就感,好像做的是无所适从的工作,这很不利于提高教学。我指出这种现象,不等于无视当前语文教育存在的问题,我曾写过《语文教学普遍的五种偏向》等多篇文章,就主要是探究问题的。但解决问题需要实事求是,树立信心,如果搞绝对主义,满足于“翻烧饼”,虽然痛快,却无济于事。

二　辑

教材编写

语文教科书编写(修订)的十二个问题*

——在教育部语文教材编写(修订)会议上讲话

那种动不动把现下教材视为“垃圾”,鼓吹要“对抗语文”的颠覆一切的思路,以及“翻烧饼”的做法,既不能解决问题,还可能制造混乱。

现在语文教材要启动修订,是适逢其时。现有各个版本的语文教材,都是十多年前语文课程标准实验稿出台、课改刚推进时组织编写的,经过多年课改的实践,义务教育语文课程标准(2011 年版)已正式颁布,教材修订有了更成熟的理论指导。这次修订最重要的,就是以语文课程标准来确定思路,同时把课改的经验吸收进来。

现在全国已获审定通过发行的小学语文教材有 12 套,初中语文教材有 8 套。总的来看,这些教材在体现课改精神、落实新课标(实验稿)的理念和目标方面,都做出了各自的努力。与课改之前的同类教材比较,现有各种版本的语文教材都有更加丰富多样的人文内涵,在内容选择和编排方式上也更活泼,都能注意到以促进学生的发展为中心,注重情境性、趣味性、综合性,练习设计也力求开放、多元,口语教学得到空前的重视,综合性学习成为一个新的亮点。这些都是成绩,凝结着在座的诸位主编和专家的心血,应当充分肯定。

---

* 本文系笔者在 2013 年 9 月 12 日教育部召开的义务教育教科书编写(修订)会议上的主旨发言,发表于《语文教学通讯》2013 年第 11 期。

但是对照新课标的要求,还有就是站到十年课改之后所达到的新的认识高度来观察评价,也会发现现有各种版本语文教材的问题与不足。最大的问题是彼此趋同,个性不足。本来,“一纲多本”就是要发挥各个地方的主动性创造性,形成不同风格特色的多种教材的竞争。但是现在“竞争”是有,那是发行推广方面的竞争,而教材本身特色、质量的竞争并没有很好地形成。

另外,现在多种教材都往人文素质教育靠拢了,这是个进步,也是课改推进的结果,应当充分肯定。但是也有两种情况,有的教材往素质教育靠拢,并没有脱离语文教学的规律;有的则轻视甚至违背了语文教学的规律,把语文的含量稀释了,甚至把教学秩序打乱了。

所以修订教材还是要全面理解课标,尊重教学规律。我主张努力做到四个字——守正创新。要听取各方面意见,吸收中外教材编写成功的经验,又要沉得住气,不搞颠覆性改动,毕竟还要考虑教学的连续性,以及一线老师如何使用。

现在社会上对语文教材有很多批评议论,媒体每隔一段就会把语文拿出来炒作,弄得语文教材的编写者很紧张。我们修订编写教材,不能完全受社会上的批评炒作左右。那种动不动把现下的教材视为“垃圾”,甚至鼓吹要“对抗语文”的颠覆一切的思路,以及“翻烧饼”的做法,是不可行的,既不能解决问题,还可能制造混乱。

下面我想结合对课标的理解,讨论语文教材修订编写可能涉及的12个具体问题。

(一)识字写字教学。

课标对此非常重视,论述的分量加重了,但其精神又是在减负。这个“减负”不应当理解为只是学习负担“量”的减少,更是要求学习效率的提高,以及激发兴趣,教学生学会学习。学习有兴趣,又得法,效率就高,负担相对也就小。课标对课业负担“量”的减少是有规定的。比如小学生的识字写字教学,过去一二年级就要求会认1600—1800字,会写800—1000。现在减少了,规定识字1600,其中会写800。请注意,课标还对识字和写字分开来提要求,提出“多认少写”。多年来语文教学习惯的每学一字必须“四会”,这个标准过高,课标提出要降低,“多认少写”,不再要求“四会”。

识字和写字分开要求,是符合语文学习规律的。传统语文教学的识字和写字也分开。蒙学的《三字经》《百家姓》《千字文》主要供小孩阅读背诵,有意无意就认识一些字了。有意思的是,“三百千”合起来总字数是2700多,剔除重复字的字数是1462,数量跟现在要求1600差不多。古代蒙学的学写字也并不一定依照“三百千”来写,而是先写笔画少容易上手的字,如“上大人,丘(孔)乙己,化三千,七十士,尔小生,八九子,佳作仁,可知礼”,等等。记得我小时候开始填红学写字,写的也是这些,而不是课文。可见把低年段的认字写字分开,是有必要的。

课标这样规定,除了减负,还为了让识字写字教学更科学。有一个重要的规律叫“汉字效用递减率”,是周有光先生提出的。他做过统计分析,使用频率最高的1000个字,使用覆盖率达到90%;再增加1400字,合计字数2400,覆盖率是99%,这增加的1400字只扩大了9%的覆盖率;再往后呢,继续增加到3800个字,覆盖率也就99.9%。就是说,字频与覆盖率的递进关系,在字频1000位的段落中,汉字效用的增长最为迅速,而当字频达到将近2000位时,汉字效用的增长就非常缓慢了。

所以,选择基础字要在字频1000位内的字中去选择,才更为有效。小学低年级认字,不是越多越好,应当是先学基本字,即使用频率最高的字。课标附录有2个字表,大家编教材时应当关注。一个是《识字写字教学基本字表》,另一个是《义务教育语文课程常用字表》。字表是根据“汉字效用递减率”的论断制定的。课标修订时还特别请北师大王宁教授带领的团队做一个课题,对儿童认字写字的字频专门进行调查分析,从儿童语文生活角度提出先学先写的300个字。这300个字选择的原则是“构形简单,重现率高,其中的大多数能成为其他字的结构成分”。这些基本字如何先进入低年级的教材,是大家要考虑的。

(二)汉语拼音。

请注意课标在第一学段目标中,是把汉语拼音放在“识字与写字”里边的,并没有独立列出一条。学汉语拼音为的什么?为借助拼音认读汉字和查字典,提高识字效率。就这个功能。学拼音不是为了掌握拼音阅读的能力。因此编教材给汉语拼音的“地位”要适当,不要摆得过高。另外,要降低难度。对于刚上小学的孩子来说,学拼音的确太难了。过去要求《汉语拼音字母表》必须“背诵”和“默写”,还要写得工整好看,有点为难孩子,也没有这个必要。课标现在不再这样要求,只要求那个字母表能“熟记”和“正确书写”就可以了。拼音和认字问题是小学语文教材的一个难点,应当有新思路,处理好,不要让小学生负担太重,不能一上来就给“下马威”,扼杀了学语文的兴趣。

(三)写字与书法的教学。

课标对这方面的要求明显加强了,从小学一年级到初中三年级都有相关规定,强调“正确的写字姿势”和“良好的写字习惯”,强调书写的规范和质量。课标还明确写上这样一句话:“在小学每天语文课都要求安排随堂练习,天天练字。”对此教材修订时应有所体现。按照教育部要求,有的出版社正在编书法教材,它与语文教材什么关系?那是补充教材,语文教材应当也可以适度包容写字书法教学。在多数学校,限于师资、课时等条件限制,很难开出专门的书法课,那么语文课就应当适当加大这方面内容。

(四)阅读教学。

课标关于阅读教学提出了新的理念,鲜明地强调阅读是个性化行为,尊重学生的阅读感受,老师应加强指导,但不应当以教师的分析代替学生的阅读实践,不要以模式化的解读代替学生的体验与思考,防止用集体讨论代替个人阅读或远离文本进行过度发挥。这些话都有针对性,针对的是目前语文教学中出现的某些新的偏差。设计教材思考题应当考虑这些提醒。要多引导整体感受,涵泳体味,鼓励展开想象与思考,不要把课文分析搞得很琐碎、技术化。

现有教材比较偏重思想内容分析,以及字词句分析,这有必要,但好像普遍不太重视阅读技能的习得。比如精读、快读、浏览、朗读、默读,都有方法技巧,要在教材中有所交代。现在许多教材都频繁地要求“有感情地阅读”“结合上下文理解”“抓住关键词”或者“整体把握”,等等。但是最好能给出方法,有示范,让学生把握得住,能举一反三。学习阅读和写作其实都是思维训练,小学高年级开始就要注重思维训练问题。还有,阅读教学要特别注意结合学生的“语文生活”,重视与课外阅读的链接。有的教材在拓展课外阅读方面是不错的,好的设计应当保留。

(五)读书问题。

这也是阅读教学的一部分,课标特别加以重视,提出“学习语文必须注重读书,注重积累和语感培养,注重品味、感受和体验,注重语言文字运用的实践”。这些年学生不读书少读书的现象日趋严重,为此,课标还特意写上这样一句:“培养学生广泛的阅读兴趣,扩大阅读面,增加阅读量,提倡少做题,多读书,好读书,读好书,读整本的书。”我认为这句话很精要,可以当作一个口号。现在语文教学的弊病之一,就是学生读书太少。课上读得少,课外读得更少,还是停留于做题,中学毕业了,没有完整读过几本书,也没有养成读书的习惯,这样的语文教学是失败的。课标对课外阅读是有要求的,九年课外阅读总量必须达到400万字以上。如何激发学生读书兴趣,养成读书的习惯,做好课内课外阅读的链接,如何关注学生的“语文生活”,过去的教材注意不够,修订时应当作为一个要点来加强。

(六)写作教学。

课标特别注意引导鼓励学生自由表达和有创意地表达,写真话、实话、心里话,不写假话、空话、套话。平时作文和中考高考作文是有区别的,不能以后者完全取代前者。现在的作文教学问题很大,只考虑面向中考高考,教的基本上是“套式作文”和应试技巧,特别是到高中,作文教学沦为敲门砖,可以说是“全线崩溃”了。课标强调自由的有创意的表达,是有现实针对性的,尽管实行起来会有困难,但这是方向,教材编写必须坚持。

写作是教材编写的难题,难就难在不知道如何结构,以及是否应当有体系。我觉得还是要有体系,或者叫“系列”也可以,总之要有一个计划、流程。现在有的版本有些特色,其做法是扣紧每一单元,布置一次写作。比如写一件事,写一个人,仿写一首诗,还有缩写、续写,写童话、寓言、科幻故事,等等。要有一定的梯度,不要随意搞“提前量”。课标指定小学低年段是“写话”,高年段是“习作”,初中才是“写作”或者“作文”。名称上的区别,表示了教学的梯度。如何让学生不怕写作,对写作有兴趣,这是个大问题,教材编写应当想办法,在读写结合上多下点功夫。有的小学高年级和初中教材设计了让学生仿写童话、寓言,我觉得很不错,保护和培养了孩子的天性与想象力。如果是结合单元来设计写作教学,要求要明确,有简洁的提示,有操作性,还要考虑学生的兴趣,启动他们的潜能。写作部分的编写应聚焦语言文字运用,对有新意的表达多加鼓励,但不要过分追求“文笔”。“文笔”不是写作教学的第一要义。语文教学包括作文教学主要培养表达能力,特别是书面表达能力,能写通顺、得体的文字,这是最主要的。

(七)单元结构。

现有的教材所采取的框架有两种。一是按照人文主题(或者其他因素)划分若干单元,如人教版小学教材一共86个专题,每个单元4篇课文。师大版则采取传统“文选式”编排。初中呢,人教版、江苏版都是“主题单元”方式,语文版是“文体单元”形式。我看过一些相关的调查报告,对几种单元组合形式做出比较,好像并没有很清楚表明哪一种框架方式更好。

为什么课改之后的教材普遍采用“主题单元”?主要是为了体现人文性。也的确有这方面的好处,学生也比较喜欢,从教学来说,这样设置单元也可能比较有节奏感。但最大的问题是,“主题单元”框架往往只照顾到人文性,而较少考虑到语文性。以人文主题组织教学,语文教学的“梯度”也容易被打乱。有些版本意识到这个问题,如人教版,想做些补救,每个单元都适当讲一些语文知识或技能训练。这是加插进去的,并没有通盘考虑,梯度还是体现不出来。所以这次修订教材,要认真解决框架结构问题,实际上也是语文教学体系问题。

可以把小学和初中语文学习所要达到的知识点和能力训练点梳理一下,安排到每一学期各个单元之中,最好每一课都有一点“干货”,能做到每课一得就更好。这些都应当作为组合单元的要素之一。如果还是以人文主题来结构单元,那么也把这些要素往里边靠一靠,选文能紧密结合就最好,实在结合不了,那就在单元导语、阅读提示以及思考练习题上多体现,教师用书也往这个方向靠拢。这不是开倒车,不是回到以前(其实现在也有)那种完全围绕知识能力点展开的教学,而是在教材中让“语、修、逻、文”基本知识和技能要求更清晰,教师教学有章可循。教材的结构要充分考虑到教学需要,各个单元重点突出,单元与单元之间衔接也注意由浅入深,不断积累提升,反复落实基本训练。

(八)课文。

现有的各种版本选文都比较放得开,凸显人文性,照顾到学生兴趣。但也有的版本比较粗糙随意,特别是时文的选择量比较大,语文性不见得那样强。传媒对语文教材的批评炒作,往往集中在选文上,不必过多关注那些炒作,但确实要高度注意选文的质量。课标也提出选文要有经典性。那些沉淀下来、得到广泛认可的作品,才有资格进入课文,因为语文教学必须培养对文化的尊严感。当然,经典也在流动,而且有些传统的选文虽然有经典性,可是不太适合中小学生学习,或者不太适合教学,也不一定要选。有些版本选的当代的文章较多,好读,学生也有兴趣,但经典性显然不够,或者不太适合教学,修订时应当考虑调整。我赞成所选必须是美文,是思想格调高、语言形式优美的。

小学低年段课文有的要自己编写,要非常重视这一工作。现在有的编写并不好,太多说教(思想情感教育是必需的,但不等于说教,要讲究童心童趣)。现在小学和初中教材普遍比较浅。如今是信息社会,学生接触社会的途径比以前宽,在学前班和小学就知道很多东西,知识比前辈的童年多得多,要考虑这个情况。在课标要求的框架内,小学初中语文教材都最好稍微提高一点难度。不要低估学生的接受水平,不要只考虑让学生能懂,都懂了就不用学了。

(九)语文知识和能力点。

课标对语文知识的处理比较“小心”,努力避免体系,强调的是“随文学习”。这主要是针对应试教育的“题海战术”,自然有其道理。教学中不必过于显示语文知识体系,不能照搬大学语言学、文学史那一套,要去除烦琐哲学,降低难度。但编教材一定要有自己的知识体系,这个体系的呈现方式可以是隐形的。我主张要有系统,但不是“系统化”。

前面讲到单元组合,如果用语文素养的若干因素来组构,那么我们的工作就一定先要罗列一下到底小学、初中要掌握哪些基本的语文知识,要在哪些方面进行必要的训练,具备哪些基本的语文技能,都要有个明确的安排。但呈现方式要考虑自然一点,不至于陷入死记硬背,最好能结合情景去提出问题,让学生有兴趣去思索体验。另外,注意梯度,螺旋式提升,都先要有安排。

(十)文言文与现代文的比例。

这在每个学段的比例应当是不太一样的。过去小学阶段古诗文很少,按照课标要求,修订时应当适当增加。低年级也可以有些古诗,但要求不能太高,也就是接触一点,读读背背,似懂非懂不要紧,感受一点汉语之美,有兴趣就好,并不把文言文阅读能力作为教学目标。小学部分课标建议1—6年级背诵古诗75篇,可以部分编到教材中,也可以要求课外背诵。古诗文平均每学期也就六七篇,分量并不重。到初中,开始学习文言文,并逐步增加比重。课标提出初中背诵古诗文60篇,平均每学期也就10篇左右。不一定全都要编到课文中,也可以作为课外背诵。就课文的篇数安排而言,初中的古诗文占到五分之一左右,比如一学期30课,古诗文就是6课左右,可以一年级5课,二年级6课,三年级7课,按年级逐级递增。如果每册5—6个单元,那么每单元大概也就安排一课。高中的比重可以更大一些,占到四分之一甚至更多。我认为这样大致就可以了,中小学语文教科书主体还是现代文,文言文不宜再层层增加。

这个问题我愿意多说几句。事实上,在一线教学中,古诗文始终都是重头,比较难,可是有“讲头”,而考试又比较好拿分(因为古诗文方面的试题一般以知识性为主,死记硬背的也多一些),所以老师会在教课中“加码”。如果教材编的古诗文分量再增加,有可能一半的教学精力都投放于此,这是不利于完成整个教学计划的。

语文学习,提升读写能力,基本的、更主要的还是学习现代汉语,应当以现代文为范本。这是基础教育的任务性质所决定的,基础教育毕竟是面向未来大多数公民的教育。为什么也要学点古诗文?因为古代汉语是现代汉语的源头,要学习现代汉语,最好对古汉语有些了解,目的还是为了更好地学习现代汉语。另外,为了了解我们的传统文化,也要让学生适当接触一下古诗文。这里有主次的分别,不能颠倒,文言文与现代文也不宜平分秋色。

近年来有些专家主张中小学不要学文言文,自有道理。但也不必走极端,还是要接触一点文言文,学点古诗文。我理解就是"接触一点",对传统文化及其载体有些感性印象,就可以了。这方面要求不能过高,古诗文所占比重不宜过大。课标对此是有要求的,初中毕业,能依靠工具书阅读浅近的文言文即可,并没有更高的要求,编教材或实际教学都要掌握这个度。课标虽然没有明确规定文言文在教材中的比重,但在各个学段目标中还是有具体要求的,重头还在现代语文,而不是文言文,两者的主次位置很明确,不宜颠倒,也不能比例失衡。

(十一)教科书编写语言。

要力求贴近学生生活,减少教化,避免套话空话,做到生动活泼,能引发兴趣。不要动不动就让学生体会"深刻内容"和"丰富感情",也不要处处都是"人生启示"。现在许多教材的课文或者单元导语写得很辛苦,可是效果还不好,文艺腔,矫情,甚至有点"酸"。我们教材编者自己要注意文风,自然一点,朴实一点。

(十二)教师用书。

现在的教师用书大同小异,就是提供一些案例、一些资料,对教学没有很多帮助。现在是互联网时代,教案的获取非常便利,结果适得其反,很多老师过多依赖别人现成的教案,所谓集体备课也就是把一些教案拼凑一下,并不怎么考虑学情,也不能发挥老师的创造性和个性,一些老师都变懒了。我期待各个版本的教材都能编好教师用书,真正能打开老师备课的思路,而不只是提供教案。好的教师用书可以起到提升教师素质水平的作用。还有就是不要过分提倡做课件,不要过多依赖多媒体,让语文回归语文,朴实一点。教材出版后的教师培训,要重视这些问题。

以上所讲十二个问题,都是教材修订编写要碰到的具体问题,我力图结合现在一线教学的状况,以及对课标的理解,对教材修订编写提出一些看法与建议。这不是定论,也不一定能代表课标组,只是一种学术观点,目的是引起讨论,集思广益。我也很想听听大家的意见。

现在诸位老师所主编的各种版本教材都有自己的基础,有的还很不错,修订时要注意保持自己的特色。有些属于框架体例问题,要做大的改动也难,我看就不一定要大动,做些调整即可。我还是赞成“一纲多本”,希望有多种不同特色的语文教材出版,也希望各个版本能互相学习,取长补短,共同改进,那么得到好处的就是我们千百万学生。

老师们,教材编写是一件功德大事,也是理想的事业,也许比我们自己写的很多论著、很多项目都重要十倍百倍。我相信大家都会非常看重这件事。让我们摆脱名缰利锁,超越平庸,努力修订编写好语文教材,不辜负国家和人民的重托。

《民国时期中学国文教科书研究》序*

守正创新，把以往语文教学好的东西继承下来，绝不能搞虚无主义，一切推倒重来。

李斌先生的博士论文《民国时期中学国文教科书研究》即将出版，邀我写篇序言，我当即就答应了。这是一个重要的课题，以往还很少见到这方面的研究成果。我知道人民教育出版社正承担关于"百年语文"的课题，也苦于这方面缺少殷实的成果可做借鉴。这个题目做好了，对于当下的中小学语文教科书的编写，也有参考意义。

由于政治和战争等原因，民国时期的国文教科书出版情况非常散乱，要进入这方面研究，必须先做资料清理工作。作者查阅了清末直至 1949 年半个多世纪的中学国文教材，还从晚清及民国时期的报刊、名家的书信日记和后人的回忆中，钩稽出了大量有关中学国文教科书的相关信息，在此基础上逐一清理出民国各时期国文教材的编写情况和教学实践的不同反应。现在喜欢说什么都是"工程"，我觉得李斌这种研究才是工作量极大的"工程"。本书第一次全面而清晰地把民国时期中学国文教科书的面貌呈现出来。仅此一点，该书就在学界站住了。

我比较感兴趣的是这本书所发掘的早期一些重要的国文教科书，如林纾、吴曾祺、刘宗向等在清末民初编辑的中学国文教材。这些教材当时就有很大影响，甚至为此后百年的教科书选文（主要是古文部分）奠定了基础。作者对这

---

* 李斌《民国时期中学国文教科书研究》2016 年将由北京大学出版社出版。

些教材的定位,是比较公允的。此书下功夫的还有教科书编写背后的思想资源。如五四时期的教科书,就受到《新青年》相关讨论的影响,胡适、刘半农等对教科书编写是有过很大支持的。在讨论《国文百八课》时,作者关注到这套教材对语文作为一门"科学"的界定,以及这一界定在教育史上的意义。前一阵《国文百八课》成为传媒的"热点",似乎还很少有人注意到这一点。此外,对1940年代国民政府编定的"国定"本初中国文与开明书店的四套新编国文教科书的研究,也是此书的一个亮点。

应该指出,中学国文(语文)教材的设置和编写,与整个国民教育的总方针是分不开的,并且是教育方针实施的一个重要部分。由于教育方针具有一定的时代性和政治性,中学国文(语文)教材教学也必然具有一定的时代和政治色彩。作者在缕述民国时期中学国文教材演化递变时,始终注意这一点(如说到清末的教育改制,新文化运动的影响,以及后来国民党的"党化教育"等)。另一方面,又注意到当时中学国文教育毕竟和后来国民党加强控制时有所不同,国文教材的编写还具有相当的独立性,编写单位和个人以及社会舆论有着相对的自由度。从这样的实际情况出发,作者在史的发展框架下,有条不紊、层层深入地分析考察民国时期的中学国文教材,基本勾勒出那一段历史时期中学国文教材演进、演化、发展的情况。

李斌先生对民国时期中学国文教材历史的整理,始终有一条线索,就是"语文教学内容"四个方面(思想教育、技能训练、知识灌输和文学教学)的"纠缠""冲突",他试图从这些纠缠和冲突中(实际指它们之间轻重主次的"排序"和"关系"),总结出一些规律性的东西,以回应近年来关于语文教学的某些讨论。

由于民国时期中学国文教材包容的时间跨度长,教材总量多,内容驳杂,想建构一个很好的论文框架,选择话题进行明晰的论述,并非易事。但从已成文稿看,作者做了大量的资料搜寻、研读工作,弄清了教材编写的总体面貌,洞烛幽隐,多有辨证,新见迭出。这些富于启示的见解比较集中体现于结语部分,我们列数一下看看:

> 语文天生就有思想教育的功能,所以语文教育要讨论的不是有无"人文性"的问题,而是什么样的"人文性"的问题。
>
> 无论哪个时期,都不可能把中学语文仅仅作为一门工具学科,其无不融入和体现出教科书编者的价值观念及政治立场。
>
> 语文教学中的"人文性"并不等于思想政治教育,将工具性混淆为知识教学是不适宜的。
>
> 语文教育应当突出培养和训练学生的读写能力;语文教育中的知识教学必须为提高学生的读写能力服务。

我很惊讶,这些观念,都和现在课改的理念不谋而合。此书不仅具有重要的学术价值,而且具有鲜明的现实意义。

关于语文,我们已经有太多的争议和讨论,有太多的文章和所谓“成果”,但始终还是经验性的纠结为多,学理性的总结较少,通常就是观点加例子,难得见到严密细致的量化分析与科学的论证,往往就是公说公有理,婆说婆有理。要让语文教育走上比较理性的科学的道路,我们需要更多扎实的研究,首先就要弄清“家底”。百年来尤其是最近二十多年来我国语文教学的历史经验,就是“家底”。尽管人们对语文教学状况有这样那样的不满,甚至有些愤激,但无可否认,以往的语文教学还是成绩巨大,经验丰富的。当我们进入研究,就必须对此保持一种温情与敬意,当然还要加上分析的态度,守正创新,把以往语文教学好的东西继承下来,绝不能搞虚无主义,一切推倒重来。这也是李斌此书给予我的另一个启示。

是为序。

2012 年 4 月 28 日于南院

语文课本不只是美文汇编*

社会对语文教材的关注应当理性，让一线教师和专家安静下来，认真做调查研究，在科学研究的基础上提建设性、可行性的意见。

中小学语文教材的每一次调整都能引起热议。语文教材谁在编？谁在选？又是谁在把关？

12月7日，教育部义务教育语文教科书总主编、北京大学语文教育研究所所长温儒敏教授做客人民日报、人民网“文化讲坛”，为您一一道来。

——《人民日报》编者

缺乏字频、语言认知规律等基础研究，民国教材不见得是标杆

中小学语文教材的编写关系到亿万青少年的成长，总能牵动公众的神经。最受关注也最容易引起争议的，是课文的选择。前几年，某版高中必修教材删减了鲁迅的作品，就引起很多争论。

最近几年，兴起了民国教材热。民国教材创意鲜明、文字优美，又很生活化，值得我们学习，但不见得就是教材编写的标杆。

民国教材一般是个人编撰，很难像今天这样，编前进行大量基础性研究，例如对儿童常用汉字出现频率的研究以

* 本文系笔者答记者问，发表于2014年12月8日《人民日报》。

及各学段语言认知规律的研究等。因而,民国教材虽然选文优美,却不一定符合语文学习规律。事实上,当时社会对国文教学也有诸多不满,也在反复讨论"国人的国语水平为什么这么低下",《国文月刊》还刊发了一系列讨论文章。民国教材热其实是当代人对民国历史过滤后的一种"公共想象"。

很多人评价教材只看选文篇目,很少考虑背后的语文学习规律。事实上,教材编选是细致、复杂的系统工程,对语文教材的要求和评价,不能仅根据经验和感觉,还应当讲求科学性。

优秀的教材,选文力求文质兼美,具有典范性,富有文化内涵,但也并不是好文章汇集在一起就可以了,还得看这些文章是否难易适度,是否适合这个年龄段的学生。同时,也要考虑题材、体裁、风格的多样,将各种类别配置适当。语文教材整体上要体现时代特点和现代意识,有助于学生树立正确的世界观、人生观、价值观。此外,还要注重继承优秀的传统文化,增强学生的民族自尊心和爱国主义感情。诸多方面的要求,选文都要统筹考虑。

拟定大纲、编选课文、编辑设计,教材编写工作流程严谨复杂

目前,不少省份根据教育部颁布的"语文课程标准"编写了各自的语文教材,希望能更好地适应本地区的需要,但地方力量毕竟有限,教材质量不一定能得到保证,教材选用也易受经济利益左右,这就直接影响了教学质量。所以,要求教材统编的呼声渐高。

2012 年,教育部重新考虑组织编写义务教育阶段德育、历史、语文三门课的统编教材,或叫示范教材。教育部从全国调集五六十个专家组建语文教材编写组,包括一些从事语文教育研究的著名学者、作家、各省市教研员、特级教师,以及出版社编审和编辑等。这套新教材强调"守正创新",立足学术,充分尊重语文教育规律,把多年课改的经验转化落实,并充分吸收各个版本的优点,力求编出新水平。统编教材预计明年秋季投入使用。

那么,教材编写的具体流程有哪些?

教材编写前,专家要调查研究,制定总的指导思想,一般要做三项工作:一是学习研究课程标准,深入教学一线,总结新课程实施的经验,确定教材编写的基本思路。二是分析目前使用的各版本语文教材,总结得失经验。同时参照历史上其他教材,包括民国时期和上世纪五六十年代的,以及国外同类教材的经验。三是清理语文教材编写和教学实践中易碰到的问题,组织师范类大学或科研部门做专项研究。

接下来,教材编写还需经过一系列严谨复杂的工作流程,主要包括以下几个步骤:首先,拟出编写大纲,包括选文和结构的设想,其间反复召开各种专题研讨,征求一线教师意

见，最后将大纲提交教育部组织的审查组审查。其次，设定各分册的单元主题、知识点和能力点的分布，形成框架，提出课文的备选范围，这期间还要征求各领域专家意见，反复进行调整。接着，依照大纲安排教学内容，设计教学活动，包括精读、略读与课外阅读的功能搭配以及思考题、口语练习、写作、名著导读等，并注意做好各学段的衔接。

然后是编辑设计，包括注解、插图、美工等，这些具体细致的编务要反复打磨。针对专业性较强的问题，比如文言文注释、外国文学作品翻译、科技文的科学性判定等，邀请相关领域权威专家把关。教材成形后，在一些地区试教，征求一线教师意见，反复修改。试教、修改后形成初稿、送审。

送审要过许多"关"，如教科书审查组评审、教育部咨询委员会阅审、课程教材委员会终审，以及主管部门的复审等。编写组对每一轮审查意见逐条回应，反复修改完善教材。复审通过后，正式出版，编印发行。目前正在编撰的教育部义务教育语文教科书，已经接受了专家的八轮评审。

教材编写中出现不同意见时，会将分歧形成研究课题交由专家研究，或讨论形成最佳方案。有的专家推荐了优美的作品，但编写组讨论认为不适合教学需要，只好舍弃不用。再如，有专家提出，文言文注释应该写明是谁作的注解，如"宋代朱熹注"，但编写组讨论认为，这对中小学生来说过于烦琐，也无必要，就没有采纳。

以偏概全、印象化、情绪化、非理性争论不利于教材编写

编写教材必须依靠科研。目前语文教育很多基础性课题缺少研究，教材编写就难免受制于经验主义。中小学生应当具备的语文知识有哪些？如何体现到教材中？写作教学应当有怎样的系统？类似这样的大问题，语文学界都未取得共识。现在师范类院校办学都奔着综合性大学的目标去了，语文教学论、课程论的研究被看作"小儿科"，得不到重视。我希望这些关系到国计民生的基础性研究能引起学者的兴趣。

社会特别关注语文教材，这对教材的编写有帮助。但教材编写毕竟学术性很强，有问题最好通过学术探讨解决，动辄以偏概全，弄到漫天舆论，这种状况并不能促进语文教材的编写。例如所谓的"鲁迅大撤退"，引发了很多网民的愤怒。事实却是，课程改革后，高中3学年必修课变成了1.75学年必修课、1.25学年选修课。必修课总课时少了，课文数量自然要调整，鲁迅的文章在必修课中就减少了，部分被放到选修课中。但在入选作家中，鲁迅作品的数量仍然位居第一。媒体一炒作，人们产生误解，想澄清就难了。

再如，有人"爆料"某版本初中语文教材有30多个错误，声称要把出版社告上法庭，一时各大媒体都参与热议，形成了新闻事件。我找来这本教材，发现所谓错误，大多数是夸大，或是爆料者自己弄错了，真正错的只有五六处，而且大都是编校的过失，如书名号少了

半边,“沭浴”错成“沐浴”。社会的监督有助于教材质量的提高,但最好通过学术讨论的途径给出版社指正。

社会对语文教材的关注应当理性,让一线教师和专家安静下来,认真做调查研究,在科学研究的基础上提建设性、可行性的意见,而不只是在印象的、情绪的层面没完没了地争论。

关于中小学语文新教材的修改意见*

要有点“匪夷所思”，有点想象力，大胆提出革新的设想，可以进两步，然后退一步，还是有进步。

这几天抓紧看了“八上”和“八下”的部分初稿，是我第二遍看，又做了许多修改。

对初稿总的印象是不错的，和既有各种版本教材比，有自己的亮点，有特色。比如语文素养知识点、能力点的体系构成及其在各个单元的落实更加明确，精读和略读两类课型的功能有了明晰的区分，重视读书兴趣的培养和读书方法的传授，写作课更有可操作性，等等，都是有所创新的。有这些创新，教材就有突破，对此我们是有信心的。这套教材编写因为反复评审，已经拖了很多时间，明年秋季学期肯定是要投入使用的。不管有多少困难，我们要往前赶，保证质量，保证明年能用。

初稿大致成型了，仍然存在许多问题。应当修改或者值得再认真讨论的地方，我都一一做了标注或旁批。为什么要修改讨论，我也尽量说明了理由，供大家参考。

“八上”的第一稿出来后，我就做过很多修改。部分修改的意见在二稿中吸收了，也有一些未能吸收。这很正常。虽然我是总主编，意见也不见得都对，完全可以继续切磋探究。你们发挥教学一线的经验，或者专业编辑的经验，对我的意见进行打磨，使教材更加稳妥、规范，这都是好的。但我不希望把棱角全都磨平了，你们多想想我为何修改。总

* 本文系笔者 2015 年 5 月 7 日在部编语文教材编写会议上的发言记录稿。

感觉现在教材虽有新意,但还是比较“平”。而我提的很多修改意见,正是想突破这个“平”的。我曾在小学语文编写组说过,你们要有点“匪夷所思”,有点想象力,大胆提出革新的设想,进两步,然后退一步,还是有进步。如果一开始就很拘谨,求稳怕乱,那就很难出彩儿了。我希望初中语文编写也来点“匪夷所思”,也就是解放思想,勇于突破。我的修改如果是有些“匪夷所思”的,建议你们先考虑我为什么这样改,然后再适当调整,剪除那些过分“出格”的,但不要完全磨平其锋芒。

下面我就这次“八上”“八下”的修改,提炼出一些带有共性的问题,给大家参考。

第一,关于选文。

现在选的很多新课文都是名篇美文,很不错的。但如何安排还要斟酌。单元结构有个毛病,就是可能会打乱教学的梯度,这也没有办法,我们还是选择单元结构,只是不完全以人文主题来构设单元,适当考虑语文要素。但是课文的深浅程度往往就难于兼顾。怎么办?在现有基础上适当微调,照顾教学梯度。比如《列夫·托尔斯泰》这篇比较难读,是否可以放到九年级?蒙田的《论惬意的生活》,是论说生活形态的,哲理性很强,对初中生来说可能难了,其句子也有些夹缠,可能是翻译的问题。如果能换,就换一篇。蒙田散文有很多都是比较美的。课外古诗词诵读,《梁甫行》是很难的,也可以考虑是否换一篇。古诗词选文要照顾到选择的面,最好宽一点,“八上”有陶渊明的《饮酒》,课外阅读又有《移居》,同一册就收同一作者 2 篇。李白也有 2 篇。是否也可以分散一点?

第二,关于习题的设计。

现在的习题分两个层面——思考探究与积累拓展,这是比较适当的。有些题比较活,特别是积累拓展的题,设计思路很不错。如《唐诗五首》之《使至塞上》的习题,我就很欣赏:

> 《红楼梦》第四十八回,对于“大漠孤烟直,长河落日圆”,香菱说:“想来烟如何直?日自然是圆的:这‘直’字似无理,‘圆’字似太俗。合上书一想,倒像见了这景的。”你认为香菱对这两句诗的体味有没有道理。为什么?

这道题非常好,学生会很有兴趣,而且真正能起到拓展阅读的效果。

“八下”有林语堂《庆祝旧历元旦》,习题一的设计也不错,虽然难一些,但思路是导向开放的:

> 作者大力提倡“以闲适为格调”的小品文,他主张作文如聊天,应有聊天的闲适和随意。你读出本文这一特点了吗?从课文中找出一些具体的语段进行品析。

但类似比较灵活的习题还是少了。多数习题基本上是老一套,而且每一课的习题设置模式都彼此雷同,能否再有所突破?

当然,不是说现有的习题设计思路没有道理,只是说呈现形式过于趋同,很板结,会败坏学生的学习兴趣。另外,就是习题设计细致有余,开放不足。现在强调整体感知,强调适当的个性化阅读,但我们的习题这方面明显跟不上。所以这要改一改。一是往灵活、变化的方向改。特别是拓展题,尽量放开。二是激发读书和思考的兴趣。

另外,习题设计一定要注意将语文要素的知识点、能力点分布镶嵌,大多数习题都要考虑这一点。现在有的设计可能存在这方面的不足。比如,《消息两则》是关于新闻的,其习题之一就不见得合适:

> 听课文录音,或模仿播音员读课文,体会本文恢宏、磅礴的气势。用一两句话分别概括这两则消息传达的新闻事实。

我第一次修改时曾指出,这样的题目太简单。其实《消息两则》课文很短,每一则的标题又已经明确标示了内容。如果像现在这样设题,学生几乎毫不费力就用标题概括新闻事实,起不到引发思考的作用。建议修改,这道题不要往语言气势上引导,不如加上一句:"注意报道中的时间、地点以及事件过程、结果的表述。"这才扣住这一课的训练要点。

另外,新闻报道一般不强调感情,起码在这里不往这方面引导,模仿播音员没有必要。

又如《藤野先生》是老课文,习题各式各样,网上就可以找到许多,但很少有考虑学生实际的。学生读鲁迅最大的实际是什么?是语言隔膜,进不去,不习惯,也不喜欢。学生怕学鲁迅,是因为鲁迅的语言对他们来说比较隔,比较难,学生体会不到好处,也就进不去课文的情景。现在这一课在语言方面设题还是比较少,六道题只有第四题的文章修改是和语言有关的,其他题目全都是有关思想内容的。可见我们对于学生学习鲁迅的障碍还是关注不够。我希望习题能够帮助学生学习鲁迅,喜欢上鲁迅。为此,我专门就语言个性设计了这样一道题:

> 鲁迅好用反语,往往庄词谐用,产生某种讽刺效果,同时也传达了自己的感情和态度。如"也有解散辫子,盘得平的,除下帽来,油光可鉴,宛如小姑娘的发髻一般,还要将脖子扭几扭。实在标致极了",前一句描写可笑的神态,后一句却称之为"标致极了",形成某种反差,这就是庄词谐用。请从文中再找出三五个例子,体会鲁迅语言的魅力。

为何设计这样一道题?我在批注中这样说:原五道题有四道都是内容理解方面的,这里增加一道语言方面的题。中学生阅读鲁迅的障碍首先是语言,很多学生不喜欢也进入不了鲁迅语言层面。虽然这较难,但也应当尝试引导去体味。鲁迅的语言特色在于丰盈的张力,这里只涉及讽刺,让学生有初步体悟即可。教师用书可以重点解释何谓庄词谐用,以及讽刺幽默等。鲁迅的语言极富张力,味道在此,难也在此。我设题时没有用"张力"这个词,是考虑学生接受度。有些设题可以深一点,学生还会觉得有意思。

另外,设题一定要考虑训练的有效性。现在有些题很浅,起不到训练效果。比如郦道

元《三峡》,有四道题,如下:

一、朗读课文,说说作者是按什么顺序写三峡景物的,想想作者为什么这样写。

二、写景要抓住景物特征。说说作者笔下的三峡夏天、春冬、秋天各有怎样的特征。

三、翻译下列语句。

1. 两岸连山,略无阙处。

2. 自非亭午夜分,不见曦月。

3. 至于夏水襄陵,沿溯阻绝。

4. 清荣峻茂,良多趣味。

四、解释下列句中加点字的不同含义。

第一、二两道题都是分析写法,指向写作,但也比较简单。在这一极为短小的篇札中分析这样一些写作方法,不是不可以,但太简单了。

第三题翻译,所给出的句子很多都已经有详尽注释,翻译就等于把注释抄一遍。这样的题目就失去了效果。不如改为翻译全文或者中间两段,要求把原文和自己的译文都朗读一遍,边读边体会一下不同的语感。

我举这个例子是说明咱们的习题设计还要多下功夫,力求创新。有几点请注意一下。

一是注意落实语文素养的知识点和能力点,起码每一课都有一两道题是关于语言文字训练的。所谓能力点的分布,很大程度上靠习题。

二是针对课文教学中常见的问题,来设计一些纠偏、引导的题。比如《藤野先生》那道新设计的题,就是引导性的,对于教学会有很大帮助。《三峡》修改后的第三题,也是文言文教学的一种导向,往古今比较、语感等方面引导。文言文教学不能满足于翻译和读懂。

如何改进习题设计?这次讨论作为一个重点。能否考虑,每一课起码有一道题是原创的?五分之一或者六分之一原创,这个要求不高。可以参照一线教学或者考试的试题来加工设计。我们每个人发挥主动性,每次汇合讨论,要求每个人都能提出一道原创的题,那就相当可观。

第三,关于导语和预习提示。

导语的确很难写,字数很少,要照顾方方面面,一写就往往程式化。现在几乎都是先用一句或几句引言,概括本单元主题,说明学习本单元的思想收获意义,用的语言都是比较美而又有些做作的,而且容易教化。我不满意现在到处都是"丰富我们的感情""深化对于什么的认识"之类。几经修改,导语写得好一点了,但还是不令人满意。小学语文干脆不要单元导语了,改用其他比较活泼的表现形式,那也很好。

导语怎么写?我对"八上""八下"单元导语做了一些修改,都是字句方面的,还是走不出来，不太满意。例如，关于古诗文山水题材那一单元的导语，我是这样修改的，你们从中能体会我的用意。大家看看是否可以参照一下（注意方框内文字是我删去的）：

> “山川之美，古来共谈。”自然山水，或具清幽之氛围，或拥雄奇之景物，或呈秀丽之色彩，都显出造化之灵妙。深入其中，总能让人流连忘返，引起无限的情思。从古到今的古代诗文中很多歌咏山水的优美篇章层出不穷。阅读这类诗文作品，可以获得美的享受，净化心灵，陶冶情操，丰富人生体验。
>
> 学习本单元课文，要能借助注释和工具书，整体感知内容大意。反复诵读，借助联想和想象，进入诗文境界交融的境界，感受风景之美、山川风物之灵秀，体会作者寄寓其中的情思。同时，要注意积累常见的文言实词、虚词，提高阅读浅易文言文的能力。

修改的指向是什么，是要更简洁，也更准确。

关于课文的“阅读提示”，我也做了许多修改，但改来改去，还是不够满意。大家看看我的修改指向，主要是为了更加明确落实知识和能力点，帮助教学抓点，更有可操作性。例如，《藤野先生》是老课文，生涩的词多，加上鲁迅语言独有的特点，学生学习是有较大难度的。前面说过，从初中开始，很多学生就感到鲁迅文章很难，首先是文字上难。因此，需要针对这一情况，帮助学生学会接触鲁迅，接触难的文章，破除畏难心理。现在的阅读提示是这样改的：

> 鲁迅作品的语言，初读时可能会感到有些拗口，其实很简洁、幽默，富于感情色彩。阅读时宜放慢速度，细细体味。

这就改得很好。我的意见你们也采纳了。我还要说说为何这样修改。“阅读提示”是提供给预习参考的，预习的要求不能过高，有些目标要等学完课文才能达到。但预习时可以指导阅读，像鲁迅的作品语言比较拗涩，学生不太喜欢，就要帮助他们扫除阅读心理障碍，引导其细读品味。其他课文导语也要注意激发阅读兴趣。不能把预习的提示或者“阅读提示”混同于思考题，也不宜太难。老是要求画一画、讲一讲、说一说，和同学交流，这就太程式化了，是很烦的。

阅读或者预习提示，有时还可以巧妙地起到帮助学生学习语文知识的作用，一举两得。比如《短文两篇》（《与谢中书书》和《记承天寺夜游》），“阅读提示”就写得很好：

> ◎画出文中写景的句子，读一读，感受景物之美。
>
> ◎两篇短文语言风格不同。《与谢中书书》以四字句为主，讲究对仗，韵律和谐，

辞藻华丽;《记承天寺夜游》则以散句为主,语言平实自然。朗读课文,体会二者不同的声韵节奏。

前一篇是魏晋文,带有骈体的特点,而后一篇是宋代笔记,两者风格体式是完全不同的。讲四字句不提骈体恐怕不行,但又不好介绍太多文学史常识,这就要拿捏好。是否可以在适当地方简要介绍一下骈体?值得考虑。我想在一线教学中这个问题是回避不了的。

总之,“阅读提示”的修改,应当加强语言文字运用的内容。但语言文字运用包含诸多方面,不能理解为就是写作方法。

例如《一个灾区中学校长的避险意识》,是自读课,属于新闻报道单元,提示或者练习题设计扣住新闻是必要的,但也还是要注意语文能力训练。在这一课的“阅读提示”中,我就增加了这样一句:

这篇通讯语言朴实简洁,多用短句,段落切分也很小。阅读课文,感受这种语言风格的特殊韵味。

这也是提示,涉及短句切分这样的知识,以往教材是较少涉及的,而又是这篇课文最重要的语言特色。上次修改我就提出这个建议,不知为何你们没有采纳。

还有,是这一课的提示,原来我还添加过这样一段,是试图给方法,但你们也没有采纳:

此文2630字,情节简单,容易读。试用快速浏览方法,尽可能抓住每段的关键词(或句子),知其大意,便迅速转向下一段。争取在5分钟之内看完。然后,放慢阅读速度再仔细读一遍,看头一遍阅读是否掌握了基本内容,有无重要的遗漏或误解,原因何在。平时多做这样的练习,能有效地提高阅读能力。

“阅读提示”或者“思考题”,每个单元都应当有整合的。比如人物传记单元,在最后一课《美丽的颜色》的“阅读提示”中,我添加了一句:

结合阅读体验,回想并比较一下本单元几篇课文各自不同的语言。

加上这么一句,往语言运用上靠拢,而且有个比较阅读的意思。各个单元都有自己重点,但也都要围绕语言文字运用以及思维的训练。

第四,关于自读课文的旁批。

自读课文的旁批,是这套新教材的创新,但很难写。首先要确定旁批的功能,突出要旨,不能求全。要着重刺激阅读兴趣,然后才是提示阅读重点。评点的方式可以灵活一点,一个词、一句话都可以,所起到的是提醒、点明,不是说明。现在的旁批有些陈旧而且死板,大多数都类似写作方法分析引导,这要改一改,往阅读兴味的焕发这方面改。比如《列夫·托尔斯泰》写外貌那一节的旁批,我做了这样改动:

为何用“低矮的陋屋”比喻外貌？[比喻什么外貌]？[写出了托尔斯泰外貌的什么特点？文中]还有一些新奇的比喻，注意[找出来，细细体会]其特别的效果。

这样改，不只是简短一点，还有意改变问答式。“找出来”之类，会阻碍阅读。现在我对整个自读课的旁批都还不满意，建议请专家再打磨一下。

有些自读课文很短，也不难读，不一定要旁批，如《安塞腰鼓》。

第五，关于语文知识。现在采用的是类似词条的方式，补白的方式。大家改过很多遍，还不是很满意。不能只顾通俗，还要注意表述的严密和科学性。

第六，关于古诗词的导读。以往教材写这些导读，几乎全是“赏析体”（由过去一些赏析词典而形成），过于单调。修改时注意有些变化，通脱生动一点，和学生的生活贴近一点。我做了很多修改，供你们参考。

第七，关于教科书编写语言。我在教材编写启动会上曾经建议，教科书编写语言要力求贴近学生生活，减少教化，避免套话、空话，做到生动活泼，能引发兴趣。不要动不动就让学生体会“深刻内容”和“丰富感情”，也不要处处都是“人生启示”。现在许多教材的课文或者单元导语写得很辛苦，可是效果还不好，文艺腔，矫情，甚至有点“酸”。我们教材编者自己要注意文风，自然一点，朴实一点。看来还需要努力。现在新教材的编写语言比较注意规范，但整个行文风格还是比较死板累赘，缺少生气。

最后，讲讲小学语文编写的意见。

有些意见我在2013年11月景明园会议上已经讲过，后来精力几乎都用在应对评审以及一年级修改上面了，我的意见没有得到你们积极的反馈。这里再说说。

小学教材已经在引导大量读书方面形成特色。除了坚持咱们原先决定的编写方案，我希望无论小学还是初中，都努力加强两个“延伸”，即：往“多读书”（特别是阅读兴趣与方法）延伸，往课外阅读及学生的语文生活延伸。

小学的低年段已经大量增加阅读材料，形成特色。中年段开始有“课外读书导航”。我觉得这是创新，非常好。到高年级，可以考虑每学期再增加一次“课外读书导航”。不只是介绍名著，指导阅读，还要引发阅读兴趣，指导课外阅读。要引发兴趣，培养习惯，教给方法。要和中学衔接。

名著导读（或者课外读书导航）可以每册增加1到2次（部），撰写的导读不只是介绍所选作品的作者、背景和内容提示，还应当加插和强化读书方法。比如如何克服读一本“难”书的畏惧心理，如何消除经典的隔膜，如何挑选适合自己的书，如何更快地读完一部书，如何读不同类型的书（如童话、寓言、长篇小说、戏剧、历史书、杂志、实用的书等等），其实都应当教给学生方法，而以往的教材以及课堂又都是不教或少教的。

关于精读和略读课的区分度加大的问题，不只是初中，小学也要注意。特别是到中年段之后,如何处理精读和略读,就要认真考虑。略读不能理解为只是少讲一点,而是让学生自己读,承担精读课未能担负的那些功能,比如试验和练习浏览、检视、快读、猜读等等方法。精读、略读课型混淆,是语文教学普遍存在的偏误,我们要通过教科书编写来扭转这一状况。小学低年段这个问题不突出,但也要防止处处都精读精讲。有些问题教材不方便说的,可以在教师用书中去明确交代。

语文教科书编写的汇报提纲*

努力做到“接地气”,满足一线教学的需要,又能对语文教学普遍存在的弊病起纠偏作用。

我汇报一下新编小学和初中语文教材的编写思路和进展情况,主要讲四点。

(一)在语文教材中体现社会主义核心价值观。

从教材启动编写,我们就一直坚持把社会主义核心价值观作为指导思想,同时将其作为具体的编写内容加以落实。关键在于价值观如何结合语文学科的特点,化为语文的“血肉”,而不是穿靴戴帽。新编语文教材努力做好价值观的“整体渗透”。这个“整体”,是指全部,目的是让语文本身所具有的语言教育、情感教育、审美教育内容,和价值观教育融为一体,并自然地体现在课文选择、习题设计等方面。比如,毛主席《纪念白求恩》一文,这次设计做了很大改进。课前先布置预习,学生自己去读课文,收集有关资料,了解白求恩其人其事,并向学生说明,这是一篇在中国产生过极大影响的文章,很长一段时间内曾家喻户晓。要求学生上课之前先问问自己的祖辈、父辈,了解这篇文章对他们的影响。这就调动了学生学这篇文章的兴趣,而且把这篇革命的经典重新融入现实生活之中,让学生在了解白求恩的同时,也初步感受到毛主席的伟大。这样,思路就拓宽了。

社会主义核心价值观的教育,不只体现在革命传统课

* 2015年8月31日笔者以总主编身份向中央汇报部编语文教材编写情况,本文为汇报提纲。

文(这方面保留和增加很多,约占全部课文的11%)的设计中,也渗透到其他类型的课文中。比如诸葛亮的《诫子书》,让学生反复诵读,体味文言文的韵律美,同时要求讨论诸如“静以修身,俭以养德”“非淡泊无以明志,非宁静无以致远”等名句。这样,语文学习就和修身明志结合起来了。再举一例,《动物趣谈》一课,是科普作品,讲一位动物行为学家如何聚精会神地观察动物行为,是很有理趣、很幽默的文章。教材把领略这篇作品的语言风格,学习如何观察事物作为教学重点,同时又引导学生去感受科学家专注忘我的工作精神,以及追求科学真理本身所具有的特别的乐趣。这就把语文素养和精神熏陶融合起来了。我在济南一所中学听过老师讲这篇课文,学生兴致非常高,效果很好。教材让核心价值观“整体渗透”,在提升语文素养的同时,情感、态度与价值观也很自然地得到提升。这是第一点。

(二)努力做到“接地气”,满足一线教学的需要,又能对语文教学普遍存在的弊病起纠偏作用。

在确定编写方案之前,我们对十多年来课程改革以及课程标准实施的得失状况进行了细致的调查总结,让课改好的经验,包括这些年提出的以人为本、自主性学习等新的教学理念,在语文教材中沉淀下来。比如综合性学习,以及某些习题的设计,都在做这种“沉淀”。同时,又实事求是,正视某些不符合教学规律的偏向。比如,现在语文教学普遍是两多一少:精读精讲太多,反复操练太多,学生读书太少。现在备课很容易,都在依赖网络获取课件,结果就是彼此“克隆”,大同小异,模式化。语文课上得很琐碎、技术化。老是这一套,学生很腻味,当然也就不喜欢语文。新编语文教材注意到这个问题,采取了一些改进办法,比如,在课型上做了更明确的区分,分为“教读”和“自读”两类课。“教读”课老师讲得多一点,精一点,主要就是举例子,给方法。“自读”课就是让学生使用“教读”课给的方法,更加自主地阅读,教师不必精讲。“自读”课文还专门设置了导读和旁批,引发学生涵泳体味。教材有意区分课型的功能,也是为了纠正目前语文教学过分精读精讲的僵化状况。

现在的语文教学最大的问题,还是读书太少。课内读得少,课外读得也少,主要是应对考试,“题海战术”。中学毕业了,没有完整地读过几本书,即使上了大学,也没有养成读书的习惯。这样的语文课是失败的。

针对这一状况,新编语文教材特别强调读书兴趣的培养,让学生学语文喜欢读书,养成一种良好的生活方式,为孩子们的一生打下坚实的底子。教材特别注重让语文课往课外阅读延伸,往学生的语文生活延伸。比如小学一年级,六七岁孩子还不认字,就先安排了“和大人一起读”栏目,读故事、童话、童谣等,以激发读书兴趣来开蒙。到了高年级和初中,几乎每一课都有往课外阅读延伸的设计,还安排了“名著导读”“古典诗文诵读”等栏目。新编语文力图让“教读”“自读”,加上“课外导读”,构成三位一体的教学体系,这一切都是指向“少做题,多读书,好读书,读好书,读整本的书”。最近我到安徽阜阳、河南郑州等地,和一线老师交流,介绍了新编教材这些编法,得到一致的肯定,他们都希望能在应对考试和提倡读书、实施素质教育之间找到平衡,认为只有多读书,才能“拯救”语文,也才谈得上语文素养、语文教育。

(三)“守正创新”,继承和吸收中外语文教科书编写的成功经验,努力体现科学性和时代性。

教材需要创新,但创新不是颠覆,要学习和继承以往教材编写好的经验。这次语文教材编写启动阶段,我们做了一项细致的工作,就是对现行各个版本语文教材的普查和专题研究。比如人教版现行的语文教材,哪些方面可以继承吸收,哪些方面应当视为教训,都做到心中有数。这是新教材编写的基础之一。此外,编写组部分成员还参与了一个国家社科基金重大项目,就是百年教科书编写的历史研究,对民国国文教科书的编写有认真的清理总结,有些好的经验吸收到新编的教材中。比如新编小学语文增加了很多童谣、儿歌,能激发孩子对汉语音韵节奏的感觉,提升学语文的兴趣,有些素材就是从民国国文课本中取来的。新编教材还特别注重“编研结合”,对学界有关语文认知规律的研究成果加以选择、吸收和转化。比如,识字写字教学内容的安排,如何让孩子“多认少写”,尽快学会读书写字,新编一年级教材的识字课文就采纳了北师大关于儿童字频研究的成果,把儿童读书最需要先认识的300个字安排在一年级教材中,努力体现教材编写的科学性。

教材在课文的选取、习题的设计、教学活动的安排等方面,努力切入当代中小学生的语文生活,适应社会转型和时代需求,体现时代性。比如,如何正确地认识和使用新媒体,如何过滤信息,都在教材中有所体现。

(四)吸收专家意见,完善教材编写。

下面再简要说明对两次座谈会意见及100位特级教师审读意见的处理情况。针对这些意见,编写组进行了细致的梳理分析,分门别类进行了认真处理。这些意见中有不少意见是中肯的、富有建设性的,我们一一做了吸收。比如胡适《终身做科学实验的爱迪生》一篇,有专家认为“内容和文字都比较平淡”,现在已经调整为萧红的《回忆鲁迅先生》。又如有专家认为,课文的预习、自读课中的“自读提示”和旁批有很多是结论性的解读,会限制学生的理解和教师的教学。虽然原来的内容很多都是提示性的,但考虑到专家们的意见,编写组再次考察所有内容,尽可能增加一些启发性的问题或者提示,避免结论式呈现,以促进学生的自主学习。有些意见或者因为对内容的理解有偏差,或者只是一家之言,带有较浓的个性色彩,编写组未予采纳。比如有专家认为“《台阶》一文是宣传‘恶俗竞争心态’”,这个结论需要斟酌。有些意见可能是因为没有看到全部教材,对编写意图不够清楚而形成的,我们也一一做了回复。比如有关口语交际的问题,我们在八、九年级已经做了专题安排。

语文是社会性很强的学科,社会关注度高,也常常饱受批评。接受新编语文教材这个任务,我们如履薄冰,最怕出现硬伤,也最怕违背课标精神,这方面我们下功夫也很多。欣慰的是,最近请 100 位一线的特级教师提意见,他们都还比较肯定,没有发现"硬伤"。但我们不敢懈怠,要小心细致,确保质量。

经过三年半的努力,反复修改打磨,我认为小学和初中语文起始年级教材已经比较成熟,希望中央能批准投入使用,或者先在部分地区试用。让一线教学的实践来检验和充实这套教材,不断修订,逐步完善。

部编本语文教科书的特色*

有什么样的教材，就会有什么样的国民。

这套新编的义务教育语文教科书，和以往各个出版社包括人教版教材有所不同，是“部编教材”。中央考虑三科教材包括思想品德、历史和语文的意识形态属性强，社会影响大，决定由教育部直接组织编写三科教材。教材编写是国家行为。有什么样的教材，就会有什么样的国民，中央对三科教材编写是非常重视的。这套语文教材编写从2012年2月启动，由教育部聘任总主编，并从全国调集60多位专家、编辑和一线老师组成编写组。三年来，编写工作始终得到学术界、教育界和社会各界的大力支持，前后经过十多轮评审，一遍一遍修改完善，最终通过中央领导的审查，一年级和七年级的4册终于可以投入试教了，计划2016年秋季在全国铺开使用。在目前教材仍然存在多个版本的情况下，部编教材将起到示范和引领的作用，最终有可能成为统编教材。这里简要介绍一下这套部编语文教材的特点，并对教材使用提出一些建议。

和既有的一些版本的教材比较，部编语文教材有许多新的改进和创新。

从编写的指导思想看，是紧密结合语文学科特点来体现社会主义核心价值观的。这种结合，是努力做好价值观的“整体渗透”，化为语文的“血肉”，而不是穿靴戴帽。“整

---

* 教育部组织编写的义务教育语文教科书，2015年秋在全国多省市试教。本文系笔者2015年11月在试教工作会议上的讲话。

体”是指全部，让语文所包含的语言教育、情感教育、审美教育内容，和价值观教育融为一体，并自然地体现在课文选择、习题设计等方面。比如，毛主席《纪念白求恩》一文，这次设计做了很大改进。课前先布置预习，学生自己去读课文，收集有关资料，了解白求恩其人其事，并向学生说明，这是一篇在中国产生过极大影响的文章，很长一段时间内曾家喻户晓。要求学生上课之前先问问自己的祖辈、父辈，了解这篇文章对他们的影响。这就调动了学生学这篇文章的兴趣，而且把这篇革命的经典重新融入现实生活之中，让学生在了解白求恩的同时，也初步感受到毛主席的伟大。这样，思路就拓宽了。

社会主义核心价值观的教育，不只体现在革命传统课文（这方面保留和增加很多，约占全部课文的11%）的设计中，也渗透到其他类型的课文中。比如文言文诸葛亮的《诫子书》，让学生反复诵读，体味文言文的韵律美，同时要求讨论诸如“静以修身，俭以养德”“非淡泊无以明志，非宁静无以致远”等名句。这样，语文学习就和修身明志结合起来了。教材让核心价值观“整体渗透”，在提升语文素养的同时，情感、态度与价值观也很自然地得到提升。

部编教材还努力做到“接地气”，希望能满足一线教学的需要，又能对语文教学普遍存在的弊病起纠偏作用。

在确定编写方案之前，我们对十多年来课程改革以及课程标准实施的得失状况进行了细致的调查总结，让课改好的经验，包括这些年提出的以人为本、自主性学习等新的教学理念，在语文教材中沉淀下来。比如综合性学习，以及某些习题的设计，都在做这种“沉淀”。同时，又实事求是，正视某些不符合教学规律的偏向。比如，现在语文教学普遍是两多一少：精读精讲太多，反复操练太多，学生读书太少。现在备课很容易，都在依赖网络获取课件，结果就是彼此“克隆”，大同小异，模式化。语文课上得很琐碎、技术化。老是这一套，学生很腻味，当然也就不喜欢语文。新编语文教材注意到这个问题，采取了一些改进办法，比如，在课型上做了更明确的区分，也是为了纠正目前语文教学过分精读精讲的僵化状况。

现在的语文教学最大的问题，还是读书太少。课内读得少，课外读得也少，主要是应对考试，“题海战术”。中学毕业了，没有完整地读过几本书，即使上了大学，也没有养成读书的习惯。这样的语文课是失败的。

针对这一状况，新编语文教材特别强调读书兴趣的培养，让学生学语文喜欢读书，养成一种良好的生活方式，为孩子们的一生打下坚实的底子。教材特别注重让语文课往课外阅读延伸，往学生的语文生活延伸。比如小学一年级，六七岁孩子还不认字，就先安排了“和大人一起读”栏目，读故事、童话、童谣等，以激发读书兴趣来开蒙。到了高年级和初中，几乎每一课都有往课外阅读延伸的设计，还安排了“名著导读”“古典诗文诵读”等栏目。新编语文力图让“教读”“自读”，加上“课外导读”，构成三位一体的教学体系，这一切都是指向“少做题,多读书,好读书,读好书,读整本的书”。最近我到安徽阜阳、河南郑州等地,和一线老师交流,介绍了新编教材这些编法,得到一致的肯定,他们都希望能在应对考试和提倡读书、实施素质教育之间找到平衡,认为只有多读书,才能“拯救”语文,也才谈得上语文素养、语文教育。

部编语文教材还坚持“守正创新”,继承和吸收中外语文教科书编写的成功经验,努力体现科学性和时代性。

教材需要创新,但创新不是颠覆,要学习和继承以往教材编写好的经验。这次语文教材编写启动阶段,我们做了一项细致的工作,就是对现行各个版本语文教材的普查和专题研究。比如人教版现行的语文教材,哪些方面可以继承吸收,哪些方面应当视为教训,都做到心中有数。这是新教材编写的基础之一。此外,编写组部分成员还参与了一个国家社科基金重大项目,就是百年教科书编写的历史研究,对民国国文教科书的编写有认真的清理总结,有些好的经验吸收到新编的教材中。比如新编小学语文增加了很多童谣、儿歌,能激发孩子对汉语音韵节奏的感觉,提升学语文的兴趣,有些素材就是从民国国文课本中取来的。新编教材还特别注重“编研结合”,对学界有关语文认知规律的研究成果加以选择、吸收和转化。比如,识字写字教学内容的安排,如何让孩子“多认少写”,尽快学会读书写字,新编一年级教材的识字课文就采纳了北师大关于儿童字频研究的成果,把儿童读书最需要先认识的300个字安排在一年级教材中,努力体现教材编写的科学性。

教材在课文的选取、习题的设计、教学活动的安排等方面,努力切入当代中小学生的语文生活,适应社会转型和时代需求,体现时代性。比如,如何正确地认识和使用新媒体,如何过滤信息,都在教材中有体现。此外,教材的课文有较多的更新,注重经典性和适合语文教学。和原来人教版比,新的课文约占40%。教科书编写语言、习题的题型变化、插图和装帧设计,都力图有所创新。到底这些改进和变化的效果如何?都必须在试教中得到检验。

以上说的是部编语文教材的总思路和特点。因为现在提供给各个试教点的只有一年级或者七年级教材,难于全面检讨整个教材,我们先从整体上介绍一下教材的特色与思路,也是为了帮助试教的老师去把握新教材的内容,设计好自己的教学方案。下面再从七个方面提出一些具体建议,希望能结合各个学校和班级实际,去落实和试验。

(一)这套教材重新确定语文教学的“隐在体系”,落实语文素养构成的知识点、能力点。自从“课改”强化人文性和实施主题单元建构之后,教学上主张语文知识的“随文学习”,比以前活跃,但又出现另一趋向,就是教学梯度被打乱,必要的语文知识学习和能力训练得不到落实。有时课上得满天飞,可就是没有把得住的“干货”。所以这次编写一开始就注意这个问题,按照课标的学段目标要求来细化那些知识的掌握与能力的训练,落实到各个单元。有些必要的语法修辞知识,则配合课文教学,以补白形式出现。努力做到

“一课一得”。这套教材在建构适合中小学的语文素养体系,但这是隐在的,不是显在的,在教材的呈现和教学中都不应当强调体系,防止过度的操练。目前学界在这个问题上仍然有争论,我们认为应当实事求是,稍有平衡,目标是加强科学性。使用过程中应当特别关注教材中语文素养构成的知识点、能力点分布,有一部分体现在单元导语中,更多是体现在课文、习题和补白等设计中。老师们安排设计教案,虽然也可以随文学习,但还是要有整体的考虑和安排,有潜在的体系。

(二)课型的区分更加明晰。现在几乎所有教材都把课文分为精读和略读两类,但在教学中,普遍全都处理成精读精讲,而且讲法差不多,都是那一套程式,只不过略读所用课时略少。其实应当将两类课型明确区分,各自功能是不一样的。精读课是举例子,给方法。略读课就是让学生使用精读课给出的方法,更加自主地阅读,教师不必精讲。新编教材的一个突出的改进,就是干脆把“精读”改名为“教读”,“略读”改为“自读”。“自读”课文设置导读或者旁批,引发学生自主阅读兴趣。这样的功能区分,也是有意改进目前语文教学过分精读精讲的僵化状况。试教时建议老师们在课型区分上多下点功夫。

(三)部编教材更加重视多种阅读方法的教学。以往语文教学比较偏重精读,扣得很死,虽然有用,但这是很不够的。比如默读、浏览、跳读、猜读、比较阅读、读整本的书,等等,以往教学都较少关注,结果是多数学生只会精读,只会考试,而阅读速度很慢,也不晓得运用各种不同的阅读方法。部编教材在多种阅读方法的教学上,是增加了一些分量的。希望老师们试教时注意阅读方法问题,重视阅读速度的教学。

(四)部编教材特别强调课外阅读,把课外阅读纳入教学体制。一年级就设置了“和大人一起读”,意在和学前教育衔接,一开始就引导读书兴趣。中、高年级几乎每一单元都有课外阅读的延伸。初中的“名著选读”还加上拓展书目,同时改变以往那种“赏析体”写法,注重“一书一法”,比如浏览、快读、读整本书、读不同文体,等等,都各有方法引导。多数课后思考题或拓展题,也都有课外阅读的提示引导。这就把语文教学从课堂延伸到课外,形成“教读—自读—课外阅读”三位一体的阅读教学体制。这种突出的强调,应当是个创新吧。建议老师们采取“1 + X”的办法,即讲一篇课文,附加若干篇课外阅读的文章。有些老师反映说由于条件限制,难于选择课外阅读的材料。人教社近期出版有《语文素养读本》,从小学到高中,每学年 2 册,和教材有所呼应,大家可以参考选择。

(五)识字写字教学更加讲究科学性和教学效果。比如“多认少写”原则的落实,课文和习题等的设计注意严格落实 300 字基本字表,以及拼音教学内容的简化和推后,等等,这些都比以往教材有很大改进。一年级语文非常重要,也很难教,到底如何改进低年级语文教学,提高教学效果,从根本上培养孩子们读书的兴趣与习惯,编写组希望听取一线试教的经验。

(六)写作课的编写力图突破既有的模式,在突出综合能力的前提下,又注重基本写作方法的引导,同时还非常注意与阅读教学紧密结合。写作课很难教,写作教学内容的编写也很难,这方面几易其稿,也未能达到理想状态。但和以往教材比较,现在的编法是希望更能激发学生写作的兴趣,也比较有“抓手”,比较方便教学实施。到底怎么编写作教学?特别希望能吸收一线的意见。

(七)综合性学习减少课时,提高效果。综合性学习是课改后出现的新的课型,每个版本教材都有较多的安排,但在一线教学中很难得到落实,容易流于形式。针对这种情况,新编教材每年级减少一次综合性学习,在设计上又加强了和阅读、写作课的联系。注意将口语教学渗透到平时的阅读教学之中,一些习题设计也努力体现口语教学的内容要求。这样一些改进是否可行,会有什么效果,也希望在试教中得出结论。

教材编写是复杂的工程,这套部编教材虽然编写时间较长,投入的力量也较大,有一定的创新和突破,但也难免会存在某些不足,希望通过试教,得到检验,得到广大一线老师的批评和指导。你们的试教实际上就参与了这套教材的编写,将对部编教材的定稿、出版与推广使用起到关键的作用。

编写组诚挚地感谢你们的合作!

选录鲁迅作品应考虑适切性*

如何选录鲁迅作品一直是中学语文教材编著过程中的难题，每次调整都会引发社会和大众的关注。

2013 年 9 月，当时的新学期刚开学不久，就有媒体报道，鲁迅的《风筝》在人教版初一上学期语文教材中被删除了。很快，关于“鲁迅作品退出新版语文教材”的消息广为传播，引发人们的广泛争议，甚至还兴起了一场“鲁迅该不该退出语文教材”的论战。其实，近几年鲁迅作品在中学语文教材中的比重并未减少，只是做了结构性的调整，一些媒体不负责任的炒作和议论是对语文学科建设的干扰。

据调查，高中语文必修教材中鲁迅作品篇目减少是事实，例如人教版的高中语文必修教材，原来 3 学年 6 册教材中选有 5 篇鲁迅的文章，现只保留了《拿来主义》《祝福》《记念刘和珍君》3 篇。但值得注意的是，在新课程改革的大背景下中学课程结构也发生了变化。原来高中三年全是必修课，现在分割为必修课和选修课；必修课占据 1.75 学年的课时量，而选修课占 1.25 学年，语文课时总量是压缩了的，因此必修教材中鲁迅作品的篇目也随着必修课课时的减少而减少，但选修教材中又有数篇入选。例如，人教版高中语文选修教材就有《未有天才之前》《鲁迅论读书》《铸剑》3 篇作品入选。这样一来，人教版高中语文教材（必修 + 选修）的鲁迅作品反而比原来的 5 篇多了 1 篇。而其

---

* 本文根据笔者 2014 年 4 月在北师大召开“鲁迅与中学语文教学”会议上的发言记录整理，曾以报道形式发表于 2014 年 4 月 28 日《中国艺术报》，有删改。

他版本的高中语文教材亦是如此,有的选修教材甚至还单列鲁迅作品的专题。人教版初中语文教材也选录7篇鲁迅作品,小学虽基本不选录鲁迅作品,但与鲁迅有关的课文也有《我的伯父鲁迅先生》《少年闰土》《有的人》3篇,部分教材还有“初识鲁迅”的专题。

虽然不同版本的中学语文教材选录鲁迅作品的情况各不一样,但总体来说,近几年的变化只是结构上的调整,并未出现篇目的减少,因此更不能说“鲁迅被中学语文教学逐渐剔除了”。

虽然近年来热议的中学语文教材中鲁迅作品不断减少属于误读,但如果追溯到新中国成立初期,现在中学选录鲁迅作品的篇目的确有所减少。新中国成立至1978年以前,我国中学语文教材选用鲁迅作品的篇目一直保持在十篇左右,最多时甚至达到20篇以上。例如,在新中国成立到1955年期间,中学语文教材一共收录鲁迅作品16篇,包括《一件小事》《故事》《社戏》《记念刘和珍君》《为了忘却的记念》《药》《路》《祝福》《藤野先生》等,这为之后各个时期选用鲁迅作品奠定了基础。到1978年之后,鲁迅作品在中学语文教材中的比重逐渐下降,但也增加了《拿来主义》《狂人日记》《阿Q正传》《雪》《范爱农》等篇目。2000年之后,《阿长与山海经》《鲁迅自传》《灯下漫笔》等又相继入选。从长期来看,中学语文教材中鲁迅作品篇目的变化顺应了时代的变革,满足了现代教学的要求和现代课程结构的变化,而且在选录的科学性上也有一定的提升。

如何选录鲁迅作品一直是中学语文教材编著过程中的难题,因为每次调整,社会和大众都会有不同的解读和声音。中学语文教材选录鲁迅作品应首先考虑语文性和适切性,认真分析鲁迅的不同作品分别适合哪个年龄、学段,是否与不同阶段的中学语文教学目标相契合,然后做出选择,而不只是考虑鲁迅作品本身在文学史上的价值。中学语文教材选录鲁迅作品是非常细腻的工作,要建立在大量调查研究的科学结论上。大众关注鲁迅文章的选录,也应该从中学语文教育本身和教学实际出发,而不只是纠结于数量上的变化。

鲁迅作品本身具有独特性,内容深刻且丰富多义,这也决定了中学鲁迅作品的教学比讲解一般课文难度更大。中学鲁迅作品教学出现问题,根本原因是应试教育的大环境让教学方式受到束缚,僵化死板。为了应对考试,老师很难放开了讲,学生也不敢放开了学。教学的改善根本上要寄望于改革的深化,只有高考招生制度发生改变,尽可能摆脱应试教育的束缚,教学方式才能真正改变。

不过,在应试教育环境一时难改的情况下,鲁迅作品教学也并非无计可施,关键是教师水平,目前中学语文教师的整体教学水平限制了教学质量的提高。相关调查研究显示,目前很多大学中文系的学生文学阅读量很低,只学习了文学史和文学概论等理论知识,因此他们的文学素养和文化素养令人担忧,而中文系大学生正是未来中学语文教师的主力军。目前很多中文系的毕业生,你问他大学期间完整地读过哪20本书,很多都回答不上来。大学期间没受过扎实的基础教育,也没读过多少书,不懂得怎么分析作品,怎么实现有效的语文教学？自然也就讲不好鲁迅。中学语文教师的教学水平和大学教育紧密相连，因此要加强大学尤其是师范类的教育。此外，中学语文教师群体也要加强非职业性阅读，不能只为了备课或职称评定而读书，养成阅读的习惯是提升自身水平最根本的途径。

目前中学鲁迅作品教学出现问题，我认为学术界也有责任。相对主义和虚无主义的盛行，引起价值标准多元的同时也失去了中心。学术界的浮躁导致关于鲁迅的研究出现了很多新的迷雾，鲁迅被拉下神坛，面目开始变得模糊，中学鲁迅作品教学失去了核心标准。鲁迅的作品具有一定的特殊性，学术界应该把鲁迅研究成果沉淀、转化到中学语文教材中。我们的学者应该有人用部分精力做好这件事，把鲁迅研究成果转化到中学语文教育中去。

导读五则

诗歌欣赏有时需要"悟",感触通达即可,不一定非得有清晰的说明,或者要归纳出什么"意义"之类。

第一步是感觉,不急于分析

《春江花月夜》是唐代诗人张若虚(660—702)的名作。一看这首诗的名字,就让人有些迷离陶醉。这首诗原是依乐府"清商曲辞"之"吴声歌曲"的调式而作,音乐性很强,当年是可供颂唱的。读这首诗不要有任何先入为主的念头。让我们先读一遍,有些字词一时不太了解也不要紧,一气呵成读下去就是了。边读边想象那些美妙的画面,慢慢沉浸其中;注意那种节奏和韵律,这是可以帮助你进入状态的。

> 春江潮水连海平,海上明月共潮生。滟滟随波千万里,何处春江无月明。江流宛转绕芳甸,月照花林皆似霰。空里流霜不觉飞,汀上白沙看不见。江天一色无纤尘,皎皎空中孤月轮。江畔何人初见月?江月何年初照人?人生代代无穷已,江月年年只相似。不知江月照何人,但见长江送流水。白云一片去悠悠,青枫浦上不胜愁。谁家今夜扁舟子?何处相思明月楼?可怜楼上月徘徊,应照离人妆镜台。玉户帘中卷不去,捣衣砧上拂还来。此时相望不相闻,愿逐月华流照君。鸿雁长飞光不度,鱼龙潜跃水成文。昨夜闲潭梦落花,可怜春半不还家。江水流春去欲尽,江潭落月复西斜。斜月沉沉藏海雾,碣石潇湘无限路。不知乘月几人归,落月摇情满江树。

什么感觉？春江花月夜的浩瀚幽邃、恬静多彩，太美了。再想想，在朦胧的诗意中，是否又感到某种相思之情以及对人生宇宙奥秘的遐想呢？是否不知不觉就让心变得有些柔软？读诗第一步是不需要明白的分析的，有感觉就好，是那种整体印象。如果已经获得整体印象，接下来，才好稍作分析。但这种分析还是别离开想象。

诗从开头到“但见长江送流水”为第一段，写明月照耀下的春江、花林景色以及诗人的联想和感受。接着第二段，从“江天一色无纤尘”到“但见长江送流水”，集中而且更细致写“江”与“月”，此时约略已有旷远渺茫之感，开始联想到岁月与人生。第三段从“白云一片去悠悠”到“捣衣砧上拂还来”，是寂寞凄清之境，旷远的联想回落到具体的思念，无论写白云、玉户还是妆台等等，都可以感触到思妇那种无法排遣的离愁。最后一段，从“此时相望不相闻”到“落月摇情满江树”，转入一种略带迷离的幻觉之中，一会儿“愿逐月华”，想象能随着月光去观照远方的亲人，一会儿又意识到即使鱼雁传书也是不可能的。唯有想起昨夜梦中落花，倍感岁月不居，此时愈加恍惚，似乎看到纷乱的离情化为残月余辉，布满江边之树。

全诗从春江明月开篇，到雾中残月收拢，诗情随着“月”在一夜之间的升落而起伏变化，都是“月”，又都是“有我之月”，情景交融之“月”。其实何止是“月”？也包括月光覆盖下的江水、沙滩、天空、原野、枫树、花林、飞霜、白云、扁舟、高楼镜台、长飞的鸿雁、潜跃的鱼龙、不眠的思妇以及漂泊的游子，这一切组成了春江花月夜的清幽意境，这一切都因为有了迷人而变幻的月色而显得朦胧、神秘。一切都那样美，连离愁哀怨也都因为“月夜”而变得那样动人和美丽。

特别是面对宇宙自然的美时，所触发的联想是旷远而惆怅的。在大自然的生生不息与人生的短暂的对比中，不禁就有这样的感喟：“人生代代无穷已，江月年年只相似。不知江月照何人？但见长江送流水。”月夜的朦胧美景因这些富于哲理的思索而增添了某种神秘，诗情不再是卿卿我我，而变得深沉、幽邃，虽凄凉伤感，却又不消沉颓废。整首诗的格调是崇尚美，而且是“大美”的。

诵读这首诗会感觉其调式非常顺畅上口，其中有多次换韵，反而强化了节奏感与音乐感。从中真的很能欣赏到古典诗歌音韵之美。另外，诗中写到的景物很多，有目不暇接之感，但这些景物都和“月”有关，都灌注有浓厚的情思，一个一个画面迭出，营造一种迷离神秘的意境。读起来好像无须细加辨识何物，只是要这种迷离神秘，这种悠扬婉转，也就够了。这种非常注重乐感的类似咏叹的方式，让我们领略到唐代诗歌特有的神韵。

这个世界太嘈杂了，难得有时静下来，回到内心。这时若能读一读《春江花月夜》这一类诗作，真是一种享受呀！

陶诗的贫苦是“过滤”了的

大家在中学语文课上已经读过陶渊明一些诗作，不知道想过没有，陶渊明当时真实的生活情况如何？是那么潇洒，那么美吗？这里我们再来读一首《庚戌岁九月中于西田获早稻》，然后讨论一下陶渊明的作品与生活的关系问题：

人生归有道，衣食固其端。孰是都不营，而以求自安。开春理常业，岁功聊可观。晨出肆微勤，日入负耒还。山中饶霜露，风气亦先寒。田家岂不苦，弗获辞此难。四体诚乃疲，庶无异患干。盥濯息檐下，斗酒散襟颜。遥遥沮溺心，千载乃相关。但愿长如此，躬耕非所叹。

先逐句顺读一下，略作解释：头一句“人生归有道，衣食固其端”，是说人生的归宿有一定的法则，穿衣吃饭原本就是人生的头等大事。“孰是都不营，而以求自安”，意思是，连这样的事一点都不过问，怎么还想求得自己的安身？“开春理常业，岁功聊可观”，意思是，春天来了就按季节种地，一年下来收获也还可以。“晨出肆微勤，日入负耒还”，一早起来就到地里努力劳作，太阳落山才扛起农具回家。肆：尽力。耒（lěi）：农具。陶渊明写此诗时毕竟46岁了，这个“微”字用得很实在。“山中饶霜露，风气亦先寒”，即：山区多霜露，气候总是冷得早。“田家岂不苦，弗获辞此难”，即：谁说农家不苦？只是没法不去做那些苦累的农活罢了。弗获：不得，不能够。“四体诚乃疲，庶无异患干”，即：手脚实在累得不行，只希望平安无事就好了。异患：意外的灾难。干：犯，指遭逢“异患”。“盥濯息檐下，斗酒散襟颜”，即：劳动完之后洗净手脚，坐到屋檐下歇息，饮杯酒放松放松。盥濯：洗涤。散：排遣，使……舒展。“遥遥沮溺心，千载乃相关”，即：遥想古时的隐士沮溺，自己的心意与他们是相通的。沮（jù，一音 jū）：长沮。溺：桀溺。《论语・微子》：“长沮、桀溺耦而耕。”二人均为孔子时代的隐士。“但愿长如此，躬耕非所叹”，即：就希望这样过下去吧，亲身从事农耕生活没有什么值得叹息的。躬耕：亲身从事农耕。

这首诗比较明确地表白陶渊明归隐的心态与生活的情状。

陶渊明（365—427）原先也是当过“公务员”的，比如州祭酒、参军、县令等等，都是一些小官。比较被人传扬的是他曾因生计所迫而官彭泽令，任上仅八十多天，即不堪忍受官场繁文缛节而去职，返乡躬耕。归隐的生活是很清苦的，晚年贫病交加，非常难熬，并不见得如他笔下那样富于诗情。陶渊明不过是将日常生活诗化罢了。不过这不是矫饰，而是性情的真实流露。他从事过农耕劳作，自食其力，以此为心安，并非“作秀”。如同诗中所写：一天劳作之后，在自己的屋檐下，洗干净手脚，喝点小酒，也颇自得其乐。因崇尚自然，安贫乐道，他只愿“躬耕非所叹”，长保这样的生活旨趣。这一点难得。从来世家子弟都轻视体力劳动,陶渊明却志向不同,有一种自食其力、回归自然的追求。《饮酒二十首》之五"结庐在人境,而无车马喧"一诗,是大家都读过的,表现隐逸的心志,《宋书》和《晋书》都将其列入"隐逸"类。这里选的"获早稻"一首,虽然也有隐逸,但更自然,少有借诗谈玄的味道,多写自食其力的愉悦和农作生活的恬淡适意。在这里,人与自然融为一体,不止是一种悠然的自得的生活,也是一种人生方式。

读诗时放开思路,有些细节还可以比较和探究。比如,古来很多诗人都写贫穷困苦(比如杜甫),陶渊明也写贫苦,但因为人生态度或思考问题的角度不同,陶诗中的贫苦是"过滤"了的、审美的,给人的感觉也就不是那么"苦",而是"苦中有乐"了。"过滤"即艺术处理,将日常生活诗化,能满足审美的必要的距离。

陶渊明的诗质直平淡,抑扬爽朗,怀抱旷真,自成一格,可是他生前只是被看作隐士,作品影响不大,后世才越来越受重视。更重要的是他的品格情操,以及他所代表的闲情文化,与有高度文化素养的文人心理相契合,得到历代文人的认同与向往。在一定程度上,陶渊明成为传统文化中淡泊超越精神的一种象征。

诗的欣赏需要"悟"

古典诗歌分为古体和近体,魏晋南北朝时期多写古体诗,以五言为主。汉末魏初出现的"三曹""七子",领袖人物是曹氏父子(曹操、曹丕、曹植);围绕他们的有"建安七子"和女诗人蔡琰。"建安七子"指孔融、陈琳、王粲、徐干、阮瑀、应玚、刘桢。刘勰在《文心雕龙》中,对这一作家群体的创作有过这样的评说:"观其时文,雅好慷慨,良用世积乱离,风衰俗怨,并志深而笔长,故梗概而多气也。"他们学习汉乐府,用五言诗这一新的体裁抒情、言志、叙事。曹植的诗里多用"悲风"这个意象,如"高树多悲风""弦急悲风发",体现出建安文学那种悲凉的气息。他的《杂诗》这样表达离愁别怨:

> 高台多悲风,朝日照北林。之子在万里,江湖迥且深。方舟安可极,离思故难任。孤雁飞南游,过庭长哀吟。翘思慕远人,愿欲托遗音。形影忽不见,翩翩伤我心。

曹操是叱咤风云的人物,诗也开一代雄风。名篇《短歌行》原是汉乐府中的宴会歌辞,一经他手,却张扬了渴慕贤才,重建天下,追求不朽功业的壮志,寄寓着一种建立功业,不负此生的豪情。

建安诗歌多写政治理想的高扬,人生短暂的慨叹,有浓烈的悲剧色彩,这种诗歌风格,被后人追慕,称为"建安风骨"。

到两晋、南北朝,五言诗更加成熟而繁荣,涌现阮籍、左思、陶渊明、鲍照、谢灵运、庾信等一批杰出诗人,一时可谓星空灿烂。这里重点介绍一下阮籍(210—263)。他是魏晋时期著名诗人,“竹林七贤”之一,不拘礼教,任性狂放。当时专权的司马氏集团屡次授以官职,甚至以联姻相诱,他都装病谢绝,甚至曾以喝酒大醉六十日的特殊方式躲避被卷入政治漩涡。其个性张扬与现实之间激烈冲突,压抑的情怀转为诗文写作。代表作是《咏怀诗》,有82首,写黑暗的社会环境中的孤独与苦闷。我们来读其开篇第一首吧:

夜中不能寐,起坐弹鸣琴。薄帷鉴明月,清风吹我襟。孤鸿号外野,翔鸟鸣北林。徘徊将何见?忧思独伤心。

诗歌抒发的是忧郁悲伤的心情。开头二句写忧思难眠,弹琴抒怀。三、四句借清风、明月比喻心绪的冷峭孤洁。五、六句又用北林翔鸟、野外孤鸿的鸣号表现愤懑和悲哀。最后两句直抒胸臆,表达那种难于排遣的忧愁和悲苦。

阅读时注意诗歌的意象表达——清风、明月、翔鸟、孤鸿,都含有诗人的哀思愁绪,两者互为比照,融为一体。诗中有叙事,但与乐府、拟乐府类的叙事型诗歌艺术不同,阮籍的叙事在往意境创造方面发展,这种手法比较含蓄,也更适合体现情感思绪的隐曲复杂。

不过吸引人的还是这首古体诗的简洁素淡,以及五言所特有的明快疏朗,这是古体诗的魅力。此诗产生在专制黑暗的魏晋时代,残酷的屠杀使名士忧生畏祸,一腔忧愤只有婉转曲折地表达,借物写情,形成一种新的诗型和新的格调:只见孤凄的情,不见孤凄的事;“言在耳目之内,情寄八荒之表,志在刺讥,文多避隐”(李善《文选注》)。阮籍诗风虽隐曲,但韵致深婉,技艺精湛,具有简洁刚劲的特殊美感。现今读来仍令人感动,是因为“厥旨渊放,归趣难求”(钟嵘《诗品》),其情思意趣道出了人类普遍的感受,包括某些隐秘的难于言说的部分。

诗歌欣赏有时需要的是“悟”,感触通达即可,不一定非得有清晰的说明,或者要归纳出什么“意义”之类。

注意那“不可重复之美”

读古典文学,因为时代和语言的隔膜,不容易进入。一旦疏通了语言,消除了隔膜,再设身处地,设想自己生活在古代,那特别的情韵多少就出来了。那往往是一种“不可重复之美”。现代人的生活太复杂,太多纠结,年纪轻轻可能就“曾经沧海”,无论如何也写不出《诗经》这样“干净”的作品了。读古代作品,正可以沐浴灵魂,得到片刻的清净。我们试一试读《诗经》中的《蒹葭》,看是不是有“干净”的感觉:

蒹葭苍苍,白露为霜。所谓伊人,在水一方。溯洄从之,道阻且长。溯游从之,宛在水中央。

蒹葭萋萋,白露未晞。所谓伊人,在水之湄。溯洄从之,道阻且跻,溯游从之,宛在水中坻。

蒹葭采采，白露未已。所谓伊人，在水之涘。溯洄从之，道阻且右。溯游从之，宛在水中沚。

对这首怀人诗，历来解说不一。一说是借怀友讽刺当政者不礼贤下士，乃明志之作；一说怀恋爱人。我们不妨取后者，把这首诗看作情诗，或者再引申一步，看作是表达企慕之情。

读"蒹葭苍苍，白露为霜"等几句，想象一下那河边苍青的芦苇，晶白的霜，秋水泛起的寒气，以及歌唱者徘徊眺望的焦灼情状。"所谓伊人，在水一方"几句，表现望穿秋水，思见心切。"伊人"被反复提及，只是河水隔绝，相会不易。若沿着河边小道向上游去寻找，道路艰险漫长，要相见真是困难重重；想象游渡过去，似乎很近，还是难于真实抵达，仿佛只能见到伊人的身影在水中央。"伊人宛在，觅之无踪"，时远时近，时隐时现，时有时无，使这位追求者欲找无方，欲罢不能。这都是写那种对企慕的对象可望而不可即的心情。这种心情可能恋爱中有，其实生活中其他方面也会有。每个人读这首诗都可能有自己的想象。世上的事情总是这样：越是美好的事物，越难于企及，而追求不到，就越觉可贵，愈加有追求的迫切心情，也许是愁肠寸断，无限怅惘，也许是剪不断，理还乱。这就是所谓"含不尽之意于言外"了。所谓"诗无达诂"，一般读诗，不必全用考证的办法，也不一定要落实唯一的结论，重要的是顺着诗歌所焕发的情思，展开自己的想象与体验。

注意诗中所用迭唱的几组词语之变换。首章的"苍苍"，次章的"萋萋"，末章的"采采"，芦苇的颜色由苍青至萋青到泛白，深秋的气氛越来越浓，烘托歌唱者的心境愈加寂寞。白露"为霜""未晞""未已"的变换，是时间的流逝，衬托着寻人不着的焦急和惆怅。另外，像"长""跻""右"和"央""坻""沚"的变换，也都从不同的方位上描述了寻见伊人之难，以及想见其人的急切。

自古以来，秋景肃杀，令人伤悲，这首诗在秋气之中表达追求不获的失意、烦恼、痛苦，与秋之悲凉交融，萧索的秋境正是凄苦心绪的外化。这也是《诗经》中常见的赋中见兴的笔法，也就是在景致变化的描写中渲染营造一种特别的气氛，笼罩全篇，此中也浸透歌唱者的心境。正如王国维在《人间词话》中所说，《蒹葭》一篇"其言情也必沁人心脾；其写景也必豁人耳目；其辞脱口而出，无矫揉妆束之态"。

从这首诗也可以领略《诗经》的风致：内容都极其单纯，有一种不可重复的质朴之美。

文学不等同于历史

说到白居易（772—846），大家都知道他是新乐府运动的主要倡导人，主张"文章合为时而著，诗歌合为事而作"。他的讽喻诗继承了杜甫诗歌的现实主义传统，指斥时弊，诗风平易通俗，对比强烈鲜明。如果从艺术欣赏角度看，他的某些怡情悦性的闲适诗和叙事诗

《长恨歌》《琵琶记》,有更高的成就。这里重点欣赏《长恨歌》。

《长恨歌》以历史事实为基础,吸收民间传说,进行了艺术再创造,叙述一个富有传奇色彩的故事。其情节回环曲折、婉转动人,有强烈的悲剧美学效果。

对《长恨歌》主题的理解,有三种说法:一是讽喻说,认为其通过对唐玄宗、杨玉环故事的叙述,暴露了统治阶级荒淫无耻的生活,反映了中唐时代各种社会矛盾;二是歌颂说,认为表现的是唐、杨真挚专一的爱情;三是双重主题说,认为所展示的爱情悲剧有其特殊性,作者对唐、杨有谴责也有同情,怒其作孽,哀其可怜。其实第三种理解比较切合作品实际。还可以加上一点理解:杨玉环是作为美的象征来表现的,这首诗写的就是美的存在、美的追求与美的毁灭。这可能是最牵动人的潜在主题。一篇优秀的作品往往有主题的多义性。

所以,对历史题材的文学作品,还是要作为艺术品来读,而不只是当作历史事实来看待。在《长恨歌》里,唐玄宗与杨玉环是活生生的艺术形象,而不是历史人物的翻版,不要完全对号入座。

在唐代天宝年间,关于“马嵬之变”就有种种传说,白居易显然是被民间传说感动才引发创作的。虽然他抱有“惩尤物,窒乱阶”(陈鸿《长恨歌传》)的创作意图,但进入创作实践后,会情不自禁地按照爱情故事的规律来处理。显然,《长恨歌》里边不全是历史,其中很多是诗人的幻想创造,他歌颂赞美了唐玄宗、杨玉环的爱情,使这首长诗成为绝妙之词,可歌可泣,博得“古今长歌第一”的美誉。白居易本人把这首长诗列入感伤诗。他说写感伤诗是“事物牵于内,情理动于内,随感遇而形于咏叹者”。

在“安史之乱”的背景下,《长恨歌》描写唐玄宗、杨玉环从相见欢爱到死别招魂的爱情悲剧。其中以杨玉环之死为界限,前半部分写“长恨”的原因,后半部分写绵绵的“长恨”之情。诗中对唐玄宗、杨玉环两人因生活荒淫而招致祸乱是有所讽刺的,但对杨玉环的死和两人诚笃的眷恋则赋予很大的同情。感人的正是后者。

全诗分为四部分:从“汉皇重色思倾国”到“不重生男重生女”,写爱情悲剧的起因;从“骊宫高处入青云”到“回看血泪相和流”,写“安史之乱”中“马嵬事变”的政治悲剧和爱情悲剧;从“黄埃散漫风萧索”到“魂魄不曾来入梦”,写唐玄宗对杨玉环的思恋;从“临邛道士鸿都客”到“此恨绵绵无绝期”,写方士招魂见到杨玉环,表现杨玉环对爱情的始终如一,生死不渝。

《长恨歌》的艺术成就,主要表现于对人物性格的细腻刻画,唐、杨都有鲜明的个性,而个性又与命运相连。另一特色是在叙事中写景状物,反复烘托、渲染人物心理。有触景伤情,如“芙蓉如面柳如眉,对此如何不泪垂”;有借景传情,如“春风桃李花开日,秋雨梧桐叶落时”;有融情入景,如“黄埃散漫风萧索,云栈萦纡登剑阁。峨嵋山下少人行,旌旗无光日色薄”;等等。

作为长篇叙事诗,《长恨歌》构思精巧,结构严密,故事情节的发展波澜起伏,描写详略得当,细节剪裁得体。

全诗语言精练传神,有鲜明的形象性。如“回眸一笑百媚生”,写出杨玉环的千娇百媚;“梨花一枝春带雨”,生动地描绘仙境中杨玉环美丽凄凉的情态;还借鉴发挥了乐府歌行的特点,音节优美,语言流畅,非常适合诵读。

《长恨歌》对后世的小说戏曲产生了巨大的影响。元曲中的《梧桐雨》,清代的《长生殿》,都曾取材与参照过《长恨歌》。

信仰缺失的“时代病”及其他

普遍的“信仰”缺失和价值观的崩溃，使人心变得无所依持，生活失去了定力。

2010年，我应邀为理工科大学编一本“大学语文”教材，书名是《大学语文读本》，从框架设立、选文，到编写导读等，全由我一人完成。该书后来由西安交通大学出版社出版，有大学本和高职本两种版本。这套教材编法和通常的“大学语文”有所不同，阅读面较宽，偏重经典，定位不在给大学生补语文课，而在激发阅读兴趣，把被应试教育败坏了的胃口调试过来。导读的撰写也处处想着如何贴近学生，和他们一起来读书。这些年，我还在做这方面的试验，和大学生一起读中外经典，活跃思维，提高人文素养，这也是《大学语文读本》课堂的延伸。这里选择转发几篇导读，希望得到大家的指教。

读爱因斯坦《我的信仰》

爱因斯坦这个名字我们太熟悉了，连中学生的“宿构作文”也开口闭口就是“爱因斯坦”怎么的。可是恐怕很多人并没有读过爱因斯坦的任何著作，也不见得了解爱因斯坦的思想人格。事情往往这样：最熟悉的，其实又可能是最陌生的。这次课我们挑选了爱因斯坦的一篇文章来读——《我的信仰》，这篇文章会让我们看到这位科学巨人的内心世界，也许会有某些令人惊异的发现。

我们都知道，阿尔贝特·爱因斯坦是人类历史上少数最伟大的科学家之一。他1879年生于德国乌尔姆镇,1921年获得诺贝尔物理学奖,1933年因反对希特勒法西斯专制统治,放弃了德国国籍赴美国任教、研究,1955年逝世。爱因斯坦最杰出的贡献是提出相对论,奠定了现代物理学的理论基础。他的另一建树是对物质粒子转为巨大能量的探究,现在已得到确证。一提到爱因斯坦,人们很自然就会想到他在科学研究方面界碑性的贡献,即使我们并不具备多少这方面的知识,也会对他产生无比的敬仰。爱因斯坦这个名字家喻户晓,几乎就成为科学境界的象征。

然而人们未必知道,这位科学巨人对宗教、政治、社会、人生也有独到的看法,在这些领域也留下许多杰出的论说。《我的信仰》就是他发表于1930年的一篇著名的文章。在这篇名作中,爱因斯坦声称“人是应当为别人而生存的”,因为每个人的精神生活与物质生活都依靠着别人的劳动,包括生者和死者,所以必须尽力报偿。他相信简单淳朴的生活对每个人都有益。他从来不把安逸和享乐看作生活目的本身。他的道路是追求善、美和真。他的政治理想是民主主义。他有深挚的宗教感情,不相信“彻底唯物”,对宇宙人生抱有敬畏之心,因为他意识到有太多人的智慧所不能企及的地方。科学精神与人文精神的完美结合,是爱因斯坦的精神特质,也是他所以能攀上人类智慧巅峰的原因。阅读此文,可以更深入了解这位伟大的科学家的世界观与人生观,了解他内心世界的清纯、宁静、朴实。大科学家往往都是很复杂而又很简单的一类人。我们大都是普通人,未见得有爱因斯坦那样的睿智和思想力,那样坚执的信仰,但在对这位科学家境界的神往中,自己好像也能得到精神的升华。

这篇文章多年来我读过多次,每读一遍都会有很大的感触。前些时候我和一些博士生讨论“为何现今人们全都如此焦虑”,也涉及“信仰”问题。大家都谈到“普遍的焦虑”源于“时代病”,也就是现实的压力,包括两极分化、竞争加剧、社会不公,以及信息爆炸,等等,对社会人群形成巨大心理压力,由此产生不安、无奈与焦虑。但这只是原因的一半,另外一半,则是普遍的“信仰”缺失和价值观的崩溃,使人心变得无所依持,生活失去了定力。看来,我们多少年来费了很大功夫去做的思想教育,基本上是失败的。它在这种普遍的焦虑面前显得那样空洞无力。丢失了人生观培育,丢失了信仰,就丢失了一切。思想教育虽然重要,但并不能取代人生观、世界观的培育,后者是更基本的、根本的。且看当今大学校园里,拜金主义流行,“厚黑学”“成功学”时兴,学生年纪轻轻就仿佛全都变得“曾经沧海”,都那么“现实”,哪还有什么理想,什么信仰?老师们包括我自己在内,或多或少都陷于“项目化生态”,又还有多少人是以真善美的追求作为工作与生活的动力?在这样迷惘的时代,读一下爱因斯坦的《我的信仰》,观察这位智者纯净的内心,然后想想自己的“焦虑”问题,也许也就连带想到沉重的信仰问题。这也是我推荐这篇文章的意图吧。

昨天在电视里看到一个“达人秀”,居然有三个和尚出台大唱流行歌曲,声称如何思念亲人。天哪!连出家人都如此烦躁不安分了,哪还有什么信仰,什么宗教?中国本来就缺少宗教，传统文化大都着重解决现实处世问题，孔孟之道只是场面上的哲学，老百姓大都还是相信《增广贤文》一类“行为准则”，某些人即使信教，也往往出于现实目的，并非真正作为生命皈依的一种信仰。革命时期有些类宗教的信仰，无论如何评价，有其崇高的一面，可惜现在也几乎已被完全颠覆。我们还相信什么？的确是极其严峻的问题。

还是一起来品读这篇《我的信仰》吧。

读罗素《好的生活》

今天我们读的《好的生活》，是罗素的一篇哲学论文。罗素（Bertrend Arthur William Russell）的名气很大，是19世纪到20世纪英国著名的哲学家，另外他还是数学家、逻辑学家和社会活动家。这篇文章选自他的《为什么我不是基督徒》一书。该书是讨论宗教的，但涉及人生意义等很多哲学问题。罗素的文章读起来好像还比较浅显，但那是深入浅出，其实理论含量很大，读时需要放慢速度，理清其基本思路与观点，同时大胆加入自己的思考。哲学研究一般都是比较超越的，往往涉及诸如世界观、人生观等根本性、普遍性的问题。我们在忙碌的日子里如果能够稍微停下来，问问自己，到底生活的本质和人生的意义何在，实际上就已经涉及哲学，只不过我们往往缺少理论探究的自觉罢了。而哲学家的任务就是把某些普遍存在的问题揭示出来，加以深入的研究和论说，让人们读了可能会获得重新发现生活的智慧。比如什么是“好的生活”？见仁见智，每个人都有自己的看法，似乎很难有定论。罗素提出“好的生活是由爱激发和由知识引导的生活”，也只是一种观点。不过我们读后会发现，在这个非常普通而又重要的问题的探究中，罗素的确是从根本上做了细致而有说服力的解释的，这种解释灌注了浓厚的人文精神，也显示了生活的艺术。

阅读哲学论文或者说理性强的文章，要抓住某些关键的概念，这可能就是文章展开的立场与主要观点。比如罗素所说的“爱”是什么含义？他对“知识”是如何界定的？为何要反复使用“激发”与“引导”这两个动词？罗素这样解释生活，他的理想指向是什么？如果参照罗素的解释来调整我们对于生活的习惯行为，是否可以“过得”比较充实和美好？最好能联系自己的生活实际或者经验，来认真思考罗素的解释，也许这能增加我们“生活的艺术”。哲学问题玄妙深奥，容易让人敬而远之，但罗素这篇论文所论观点多是和普通生活实际有联系，不是从概念到概念兜圈子，又不时插入生动的事例，让人读来觉得亲切有趣。我们读时也许还会注意到整个文章思路非常清晰，其如何立论，如何提出中心概念并界定内涵，又如何通过逻辑推理层层展开，那种强大的思辨力如同旋风般能把人裹挟进去。虽然是哲学论著，却又用随笔体写就，注重修辞，文字很美，举重若轻，生动而又有理趣。读过这篇论说，我们也许会感到自己的思维与语言表达都变得灵动起来。

顺便再简单介绍一下罗素吧。这位哲学家1872年生于英国蒙茅斯郡的特雷列克，毕业于剑桥大学三一学院，毕生从事著述，并在英国、美国的大学任教。他很长寿，几乎跨越了一个世纪，到 1970 年 98 岁时辞世。著作很多，主要有《数学原理》《数理哲学导论》《心的分析》《物质的分析》《宗教与科学》《人类知识：它的范围与限度》《西方哲学史》《逻辑与认识》《为什么我不是基督徒》，等等。他在数学、逻辑学等方面有界碑性的贡献，然而在普通读者中影响较大的是他的《西方哲学史》。

这部书我读过，没有一般学院派的拘泥，不满足于罗列哲学名家言论或构设体系，而是力图从历史的角度来观察哲学思想和发展，对许多哲人的评价眼光独到。他研究历史的观点与方法也很特别，那就是以人性作为观察角度，认为人生的各种因素，如饮食、男女、贪婪、享乐、权力、虚荣、创造等，都在本能地起作用，也就是历史的动因。这和一元论的简单化的历史观大异其趣。罗素并非书呆子，他不厌其烦地从事各种社会活动，包括反战、反核、倡导试婚和离婚从简、支持女权、支持同性恋，等等，因此也屡遭各种打击，甚至被剥夺教职，经历颇为坎坷。然而，戏剧性的是，1949 年他被选为英国科学院荣誉院士，1950 年居然又以哲学家身份获诺贝尔文学奖，原因是罗素的“哲学作品对人类道德文化做出了贡献”。下面，我们就来读他的名作《好的生活》，其中的确有好文笔，但更重要的是有深邃的哲思。

读罗家伦《学术独立与新清华》

清华大学前身是清华学堂，始建于 1911 年，是用美国退还的部分庚子赔款办的留美预备学校。1928 年 8 月，南京国民政府接管，改称国立清华大学。9 月，罗家伦（1897—1969）受命任国立清华大学校长，他对清华的旧制做了很大改革，为清华的发展做出了重大贡献。他关于现代大学办学的理念以及对学术独立的向往，在当今仍能引发很多思考。本文是罗家伦就任校长时的演说。

讲演从世界形势及国情切入，明确提出“学术独立”的办学宗旨，整个演讲都围绕这一宗旨展开。接着，公布了拟行的革新计划，涉及院系设置、师资延聘、学生招收、图书和实验设备添置、行政改革等多个方面。在叙说这些革新措施时，一再论述尊重教育规律以及实施学术独立之必要，处处体现以人才培养和科学研究为本的现代教育理念。最后，表明了实施改革的勇气和热忱。

阅读时特别注意这两句话：“文哲是人类心灵能发挥得最机动最弥漫的部分”，以及“纯粹科学是一切应用科学的基础，也是源泉”。这两句话所蕴含的现代教育理念，对于如何办好大学，以及大学期间如何确立自己的学习格局，都有指导性，也有现实意义。现在的大学几乎全都一个模式，就是用工科的思维来指导与管理，急功近利，只注重应用，以申请项目弄到钱为目的，并不注重基础学科，尤其不重视人文教育，大学成了职业培训所。

出来的学生也都很浮躁,没有定力,没有长远的理想,什么都想一步到位,很少有人真正有做学问的热忱。这样办教育,其实是国家很大的浪费:因为很难筹备人才,很难培植长远的国魂与国力。同学们学习这篇演讲,最好结合实际想想问题,看自己在并不那么重视人文学术的环境中,是否能多少保持一份清醒,尽量让自己学得好一点。

罗家伦演讲时要求大学生有高尚的风度和职志。注意演讲中所引用的两句诗:“振衣千仞冈,濯足万里流”和“珠藏川自媚,玉蕴山含辉”。前一句语出左思《咏史诗八首》,意思是在高耸的山上整饬衣服,抖落灰尘,又在长河中洗涤去脚上的污浊,形容一种脱俗放达的人生态度。后一句语出朱熹《寓斋感兴》,意思是像珠玉那样有内涵,不张扬,其光辉会自然显现,表示一种充实自信的襟怀。大家放声读一读这两句诗,也许我们对做学问者的心胸和仪容,就有了一些了解与感悟。大学时期正是人生的黄金阶段,青年人有高远的理想,有蓬勃的气势,甚至有些狂傲,都是很美很自然的,是人生中“不可重复之美”。就如同初恋,就是要追求完美,大可不必那样斤斤计较实际效益,弄得满身铜臭气。现在许多学生一进来大学就想着日后如何赚钱过日子,或者就是想把大学当出国的跳板(清华、北大尤甚),整天就是考托、考G,哪有几个认真学习的。罗家伦希望大学生能有这样的青春气概——“振衣千仞冈,濯足万里流”“珠藏川自媚,玉蕴山含辉”。读一读,想一想,在这样的风度和职志面前,我们是否显得有些猥琐?

这篇演讲不长,但很务实,字字落实,无一虚言。演讲要明晰,有气势,有感召力,最忌空话套话。罗家伦就任清华校长时才31岁(现在看来简直是不可思议),才华过人,那种少年得志的如虹气势和过人的自信豪情,也增添了演讲的魅力,让人震撼奋发。

下面我们来欣赏和学习罗家伦的《学术独立与新清华》。

三　辑

高考语文

高考语文命题必须讲究信度与效度*

——2013 年高考作文题评析

高考还是全国集中命题较稳妥。要从政策上鼓励专业人士去研究、参与高考的改革,而不满足于让“散兵游勇”在媒体上重复批评高考。

和以往相比,今年全国各省市高考作文题有三个变化,一是材料作文占了大头,命题(话题)作文大为减少。材料作文一般只给出一些文字材料,要求考生根据所给的内容自己命题写作。这比命题作文的自由度更高,更有利于考生的发挥,但不见得就比命题作文容易,因为阅读分析材料、寻找自己适合题目的过程,就是在考察发现问题和破题的能力了。这几年高考作文采用材料作文方式越来越多,几乎是一边倒了,也是一种值得注意的趋向。

第二个变化是往理性靠拢。去年高考后我在《人民日报》发文评述高考作文,就主张多一些理性思维,不要停留于叙事抒情。现在看情况的确在变化。今年全国各省市作文命题有两种类型,一是给出的材料多是名言、寓言和哲理故事等,属于哲理类;另一是贴近现实的素材,属于时事类。无论哪一类,都是引出话题,需要考生自己来选择和确立写作的题目。而基本走向,都是论述性的,要展开思路,阐述观点;要围绕所提供的材料,又要有自己的理解和提升,或者凝聚为某一观点。今年的出题能往理性靠拢,是应当肯

* 本文系笔者 2013 年 6 月 7 日(高考第一天)针对高考语文试卷所写的即时评论。

定的。往理性靠拢,有利于考察学生的思维能力。写作训练,当然要着力于语言表达,但根本上又是一种思维能力的学习。传统的语文教育不太注重思维训练,应试教育也不利于思维训练,目前的作文教学几乎都成为应试技巧的培训了。现今作文题往理性靠拢,是有利于扭转当下语文教学的弊病的。

第三个变化是比较贴近学生的生活,有意识增加学生自由发挥的空间,鼓励说真话,表达真情实感,鼓励文从字顺的表达,这都是符合课标的要求的。整体上说,出题的信度和效度都比较注意兼顾,质量应当说是在提高的。也可以说,多年课改的实绩,现在多少已在高考作文命题变化中体现。那种晦涩难解、“雷人”“坑人”的题目很少了。

下面对全国各省市高考作文题做些评点,侧重评述优质的和相对毛病较多的。因为刚刚考过,我只是从网上获得有关信息,不一定很准确,只是提供参考罢了。

今年北京卷出得最好。它提供的材料是科学家与文学家的对话,谈到假如爱迪生来21世纪生活一星期,看到手机会有什么反应。科学家想象手机丰富的功能一定会让这个大发明家感到新奇。而文学家想到手机的广泛使用影响到人们的交往方式、思想情感和观念意识,这或许是爱迪生意想不到的。由此引发什么想法和思考,要求考生自命题写作。这道题好就好在往科技与社会、科技与人文等方面引,既要联系现实,又要有些想象力和科学思维,读书多、知识面宽、思路活跃的学生会发挥得好,而对死读书的学生就较难了。

全国卷所提供的材料是,某机构就“同学关系”问题在几所学校做了一次调查。结果显示,60%的人表示满意,36%的人认为一般,4%的人觉得不满意。如果同学关系紧张,原因是什么?有人认为是我自我意识过强,有人认为是志趣、性格不合,也有人认为源于竞争激烈,等等。对于增进同学间的友好关系,营造和谐氛围,72%的人表示非常有信心,他们认为互相尊重,理解和包容,遇事多为他人着想,关系就会更加融洽。要求根据这些材料自己命题作文。这个题出得很有现实感,让人联想到前不久网上炒得火热的“药杀室友”事件,想到现在人情比较淡薄,考生都会有话可说。这道题其实已经有很多提示,是有指向性的,难度比起北京卷的题目要低一些,但在800字左右篇幅中集中谈好某一方面,联系生活感受,而又从人际关系的“道理”上论说清楚,也不容易。多数考生都可能面面俱到,或者“教化”一番,结果流于空洞。

上述两种命题都比较符合课标的要求,而且这些题目能够考察出学生实际的语文素养及写作水平,具有较高的效度。这种题是很难套题的,写得好就可能很好,不好就是不好,会拉开分数距离,方便分级评分,也就有较高的信度。

还有一些省市的题目是话题作文与命题作文的融合,也偏于哲理。比如上海卷围绕这样一句话(其实是一种现象),让考生去写:“生活中,大家往往努力做自己认为重要的事情,但世界上似乎还有更重要的事。”安徽卷引用哲人萧伯纳的话:“为什么要做这个事,为什么不做这件事”,要求自命题作文。四川卷以“过一个平衡的生活”为话题,要求展开写作。这些出题都有哲理性思考,表面上简单,实际上需要一些辩证思维,难度不小,也有利于拉开分差。对于那些平时读书少,做题多,却不善于思考的考生来说,要能自立题目,开展论述,又有些逻辑性,并不容易。这些题偏重考察理性思维能力,值得鼓励,以往高考作文中常常见到的那种“文艺腔”,这里恐怕派不上用场了;但乍看这些题目,似乎有些“别扭”,因为那些哲人的话可能是在某种语境中提出的,现在单独提出来,容易模糊,让很多考生不知所云,往往就会“跑题”。出题还是要考虑大多数考生的接受情况,切忌设有圈套陷阱。好的题目是让大多数考生都能发挥,就看发挥得如何了。那种在审题时就让众多考生“损兵折将”的题目,不见得是好的题目。

今年有些省市的作文题出得不够好,还可能过于简单或含糊费解,两个极端都有。

如天津卷要求结合各自的心得和体验,在“____而知之”中的横线处填入一字,构成题目,写一篇文章。材料中又有关于现代人获取知识、掌握技能途径的多元性的提示,应当说指向性非常明显,但也限制了考生思维,容易套用“宿构作文”。这是过于简单的。

也有模糊的。如江苏卷提示的材料是:一群探险者去山洞探险,进入后点燃蜡烛,发现有一群蝴蝶,于是退出去了。过了一段时间,探险者们再次进入,却发现蝴蝶飞到山洞深处了,小小蜡烛影响了蝴蝶的生活环境。作文要求考生根据一点点细微的变化,自定主题。命题者到底希望这“细微的变化”引出什么?我看比较含糊,考生会无从下手。又如福建卷提供这样一首诗:我仰望着夜空,感到一阵惊恐;如果地球失去引力,我就会变成流星,无依无附在天宇飘行。哦,不能!为了拒绝这种“自由”,我愿变成一段树根,深深地扎进地层。多数考生可能都是围绕“自由”与“现实”,或者如何“扎实学习”等等去写,容易被“套题”,彼此雷同。

作文题的大忌是过于费解。如湖北卷提示:装鲜牛奶的容器一般是方盒子,装矿泉水的容器一般是圆瓶子,装酒的圆瓶子又一般放在方盒子里,方圆之间,各得其妙,古诗云:方圆虽异器,功用信具呈。人生也是如此,所谓:上善若水任方圆。以方圆为话题,根据此材料,题目自拟写作文。这道题所说的牛奶、矿泉水的“方圆”,实在有点牵强,而且引述“上善若水任方圆”,又是很深奥的哲理,对中学生来说是否太难了?还有就是重庆卷,提供关于大豆与豆腐的材料,然后让学生去命题写作,立意也比较狭窄,指向性模糊,容易让考生坠入雾中。

每年传媒都非常关注高考作文,对中小学语文的批评之声也不绝于耳,论及高考作文,不能不提到整个语文教学。现今中小学语文存在被挤压的现象。因为语文课的综合性和实践性很强,要靠长期大量读书和写作,不断积累,才能总体上提升语文素养与能力,“短平快”其他学科也许行,突击复习一两个月,考分就可能明显提升,但语文特别是作文很难靠突击复习来提分。因此语文课显得“投入”与“产出”不成比例,很多师生误认为语文学不学都差不多。这种急功近利的想法对语文学习有很大的妨碍。

还有,现在的中考特别是高考的作文阅卷评分也有问题,助长了急功近利的趋向。高考语文总分150分,作文占60分,评分四个等级,其中二等40分上下。据北京、福建等多省市调查,近四五年来,二等卷占75%—80%,一等占8%—10%,35分以下的三、四等不到20%。“趋中率”畸高,学生很难拿到高分,而马虎应对的也能拿到40分左右,这也导致了语文学不学无所谓的风气。

所以我这几年一直呼吁高考语文要改革,首先要改变高考作文阅卷“趋中率”严重的问题。只要拉开分差,把二等分的“大肚子”缩小,增加高分比重,就能抑制语文学不学都无所谓的想法,提高语文学习的积极性。当然,还有中考和高考的命题等方面也要改革,抑制“套式作文”和“文艺腔”,抑制读死书和“题海战术”现象。这个“指挥棒”其实是可以朝着正面去“指挥”的。

从今年的高考作文命题来看,多少都在体现课标的要求,强调信度与效度,这都是在往这个方向努力的。

但现在高考是全国卷与许多省市的卷子并存,有些良莠不齐。有些省市的高考命题队伍受各种条件限制,比如因为保密,要较长期封闭工作,真正有水平的专家并不愿意参与,只好找些年轻教师;还有的行政干预很多,等等。这就很难保证命题的水平与质量。看来高考还是全国集中命题比较稳妥。要从政策上鼓励专业人士去研究、参与高考的改革,而不满足于让“散兵游勇”在媒体上重复批评高考。高考语文命题,特别是作文命题的专业性很强,也很难。因为除了思想内容的要求,还要考虑避免雷同,避免套题,考虑信度与效度,还有具体的难度系数和区分度,等等,是很复杂的事情。高考作文分值很高,直接影响到考生总体成绩,是“大事”,不可马虎对待。这么多年的高考作文题变化很大,需要好好总结,从学理上去研究和提升,而不只是传媒炒作一番就过去了。当然,如何从政策上保证,物色和建立确有专业水准的命题队伍,更是非常要紧的。

2013年6月7日于济南山大南院

回归理性　看重思辨*

——2014 年高考作文题评析

语文能力低下,很大程度上就是思维能力低下。语文教学只有把语言表达的训练和思维训练结合起来,才是正路。

和往年一样,高考作文题格外引人瞩目,这再次说明语文的社会性。人人都可以评说,这就是语文。我从网上看了今年全国卷和一些省市卷的作文题,也设想自己若是考生会怎样应对,而从语文水平测试的角度看,哪些题出得好,又有哪些题存在什么问题。

先说今年高考作文的一个变化,就是很多试卷在大作文之外,还有一个小作文(或微作文)。字数不多,一二百字,题目比较具体,很多就要求写一篇应用性文字。这一措施本来主要是为了增加作文的总分。可是小作文和大作文怎么"分工"?现在好像还不太明确。其实可以在功能上加以区分,如果说大作文主要是综合能力的考察,小作文则可以侧重考某一方面,比如阅读量、抒情描写、语言感悟能力或审美感悟能力,等等。

总的来说,今年多数高考语文卷的作文命题质量都有所提高。突出的一点,是回归理性,看重思辨。大概有 90% 的作文命题都侧重考察理性思维能力。例如新课标卷要求围绕"山羊过独木桥"的游戏规则来展开讨论;上海卷提出

---

* 本文发表于 2014 年 6 月 8 日《光明日报》。

“你可以选择穿越沙漠的道路和方式,所以你是自由的;你必须穿越这片沙漠,所以你又是不自由的”,要求考生就此论述;北京卷题目是“老规矩”,如“出门回家都要跟长辈打招呼”“吃菜不许满盘子乱挑”“不许管闲事”“笑不露齿,话不高声”“站有站相,坐有坐相”等等,网上有过热议,要求考生就此议论为文。类似这样一些作文题,往理性靠拢,注重考察学生的综合能力,包括语言表达能力背后的思维能力。题目比较活,那些爱读书爱思考的学生自然就会发挥得好,而靠预先准备的模板和材料去“套”,就未必“管用”。

这个靠拢理性的趋势,可能会撬动语文教学的改进。如今批评有些人语文能力低下,很大程度上就是指思维能力低下。片面、偏激、虚无、不着调,往往都是因为思维的混乱。语文教学只有充分意识到这一点,把语言表达的训练和思维训练结合起来,才是正路。我曾经撰文批评现今作文教学几乎“全线崩溃”,就是训练应试技巧,完全把作文学习当作敲门砖,学生的思维能力没有得到提升,语言表达能力也好不到哪里去,而读书、学语文的“胃口”又被败坏了。这就是现实。今年3月18日我曾在《光明日报》发文《高考语文改革的走向分析及建议》,其中就谈到高考作文应当回归理性,强化思辨,摒弃宿构、套作、模式化与文艺腔。现在看,大家都比较认可这一走向。这是可喜的进步。

第二点,多数省市试卷的作文题目都比较注重贴近学生的生活,让考生有话说,考出各自的水平。如江西卷题目是“课内外学习探究”。这个题出得好,好就好在紧密联系了当前课改的实际。课改提倡“探究式学习”,是先进的教学理念,可是事实上做得不见得好,很多就是“流于形式”。学生都会有自己的体验,只要结合各自的经历来谈,又上升到理性的认识,就各有所得。这样的题目也能考出水平。

当然,贴近学生的生活,并不排除发挥想象,而且最好能激发想象,只要这种“想象”是多数学生有兴趣,又比较符合学生的思维特征的。如广东卷的题目是“胶片与数码时代”。提示说黑白胶片的时代,照片很少,只记录下人生的几个瞬间,在家人一次次的翻看中,它能唤起许多永不褪色的记忆。但照片渐渐泛黄,日益模糊。数码科技的时代,照片很多,记录着日常生活的点点滴滴,可以随时上传到网络与人分享。它从不泛黄,永不模糊,但在快速浏览与频繁更新中,值得珍惜的“点滴”也可能被稀释。要求考生根据以上材料,自选角度来写作。这道题说的是照片,其实在引发关于科技与人生社会的许多思考。题目的现代感很强,又贴近学生生活,还能激发想象,考生有很多发挥的空间。

但今年也还有一些试卷的作文题是脱离学生生活实际的。如湖南卷,提示说,有一个很穷的地方,很多人干了两年就走了,但是有一个人却干了几年,带大家把村子变成了最美乡村。要求以此写一篇作文。其实大多数学生并没有这方面的经验,碰到这样的题,就只好是猜想和胡编了。浙江卷的题目是“门与路”。其提供的材料是,“门与路永远相连,门是路的终点,也是路的起点,它可以挡住你的脚步,也可以让你走向世界。大学的门,一边连接已知,一边通向未知。学习、探索、创造是它的通行证。大学的路,从过去到未来,无数脚印在此交集,有的很浅,有的很深”。要求考生根据这些材料来写。这个作文题也想往理性上靠,可是给的材料有点“绕”,也有点“做作”。再说,考生还没有进大学,他们没有这方面的体验,让他们怎么去谈论大学的“门”和“路”以及“脚印”的深浅?很容易引向空论,最后只好用预先准备好的格言警句去拼凑。作文题如果脱离学生的生活实际,就费猜疑,还容易引向空论。

今年的作文题还存在一个“老问题”,就是题意不清,缺少必要的规定性。如山东卷题目是“开窗看问题”。提示说:窗口下一个画框,通过它可以看到不同的画面,有的人看到的是雅,有的人看到的是俗。有的人看到的是静,有的人看到的是闹。要求自拟题目写作。这个命题貌似有哲理,但其规定性并不明确,让人无从下手。这是命题的忌讳。此外,标题是“开窗看问题”,材料提示所看到的又不都是“问题”,前后矛盾。

又如福建卷则提到“空谷”,说有人想到的是悬崖,有人想到的是栈道桥梁。这个题目含义不清,费解,甚至有点怪。“空谷”怎么会联想到悬崖和栈道?题目出得太诗意化了,缺少必要的规定性,会让人一上来就迷糊慌神。

也有的注意到规定性,却又限定太死,阻碍了考生发挥。比如安徽卷的题目是“剧本修改谁说了算!”说一位表演艺术家和一位剧作家就演员改动剧本台词一事,发表了不同的意见。表演艺术家说:演员是在演戏,不是念剧本,可以根据表演的需要改动台词。剧作家说:剧本是一剧之本,体现了作者的艺术追求;如果演员随意改动台词,就可能违背创作的原意。要求就此展开写作。类似这样的题,对考生来说未免“太专业”了,并不利于展开思路。

因为是选拔考试,作文题设计需要一定难度,才能拉开分距,所以规定性是必要的。但是规定性一定要适中,过严或者缺少规定性,都会影响到考试的信度。

语文命题水平,作文最能见高低*

——2015 年高考作文题评析

尽管对于作文题,人人都能“说一嘴”,但回到教学和高考的要求来研究,高考作文的命题比人们的议论想象要复杂得多。

和往年一样,今年(2015 年)高考语文刚考完,作文题就引发广泛的讨论。哪个题出得好?哪个比较差?不少人潜意识里也许还会想,若我上考场,能否应对?一年一度的“热议高考作文”,已经成了一种文化现象。

注重思辨能力和理性思维,是近年来高考作文命题的大趋势

今年多数高考语文卷的作文命题都达到了比较好的水平。首先,注重思辨和理性思维能力。这是近几年越来越明显的命题趋向。例如上海卷提供了这么一段话:人的心中总有一些坚硬的东西,也有一些柔软的东西。如何对待它们,将关系到能否造就和谐的自我。要求就这段话自选角度,自拟题目进行写作。考生必须理解并抓住人心中那些“坚硬”和“柔软”的东西,比如原则、信念、感情等,去展开论说。要写好这样的作文,需要有一定的辩证思维能力,

* 本文发表于 2015 年 6 月 8 日《人民日报》,高考第二天。

而不是非此即彼,或用名言警句拼凑一下就行的。上海这几年的作文题重思辨,往往还往哲理上引导,除了语言运用能力,还特别注重思维能力,这样的题很难“套题”,平时读书多的考生自然会发挥得更好。

又如浙江卷,所提供的材料是:古人说“言为心声”“文如其人”,作品的格调趣味与作者人品应该是一致的。但金代元好问则认为“心画心声总失真,文章宁复见为人”。这意味着作品的格调趣味与作者人格有可能是背离的。要求考生写文章阐明自己的观点。这样的题也要求有辩证的思维,而且要有较多的阅读积累。

我最欣赏的还是广东卷的题。其提供的材料是:看天光云影,能测阴晴雨雪,但难逾目力所及;打开电视,可知全球天气,却少了静观云卷云舒的乐趣。漫步林间,常看草长莺飞、枝叶枯荣,但未必能细说花鸟之名、树木之性;轻点鼠标,可知生物的纲目属种、迁徙演化,却无法嗅到花果清香、丛林气息。从不同的途径去感知自然,自然似乎很近,又似乎很远。要求考生就此自命题写作。这一题涉及信息化带来便利,也带来某些新的问题,包括人与自然的疏远,人的感受力降低等。人与自然的关系,人与信息社会的发展,都是近来的热点问题,考生一般都会有所准备。但这个题写好并不容易,不能只是讲爱护自然,还需要有点哲理的思索。

浙江卷和广东卷的两个作文题目都出得有水平。

一些需要读书“打底”的命题,将对营造读书氛围发挥引导作用

今年出得比较好的作文题,共同点是往理性靠拢,要求对所提供的材料有自己的理解和提升,或者要凝聚为某一观点,去展开论述。这是值得肯定的,也体现出改革的趋向。高考作文当然要考查语言表达,但语言能力的根本其实是思维能力。

互联网时代,所谓“自媒体”风行,人们的思维方式在改变,许多偏激、片面的语言和思维习惯正在大行其肆。我曾经撰文分析,学生语文能力偏低很大程度上是因为思维能力低下。片面、偏激、虚无、不着调,往往是因为思维混乱。其实无论是传统的语文教育,还是目前的应试教育,都不注重思维训练。语文教学有必要重新强调逻辑思辨能力的培养,把语言表达训练和思维训练结合起来,才是正路。所以高考作文命题往理性靠拢,既是人才选拔的需要,也有利于扭转当下语文教学的弊病。

现今的语文教学还有普遍的“一弊”,就是对读书,特别是对读课外书不够重视。语文课讲得精细、琐碎,学生却缺乏自主阅读,特别是往课外阅读延伸不够。很多学生高中毕业了,也没能培养起读书的兴趣与习惯,甚至没学会如何完整地读一本书。语文教学有必要回归“本义”——多读书,养成读书的生活方式。很令人欣喜,今年有些高考作文命题是注重考查读书情况的,如上海卷、浙江卷,以及教育部“汉语文卷”的命题,都与读书有关,

需要读书来“垫底”。这些命题,对于语文课营造读书风气是能发挥正面“指挥棒”作用的。

今年的高考作文命题还比较贴近社会生活,考查学生对社会现象的观察分析能力,让考生有话说,只要结合各自的经历来谈,又上升到理性的认识,就各有所得,能考出实际水平。如全国一卷、二卷都出得不错。一卷提供的材料是:因父亲总是在高速路上开车时接电话,屡劝不改,女儿迫于无奈,更出于生命安全的考虑,通过微博私信向警方举报了自己的父亲;警方查实后,依法对其父亲进行了教育和处罚,并将这起举报发在官方微博上。此事赢得众多网友点赞,也引发一些质疑讨论。命题者要求考生给父亲、女儿或其他相关方写一封信,表明自己的态度和看法。这道题材料所揭示的是非常普遍的生活现象,学生肯定都有话说,而且用写信的方式,可以写得有情有理。

当然,贴近现实生活,并不排除发挥想象,而且最好能激发想象,只要这种想象是多数学生有兴趣,又比较符合学生的思维特征的。如安徽卷关于“蝴蝶的翅膀本是无色的,只是因为具有特殊的微观结构,才会在光线的照射下呈现出缤纷的色彩……”,会让考生联想到普通的印象和科学观察之间的不同,从而引发关于科技与人生社会的许多思考。题目的现代感很强,又贴近学生生活,还能激发想象,考生有很多发挥的空间。

各地命题水平不一,有的缺乏新意,容易被套作,有的题意不清,难以下手

尽管对于作文题,人人都能“说一嘴”,但回到教学和高考的要求来研究,高考作文的命题比人们的议论想象要复杂得多。由于高考担负着人才选拔的功能,作文题的设计和试卷的其他命题一样,要充分考虑难度系数、信度和效度等要求:难易得适中,测试结果(分数)得相对可靠和稳定,还得考出学生的实际水平。和阅读题、知识题等比起来,作文题设计更麻烦,既要创新又要稳妥,要防止雷同、套题,还要考虑到阅卷评分是否有足够的区分度等,可谓左右为难、绞尽脑汁,出题绝非易事。

从今年高考作文命题来看,各省市水平显然参差不齐。有些省市作文题缺少新意,比较“老套”。如江苏的“智慧”,四川的“老实和聪明”,湖北的“喷泉与泉水”,重庆的“残疾母亲”的故事,福建的“路”等,都相对较平,容易被套作。

还有些高考作文题题意不清,缺少必要的规定性。如山东卷题目是乡间有谚语:“丝瓜藤,肉豆须,分不清。”意思是丝瓜的藤蔓与肉豆的茎须一旦纠缠在一起,是很难分辨的。有个小孩想分辨两者的不同,结果把自家庭院里丝瓜和肉豆纠结错综的茎叶都扯断了。父亲看了好笑,就说:“种它们是用来吃的,不是用来分辨的呀!你只要照顾它们长大,摘下瓜和豆来吃就好了。”要求考生根据这则材料来自拟题写作。这道题的毛病是缺少必要的规定性,是提示从生活看结果,还是说探究也需要分类?无论哪个角度都有些牵强,让

人无从下手。这是命题的忌讳。

值得注意的还有北京市的作文题。去年底北京市提出语文学科教学改进的 21 条意见，其中就建议改进评价方式，高考设置“可选择性”作文题。今年北京卷就实施了这种“可选择性”，命定两个题目。这种改进应当肯定。但是供选择的两道题难度不一。第一题是“和英雄生活一天”，要设想和早已经逝去的某个英雄在一起，这要求有很强的想象力，非常难。第二题要求写出哪一种物使你产生了“深入灵魂的热爱”，这就相对容易得多，估计绝大多数考生都会选作第二题。这样就实现不了“可选择性”的预设效果。

事实上，各省市的语文命题水平，在作文题上可能是最能见出高低的。今年仍然有 13 个省市是自主命题，据说明年绝大多数省市都将使用全国卷。统一试卷之后的高考作文命题，如何实施即将到来的高考和招生制度改革？又如何做到既利于选拔，又能对语文教学特别是作文教学产生正面的“指挥棒”作用？这是我们所期待的。

高考语文改革已经看到曙光*

要解决课改和高考“两张皮”的困局。

高考刚刚结束，《中国青年报》记者就今年（2014年）的高考命题、高考改革及语文改革等问题，专访了北京大学语文教育研究所所长、山东大学文科一级教授温儒敏。

高考语文开始考查读书和思辨能力

《中国青年报》记者（以下简称“记”）：语文高考试题历来是公众关注的焦点。今年的语文高考试题是否有亮点？您感觉最明显的变化是什么？

温儒敏（以下简称“温”）：今年高考语文的确在改进，有“亮点”：一是考卷命题的材料范围拓展了。历来高考语文试卷命题依赖的材料都比较偏狭，主要就是文学方面的，而且偏于琐碎的分析，这其实并不利于选拔培养现代人才。今年命题的覆盖面普遍要比以前宽得多，除了文学，还涉及社会、经济、时政、哲学、历史、科技，等等。二是有的试卷开始注重考查读书的情况，包括考阅读面与阅读品位。语文课的要义就是培养读书的兴趣与习惯，过去高考语文命题对这方面是不够重视的，现在有改进，将促进语文教学，提倡多读书，读好书，好读书，读整本的书。三是更加注重逻

* 本文发表于2014年6月10日《中国青年报》，采访记者樊未晨。

辑思辨能力的考查。现在的学生普遍缺乏思维训练,缺少理性分析能力,这当然和语文教学的偏颇相关,但高考语文也责无旁贷。今年的高考语文命题普遍转为看重思维能力,是一个最值得肯定的变化。

记:您一直强调语文教育中的思维能力训练。这方面在今年的高考语文试卷命题中有哪些具体体现?

温:今年3月18日,我曾在《光明日报》发文《高考语文改革的走向分析与建议》,其中就谈到高考作文应当回归理性,强化思辨,摒弃宿构、套作、模式化与文艺腔。其实这也不只是我个人的建议。拿今年高考作文题和阅读题来看,大多数试卷都在体现这一改革趋向,这是可喜的。我看到今年各省市的高考作文题,90%都在回归理性,看重思辨。很多作文题在这方面探索,设计得不错。例如“新课标卷”要求围绕“山羊过独木桥”的游戏规则来展开讨论;上海卷提出“你可以选择穿越沙漠的道路和方式,所以你是自由的;你必须穿越这片沙漠,所以你又是不自由的”,要求考生就此论述;北京卷题目是“老规矩”,如“出门回家都要跟长辈打招呼”“吃菜不许满盘子乱挑”“不许管闲事”“笑不露齿,话不高声”“站有站相,坐有坐相”,等等,网上有过热议,要求考生就此议论为文。类似这样一些作文题,考的是综合能力,特别是语言表达能力背后的思维能力,而不只是“文笔”。题目也比较活,那些爱读书爱思考的学生自然就会发挥得好,而靠预先准备的模板和材料去“套”,就未必“管用”。

另外,很多试卷中设计的阅读题,一改过去那种陈陈相因的内容分析模式,也在往思维能力考查这方面靠。如“非连续文本”阅读的形式,很多省市的卷子都采用了。就是给一组材料,观点并不连贯,甚至彼此相左,让考生去辨识、归纳和发挥。这有点类似于考公务员的“申论”,看重的是分析和思辨,是问题意识,是思维的活跃度。总的来说,今年很多省市语文考卷的设计科学性提高了,选拔考试所需要的信度和效度也都得到重视。

更大的改革措施还在酝酿

记:在我国,高考不仅仅是一场考试,它还承担着维护教育公平的职能,因此,高考改革不可能一蹴而就。您认为,在当前的情况下,高考的改革应该分几步?其中最重要、最紧迫的有哪些?现在正在进行和即将进行的改革是否符合这样的节奏?

温:高考改革不只是教育领域的难题,也是重大的经济和社会难题,因为事关各个利益群体的不同诉求,往往动辄引发激烈的争议,且议而不决。除了考虑“公平”,还得考虑“稳定”,政府和主管考试的部门往往首先并且主要就是考虑这两点。这可以理解。但高考总得改革,这事关国家长远的发展,也是大局。最近中央提出深化改革,对高考与招生制度的改革也有要求,这回是真的要改了。年初各个省市陆续出台高考和高校招生制度改革的预设方案，有了时间表，其实也就是先易后难，分步推进。拿北京市征求意见的方案来说，今年先改填报志愿等规定，当然，命题内容形式也有微调。到2016年，就有大动作，即：高考只考语文、数学与文综理综，英语将实行社会化考试，一年两考。到2017年，就可能不分文理，只考语文、数学，英语和其他各科全改为学业水平考试或社会化等级考试，不再列入高考。其他省市的方案也大同小异。虽然一些细节仍然未有定夺，但路线图大体出来了，改革的总体思路已非常明确。

其实，还有一些动作更大的改革措施仍然在酝酿。比如分类高考，根据办学层次和目标定位，将全国所有大学分为研究型、应用型等类别，最终入学考试也分开进行。这个举措是必要的，但目前实行起来很难。前些年有些省也曾试行将普通本科与高职高专分开来考试，但基本“失败”了，因为只有少数学生愿意放弃本科参加专科的高考。可见一个好的、必要的改革措施，也还需要等待“社会接受”的成熟。

再拿高校自主招生来说，本意肯定是好的，有利于选拔优秀人才，也有利于发挥高校办学的主动性，实行多年，也有一些经验，但是最近的调查显示，大多数国民并不支持自主招生，认为这实际上扩大了教育的“不公平”。可见，高考改革还需要兼顾科学性和可行性，不能以“认知”代替“筹划”。比较现实的，就是先易后难，逐步推开改革，也就是注意改革的节奏问题。

我觉得比较容易改的，就是高考的考试内容和形式。今年高考语文试卷就在改，内容和题型都有变化。高考作文是最难改革的，但我们也已经看到曙光。高考改革已经拉开序幕，关键是政府和主管部门要有心，不能只管“维稳”，还得管试卷命题的质量与科学性，管阅卷评分中长期以来存在的弊端，管那些不公平的现象。比如高考语文命题既要“保密”，又要想方设法加强与学术界的联动，打破自我封闭，提升命题人员的学术水准，提高命题的科学性。这其中就有很多工作可做。又如，高考语文阅卷工作量极大，但作文评分随意性大，拉不开分距，无论好坏大致都是40多分，反过来促使作文教学被边缘化，几乎“全线崩溃”。如果相关部门能采取切实措施，改变作文评分的“趋中率”畸高现象，我看就会对教学产生良性影响。

日常教学不能一头栽入应试教育

记：人们一直将应试教育的根源归咎于高考，因此，这些年改革一直在进行，但是，这些改革似乎并没有对中小学教学产生很大的影响，课堂教学仍然指向分数和结果，您认为这其中的原因是什么？

温：应试教育的存在，竞争的激烈甚至畸形，肯定与高考有关，但不能说“都是高考指挥棒惹的祸”。应当反过来考虑问题：高考不是最好的选才方式，但也没有比它更好的可以操作的公平的选拔方式,高考毕竟最适合目前中国的国情,因此,在相当长的时间里,高考会仍然存在。既然是考试,必然有竞争,也就是有应试教育,这是无奈的现实。与其抱怨高考的弊害,还不如多考虑在高考存在的前提下,如何做些必要的平衡。我说过这样的话,有水平的老师,既能让他的学生考得好,又不至于把脑子搞死,兴趣搞没,这就是平衡。

应当说,这些年高考一直有所改进,但这改进对于教学的“指挥”作用有限。原因是什么?是社会竞争本身在加剧,压力转移到教育方面来了,而教师的水平又普遍较低,平衡不了,就大都一头栽入应试教育。当然,从高考改革角度看,的确也要多考虑如何发挥正面“指挥”的问题。要解决课改和高考“两张皮”的困局。

高考作文八要八不要*

这些年高考作文常见那种华丽空洞的“文艺腔”，已经引起普遍的反感。

高考在即，这里提出“高考作文八要八不要”，提供给考生参考。似乎大都是老生常谈，但注意一下还是好的。祝大家顺利。

一、如碰到熟悉的有所准备的作文题，也要认真构思，发挥创意；不要大喜过望，马上把原来准备的往上抄。每年高考阅卷占相当比重的就是所谓“宿构作文”，题材构思彼此相似，有固定的套路。判卷的老师见得多了，会很厌烦“宿构”，难免就扣分。所以即使很熟悉的题目也要重新去构思。

二、如碰到出乎意料毫无准备的题目，则要沉着应对，想到肯定不只是自己感到难，很可能大多数考生都觉得难，这就“扯平”了，能让自己静下心来；不要碰到难题就懵了，乱了阵脚。每年高考作文题都可能“别出心裁”，有时甚至有点“怪”，那也别被“吓住”了。考场上心理因素很重要，有信心，不着急，能自我调节，才能发挥得好。

三、一定要先审题，看清楚题目的要求、指向，思考一下这题目可能有几种写法，哪种写法容易落于俗套，哪种写法更有创意，自己又能更好地发挥；不要似曾相识就不再审题，这样往往容易“跑题”。反复推敲自己的设计有无“跑

* 本文写于2013年6月3日，最初发表于笔者的新浪博客，后广为流传，多未署名。2015年6月正式发表于《中国青年报》。

题”,是开写的前提。

四、构思时最好列出简要的提纲,把论点、论据、如何分段、前后逻辑先想清楚,然后基本上就按照提纲的思路来写;不要只想到开头,还没有通盘的构想,就着急往下写,边写边构思容易乱。

五、构思时要想想如何超越平时的训练,超越“程式化”思维;不要轻车熟路,用做练习的习惯去写作文,不要照搬平时准备的框架、论点或素材。现今的高考作文训练往往都是“程式化”的,大家都这样去构思,甚至一种素材有几种用法都预先设计好了,只有超越,才能显示你的水平和创意,也才有好的成绩。阅卷时看 10 篇作文,9 篇都大同小异,有 1 篇有点超越和创意,它和其他 9 篇的分差就拉开了。

六、要把时间安排好。一般都是先做完其他部分的题再写作文,那么留给作文的时间就要有具体的安排。审题构思的时间要给够;提纲出来后要想想,写每一部分所需要的时间大致有多少;修改润饰也要留出时间。不要没有时间观念,写到哪里算哪里。容易出现的毛病往往是开头用了很多时间,越到后来时间越不够用,只好匆忙收笔,结果虎头蛇尾。

七、要尽量做到文从字顺,表达真切得体;不要一味堆砌辞藻,动不动就是名人名言、格言警句。这些年高考作文常见那种华丽空洞的“文艺腔”,已经引起普遍的反感,再这样去写,容易失分。写完后读一遍,把可有可无的字句段删去,再适当加上某些润饰。

八、要注意高考是选拔性考试,高考作文是考场的作文,有它的规定性,不要过分追求个性化表达,更不能走偏锋。考场作文和平时写文章是有些不同的。尊重规定性不等于扼杀个性。前些年有的考生用古文来写作文,虽然写得不错,但这有点冒险。还有的观点怪异,自以为个性凸显,其实也容易失误。

应增加高考语文总分和作文分值*

受高考(包括分值)制约,语文不好“拿分”,“投入产出”不成正比,就很难得到重视。

2012年的高考已结束,语文和作文试题一如既往引人注目。如何评价今年的高考命题?高考作文阅卷是否存在“秒杀”和“草菅人命”的情况?在高考的前提下,语文教学如何摆脱应试模式?带着这些问题,高考结束后,《中国青年报》记者在第一时间采访了山东大学文科一级教授、北京大学语文教育研究所所长温儒敏先生。

今年作文题注重理性思维

《中国青年报》记者(以下简称记):请您从整体上评价一下今年的高考作文题目,有没有什么特别的亮点?作文命题的趋势是什么?

温儒敏(以下简称温):从网上看到全国的和一些省市的高考作文题,总的印象是比较放得开,体式多样,能尽量考虑让绝大多数考生都有话可说;材料作文还是占多数,让学生有想象、思考的空间,但又有一定的限制。和往年比较,还有一点变化很突出,那就是注意往理性思维靠拢。大约有半数以上作文题都是给一些材料(故事、图片或者语录等),要求学生找到材料所提示的核心,展开各自的思考与

* 本文系笔者接受《中国青年报》记者樊未晨采访的报道,发表于2013年6月11日《中国青年报》,题为《温儒敏:应增加高考语文总分和作文分值》。

议论，考查的除了语言运用，很重要的是理性思维能力。我觉得这个变化是可喜的。去年这个时候我在《人民日报》也曾评论高考作文出题的趋向，认为应当往理性靠拢，摆脱“文艺腔”和套式作文的风气，引导学生多读书，培养独立思考能力。现在看来，这越来越成为共识。

高考作文题是很难出的，既要体现时代精神，贴近学生的生活，让多数学生有话说，又要考虑有合适的难度。往年很多作文题的题旨太单一和常见，学生很容易把平时准备好的素材装进去，“套式作文”或者“馅饼作文”比比皆是，阅卷时很难拉开距离。今年北京卷出得不错，比较有新意，有适当的难度，不容易套题。所给材料是火车巡逻员每天在深山里守护铁路的故事。考生阅读材料后必须抓住某些可以发挥的要点，比如平凡的工作，执着地有责任感地做事，生活的充实和内心的宁静等。这些都要结合自己的生活体验和理解才能写好，空话套话比较难派上用场，也就比较能考出真实的水平。

但也有些省市作文题比较直白，缺少新意。如四川卷“关于水的讨论”，江西卷围绕“拥有什么”的讨论，“新课标卷”关于油漆工给船油漆时顺便补洞的故事材料，学生一看就会奔向“职业道德”等“意义”，容易千篇一律套题，因为难度系数不合适，就不容易考出水平。

记：每年高考结束后，对高考作文的分析就会马上出来，也有不少人会拿当年的作文题目与国外的题目相比，或是与民国时候的作文题目相比，您认为这样的比较是否科学？

温：不能简单地拿外国的作文考试题目和中国高考作文题比较。为什么？考试的规模、性质不一样。外国没有像中国这样的大一统的高考（韩国等少数国家有高考，但规模较小），他们一般都是“资格”考试（相当于“会考”），是设定的一个基本的较低的“门槛”，过了这个“门槛”，再由考生所申报的学校来组织考核，很看重学生平时的成绩及综合素质。外国的考试不会像中国高考这样“一考定终身”，所以标准可以低一些，区分度不用那么精细，考题也可以灵活一些。

民国时期也不是全国统考，是各个大学独立组织考试，学生可以同时报考多所大学。因为是学校说了算，考试题目往往比较个性化。

而中国的高考是全国性统考，考生多，规模大，牵涉千家万户，公平性不能不放到首位。这种考试政策性很强，是名副其实的“国家考试”。但是，在充分考虑考题科学性、适当的难度系数和评分的区分度等要素的前提下，高考语文和作文的命题也还是要不断改革的。从这一点说，又可以适当参考国外作文考试命题的经验。例如，欧洲有些国家的会考作文题，比较注重考查学生理性思维的能力，包括批判性思维能力与逻辑能力。死读书的学生，这类题目就比较难做好。我们的高考题历来较侧重描述与抒情，考文笔如何，这要改一改。高中毕业生应当具有一定的理论思维能力，高考作文命题尽量往理性思维靠一靠，这一点可以借鉴外国出题的经验。

至于民国时期的考试作文题，五花八门，但又都比较倾向抒情描写。比如，季羡林先生报考清华大学那一年的题目，是《梦游清华园》，很有趣，但不太能考查理性思维。这类题目人文性强，能得到喝彩，但放到现今高考，就不一定合适。

作文阅卷的问题是“趋中率”太高

记：高考作文评分阅卷带有更大的主观性，更容易引起人们的议论，甚至有观点认为，高考作文的评分是在“草菅人命”，您怎么看这个问题？您认为如何才能更科学地阅卷？

温：说高考作文的评分是在“草菅人命”，这就有点过分了。不能把高考“妖魔化”，那样对学生的心智成长是不利的。现在的高考语文阅卷是严肃的。拿作文来说，阅卷之前都有“岗前训练”，标准定得较细，是多个阅卷老师评分的综合，不是一个阅卷者就敲定的。虽然时间短，但还是有基本操作要求的。今年很多省市作文考题都往理性思维靠拢，而且难度适当，尽量避免套题作文，这都有利于考出水平。广大考生和家长没有必要听那些谣传，受高考“妖魔化”的影响。

高考阅卷马上就要开始了，我这里提点建议。根据往年的情况，高考作文阅卷的确存在问题，这问题不是民间传说的“秒杀”，不是“草菅人命”，而是分数“趋中率”太高，拉不开距离。高考语文总分 150 分，作文占 60 分。作文评分一般分四个等级，其中二等 40 分上下(或者 35—45 分)。据北京、福建等多个省市调查，近四五年来，二等作文卷占 75%—80%，一等占 8%—10%，满分作文凤毛麟角，35 分以下的三、四等也不到 20%。其他省市的情况也大致如此。二等分占比重如此大，即“趋中率”畸高，考得再好也很难企及高分，稍有准备就可以拿 40 分上下，再差也不至于落入三、四等。评分等级的这种非正态分布，不能反映考试水平，对考生是很不公平的。

为何会出现这种情况？因作文评分有不确定因素，规定同一份作文需 2—3 人阅评，彼此给分的差异若超过 5 分，就需重新评阅。这规定本也是为了保证质量，却容易造成阅卷者为求“保险”而求同“趋中”。我曾建议调整高考作文评分等级标准，实施评分正态分布。如果分四等，二等(也就是 35—45 分)以占 50%—60% 为宜。应当提高一等的比重，可以达到 15% 左右。这些可以作为规定性指标。区分度大了，才公平，也才有选拔功能。

高考作文因为趋中率太高，无论怎样都不会太差，也不能太好。结果就给广大师生一种错误印象，普遍认为语文和作文教学“投入与产出不成正比”，因而放松语文教学。有的学校校长甚至让语文给其他好“拿分”的学科“让路”。这就是语文教学越来越边缘化的原因吧。

高考语文应减少选择题

记:您以前曾说过,高考制度还需要在一定时间内存在,因此语文的改革还要在高考的框架下进行。我们如何做才能发挥高考“指挥棒”的正面作用?

温:都说高考是很无奈的“指挥棒”,那么我们可以试试改造这支“指挥棒”,让它从正面去“指挥”,让教学和社会风气朝积极的方面改进和发展。我提三点建议:一是解决刚才说的高考作文评分“趋中率”问题,让二等分这个“大肚子”减减肥,考分正态分布。二是减少选择题。选择题表面上容量大,覆盖面宽,但有意制造似是而非的“圈套”,考生在这里要花很多时间,试题的难度提高了,区分度反而可能小了。实力较差的考生碰“运气”都可以拿到较高的分数。所以要改进,少出选择题,宁可多出一些填空题。三是关于文言文。今年文言文考分占的比重较大,我认为是合适的。不能因为文言文难学,应用性不那么强,就放弃。文言文是汉语的源头,没有一定的文言文语感,就很难说语文学得好。再说,适当接触文言文,也是对传统文化的一种体验。高考语文中文言文适当增加分值,会刺激与鼓励教好学好文言文。

我还有一个建议,就是增加高考语文总分,可以从现在的150分,增加到200分。这样做,有两个好处。一是让学生在作文考试中能尽量考出各自的水平。现在语文高考150分钟,由于作文之外其他考题太过烦琐,需要的时间也多,挤给作文的时间一般也就是50—60分钟。在这样短时间内要写一篇800字以上的作文,其实是很难的,别说是中学生,就是中学或者大学老师恐怕也很难写好。如果高考语文的总分增加到200分,其中作文100分,这会极大地激励语文教学,重视母语学习。这建议不能简单理解为是为学科“争地盘”。语文教学现在受到很多批评,但怎么改都很难让大家满意,因为这是“基础的基础”;事实上受高考(包括分值)制约,语文不好“拿分”,“投入产出”不成正比,就很难得到重视。

“语文是基础的基础”这句话是著名数学家苏步青先生说的。语文是综合性很强的课程,也是给其他课程的学习打基础的课程,增加一些总分,大家应当会理解。对高考的“指挥棒”不要光盯着负面的影响,它也可以从正面去发挥作用。如果高考语文和作文能实事求是做一些调整改革,让这个“指挥棒”从正面去“指挥”,相信会很管用,能切实提高语文教学的水平。

高考改革的四种措施与设想*

我主张，高考还是改回全国集中命题，比较稳妥。

多年来社会都在迫切呼唤高考改革。的确，高考已经是整个基础教育的“指挥棒”，所谓应试教育，跟高考的“指挥”直接相关，人们渴望高考改革，是合理的、必然的。课程改革推行十二年，进展艰难，“以人为本”的教学理念大家都赞成，却又难于实施。教师的无奈，也因为要面对高考这个巨大的现实。课改之前，很多学者猛烈攻击高考，以为取消高考或者实施根本性的改革就能推进素质教育，经过十多年的实践与争论，大家越来越感到好像不是那么回事。高考不能取消，这是国情所决定的，但要改革又好像是天大的难事。真的那么难吗？到底难在何处？应当如何着手去改？根据学界近来的一些研究和提议，加上我自己的思考，这里提出高考改革可能推进的四种改革措施与设想。

第一种改革，是将高考社会化。

改变历来由各中学组织考生参加高考的办法，改由考生各自到所在地区（街道或县、乡镇）报名并参加所在地考场的考试。各中学只负责学生学业水平的考试，合格者即毕业，并获得参加高考的资格。学业水平考试只是一种综合性的水平测试，难度系数要远低于高考。这样就能把学业测试和高考选拔分开，多年来以考试作为唯一教学评价手段的状况会得到缓解，学生平时的学业负担自然会减轻。更重要的是，中学不再进行高考成绩排名，减少攀比的压

* 本文发表于2013年10月29日《中国青年报》。

力，不再单纯以高考“论英雄”，这有利于把精力从赶考、备考转到正常的教学上来，实施素质教育。实施高考社会化，至关重要的，是国家应当明确规定，无论明里暗里，教育主管部门都不得再以高考成绩作为衡量政绩的标准。

第二种改革，是继续扩大和完善高校自主招生制度。

高考本来就是为高校选拔人才，如果招生的路子多几种，就能减少社会紧张。近十年来，一些名校试验自主招生，重视通过笔试加面试来考查学生的整体素质，这一关通过后，给考生的高考成绩适当加分。拿北大这些年的试验结果来看，绝大多数通过了自主招生测试的考生，其高考成绩也是达到北大录取线的，即使不参加自主招生也能考上。这说明这种考试是有效的。还有的大学让中学校长直接推荐特长生，本意是不拘一格招人才，但和第一种方法比，实施效果差一些。另外，各大学互相争抢优秀生源，也有些不端行为，令人诟病，应当有所规范。但总的来说，自主招生的各种试验都应当坚持下去，稳妥推广，让更多的学校有权自主招生。

社会上有些人担心自主招生会带来新的不公平。因为教育条件限制，农村和偏远地区的学生显然在“整体素质”上可能会差一些，他们参加自主招生的面试也有困难。这可以要求学校在自主招生的名额比例上给农村与偏远地区学生一定的倾斜，以保证公平。事实上有些大学已经在这样做了。还有人担心自主招生会出现“走后门”现象。这只能制定法则，由政府加强监管。其实自主招生有笔试、面试，还要参加高考，几重保险，靠人情因素很难都“闯关”。

第三种改革，是在政府主导的高考之外，积极提倡和推行第三方评价测试。

考试是严酷的竞争，一刀切，只看分数，而评价则是更多地甄别、诊断，会比较细腻真实地评判一个人的素质、能力、潜力、特点等等。如美国就有 ETS 中心，是政府之外的第三方独立考试测评机构。其功能是为高校或者用人单位评价测试人才，或者提供考试之外的参考。这种方式可以借鉴。

中国应当容许成立私立的评测机构，政府只考察其资质、能力，不干预其具体业务，靠诚信与实力立足。这种机构多了，形成更注重真实能力和素质的社会心理，最终也会影响到整个教育转型，包括基础教育和高等教育，逐步走出“考试唯一”的死胡同。

第四种改革，是高考自身的改革，包括几个学科总分的调整，以及命题与阅卷的改革。

最近北京市教委发布 2016 年高考方案，决定将语文分值从 150 分调到 180 分，英语从 150 分调到 100 分，文理科综合从 300 分调到 320 分，数学不变，还是 150 分。另外，英语将增加为一年两次考试，如高一已考了 100 分，高二高三可不考英语。这个消息出来后，社会反响巨大，据网上投票统计，大多数人赞成，也有不少人反对。这是肯定的，任何改革措施的出台，都不可能意见完全一致。我是极力赞成这种改革的。这是经过多年争论和反复研究后沉淀下来的结果，预示着举步维艰的高考改革终于又迈出重要的一步。其实，这十多年来，高考有没有改革呢？有的，比如语文考卷，有全国卷、各省市卷，一个改变就是知识性记忆性的题目少了，从1990年代初的40—50分减少到30分上下，占总分20%左右；考题设计也越来越偏重测试能力，让不同类型学生发挥的题目增加了；作文题目从过去过于偏重抒情，往理性靠拢了。这些都是改革，或者叫改进。但现在高考是全国卷与许多省市的卷子并存，也的确有些良莠不齐。北京大学语文教育研究所最近研究评价了近年的高考语文试卷，就发现有些省市高考试卷命题水平不高，甚至有硬伤。所以高考要改，首先必须考虑如何提高命题水平。现在有些省市的高考命题队伍受条件限制，比如为了命题保密，要较长期封闭工作，真正有水平的专家不愿参与，只好找些年轻教师；还有行政干预多，等等。这都很难保证命题的水平和质量。

所以我主张，高考还是改回全国集中命题，比较稳妥。高考命题有机密性，但不是不能研究，考试中心应当突破圈子，从政策上鼓励研究，不断提升命题水平和质量。

还有就是阅卷，一些困扰多年的问题也亟须解决。拿语文高考阅卷来说，作文占60分，一般分四个等级，其中二等40分上下（或者35—45分）。据对北京、福建等多个省市的阅卷调查，近四五年来，二等作文卷占75%—80%。其他省市的情况也大致如此。二等分占比重如此大，不能很好地反映考生水平，对考生是很不公平的。造成高考作文评卷的"趋中率"畸高的原因，一是阅卷等级划分标准虚化，比例失调。二是因作文评分有不确定因素，普遍规定同一份作文需2—3人阅评，彼此打分差异若超过5分，就需重新评阅。这规定本也为保证质量，但却容易造成阅卷者为求"保险"而彼此"趋中"。作为高考语文最主要部分的作文，就因区别度模糊而极大地弱化了选拔功能。这对中学语文教学已经产生非常消极的影响，广大师生认为学不学都可以考个"趋中"的分数，就不愿意在作文甚至语文课方面下功夫了。这就应当改，想办法让作文评分正态分布。

此外，阅卷也需要改进。目前不少省市阅卷老师的更换比例过大。普遍规定，参加高考阅卷的老师由大学教师、高中教师各50%组成，但由于阅卷补贴过低，平均每人每天少于200元（低于做清洁的小时工报酬），而大学老师的科研、教学任务又重，难于抽调人员参加，只好越来越多地派博士生甚至研究生去阅卷，往往不能保证阅卷质量。高中教师对参加阅卷倒是有积极性，但其主要目的往往在掌握高考命题动向和阅卷思路，以便高考备考，有的学区、学校甚至把轮流派老师参加阅卷作为"备考"的攻略。这些偏向都应改进，也不难改进。

高考牵涉千家万户，其改革政策性强，一举一动都会引起极大反响，需要稳步试验与推进，不能动作过多，大起大落，但也不能只考虑"维稳"，无所作为，甚至拒绝改革。只要政府部门牵头负责，在推进高考改革的同时，积极推行高考社会化、自主招生和第三方考试评价的试验，齐头并进，共同攻坚，那么多年来所呼唤的素质教育以及减缓应试考试压力的前景，就不再是遥不可及的了。

高考语文改革的走向分析及建议*

如果这场改革不满足于减少考试科目，而切实地在考试内容方式以及命题、阅卷等方面做一揽子改革，那改革就是很值得期待的。

高考改革紧锣密鼓。不久前，教育部宣布2017年将全面实行高考改革，虽然提得比较原则化，但一石激起千层浪，影响巨大，最近一些省市相继出台了改革框架方案，面向社会征求意见。拿北京的框架方案①来说，办法是逐步推进，这两年先改填报志愿等规定，到2016年就有大动作，即：高考只考语文、数学与文综理综，语文180，数学150，文综理综分别为320，英语社会化考试，一年两考，满分100。预计到2017年，就可能不分文理，只考语文、数学，英语和其他各科全改为学业水平考试或社会化等级考试，不再列入高考。

其他省市的方案也大同小异。虽然一些细节仍然未有定夺，但路线图大体出来了，改革的总的思路已非常明确。

现在大家所关注的，主要还是考试科目的变动，以及招生制度的改革。其实非常要紧的，还有考试内容、形式的改革。可能因为改革的措施来势汹涌，人们对此还来不及仔细思考。拿语文高考来说，随着总分的增加，考试的内容、方式会有哪些变化？对教学可能产生什么影响？备考应当朝哪些方面调整？都应当提到议事日程上来了。最近我认

---

* 本文发表于2014年3月18日《光明日报》。

① 后来方案又有所变动，比如高考语文分值180分就没有实施。

真研究教育部相关的意见,以及一些省市的框架方案,认为未来的高考语文除了增加分值,很可能还将朝几个方面做大的改革。

(一)命题将更加注重运用教育测量理论和命题技术。

教育部正在组织相关部门重点研究基础教育语文学科质量检测体系,包括检测工具、模板、手段的制作,虽然主要是面向学业水平考试的,但其某些原理、方法也可供高考语文参照。以往每年高考结束后也都有人对考试情况进行测量研究,问题是往往不够重视,未能很好地将这些研究用来指导命题。估计未来几年高考语文的命题将从过多依赖经验,转向适当运用先进的测量理论和命题技术。比如,如何提高语文高考的信度和效度,命题如何设定适当的区分度和难度系数,怎样的题更能考察学生的素质和能力,各种题型如何搭配,等等,都将会有更科学、更有可操作性的设定。

这几年有些省市语文高考试卷的设计水平不一,难易程度相差较大,可能有的是由于行政干预,或者为了照顾地方特色,其实离科学性仍然较远。举例说,去年有个别语文试卷的题量猛增,特别是阅读题,有15%—20%的考生是做不完的。对此有些争议。其实选拔考试总要拉开距离,一部分考生做不完,这很正常。但估计到底多少考生可能做不完,设计考题时,就应当使用测量理论和技术去预测,要先有合理的设定。

(二)命题所依赖的材料范围将大大拓展。

现在全国卷和各省市卷的命题有很多是依赖题库的,而多年建立的题库覆盖的范围偏窄,都有点陈陈相因,彼此克隆,不足以支持高考语文的改革。因此一些省市可能会致力于题库的建设和扩容,广泛征集考题。相关的另外一个问题,就是现在高考语文命题依赖的材料主要是文学方面的,也就是“文学化”太过了。这当然也受制于整个语文教学的状况:我们的中学语文教科书太偏重文学,视野不够宽,而且文学的教学也并非就是往审美和情感教育方面靠,而是局限于琐碎的分析,这肯定是不利于培养现代人才的。

我看到去年某市的语文卷,六七道大题全都是文学类的,很少涉及其他领域。这恐怕就不太合适。其实这几年有些省市的语文高考已经注意到这一偏向,逐渐拓宽命题的材料来源。比如2013年的全国卷和一些地方卷,命题材料覆盖面就比以往要宽得多,除了文学,还有哲学、历史、科技、社会、经济、时政等。估计这也会是今后改革的一个方面。

(三)更加注重逻辑思辨能力的考查。

这是多年来语文高考的弱项,现在越来越受到质疑。前年高考刚结束我在《人民日报》等媒体曾呼吁,语文高考特别是作文命题,要适当往理性靠拢。我们终于看到了这方面的一些改进。比如去年全国卷的阅读题,就采用了“非连续文本”,给一组材料,观点并不连贯,甚至彼此相左,让考生去辨识、归纳和发挥。这有点类似于考公务员的“申论”,看重的是思辨能力。去年广东卷提供的阅读材料之一是贺麟的《读书方法与思想方法》,哲学文章,读起来有些难度,难在思辨。这是可以考思维能力的(可惜给的选择题太浅)。可见命题者开始重视朝理性考察这个方向努力。

现在的学生普遍缺乏逻辑思维训练,缺少理性分析能力,这和语文教学的偏颇相关,而高考语文对此也责无旁贷,一定要想办法去引导改善。

(四)有意识考查读书的情况,包括课外阅读、经典阅读、阅读面与阅读品位。

现在的语文课只注重精读精讲,注重做题,读书很少,学过语文却不怎么喜欢读书,这样的语文课是失败的,语文素养更无从谈起。课标提倡多读书,读好书,好读书,读整本的书,是有针对性的。课改之后探索开设选修课,本意就是拓展阅读面,可是受制于高考,很难实施。近年来也有个别省市高考语文开始重视考察读书的情况,甚至围绕课外阅读情况的考察来设计试题。另外,这两年很多试卷都有背诵填补经典名句名段的试题。我认为都是应当鼓励的。读书状况其实最能体现语文素养,高考语文理所当然要重视。

我们看到已经有这方面更"大胆"的尝试,如去年四川卷就有这样的题:从曹雪芹、贝多芬以及文学形象大卫·科波菲尔中任选一人,用二三百字去续写下面的话:"即使在最恶劣的境遇中,人仍然能有一种不可剥夺的精神力量,这就是苦难带给人生的意义。"这样的题其实就是考文学修养和阅读面,考表达能力,非常好。我相信类似的考察读书情况的命题,在今后的高考语文试卷中肯定会增多。

(五)作文的改革,估计分值不会大增。

语文高考提分到180之后,按理说水涨船高,原来60分的作文分值也会增加。本来作文考试最能检测综合能力,分值就应当更多一些,甚至有人认为语文可以只考作文。但我估计作文分值不会大增。因为作文评判有一定的主观性和模糊性,如何尽量限制和克服这一点,也是改革的内容之一,但作文评卷的特点决定了不可能做到像数学那样精确,如果作文的分值太大,就增加了不公平的可能性。看来高考作文还是会维持60分的分值。也有另外一种办法,就是设计一道60分的大作文,另加一道15—20分的小作文,或者叫"微写作"。大小作文各有分工。大作文注重综合能力考察。小作文则指向应用或某一方面写作能力,一二百字,比如写一封信、一篇倡议书、一则说明或评点,甚至仿写一段论辩词,等等,可以很灵活。也不必全都设计成应用文,前面提到的去年四川卷的那道"续写"的考题,其实也是小作文。高考作文无论大小,都会有"限定动作",与平时写文章毕竟不同,但又要引导开放思路,发挥个性。两者之间恰当的平衡,体现命题水平,也是一种改革。

还有一种现象也值得探讨,现今的高考语文几乎都是做完全部考题之后,再做作文,往往剩余时间不多,作文只能草草收场,本来最适合考察综合素质的,却变成最难考出水平的。这也是高考作文的一弊。于是有专家主张高考语文分为两段时间,一段是考作文之外其他试题,按规定时间交卷后,开始考作文,这样就保证作文有充裕时间。这种建议有合理性,就看如何操作。这都需要在改革中去探索。此外,我在不同场合多次批评过的高考作文评分“趋中率”畸高,导致选拔功能大为弱化,并影响到作文教学的“痼疾”,也期望能在这次改革中得到医治。

如今中学作文教学可以毫不夸张地说是全线崩溃,全都是瞄准考试的套式训练,几乎人人喊打,又人人参与。未来高考作文的命题者不会再对这种“残酷的现实”充耳不闻。无论如何,一种改革的共识正在形成,那就是让高考作文回归理性,强化思辨,摒弃宿构、套作、模式化与文艺腔。

(六)题型和各类题搭配的改革。

现在每年高考全国有十多套试卷,大致就是一种模式,即语文知识运用、古诗文阅读、现代文阅读和作文等几个板块,大约20道的题量。因为题型模式单一而且固定,就导致不断强化应试式教学,熟悉答题套路就能得高分,结果难于考出实际水平。改革之后试卷模式应当更多样化,不再年年套路相近。只要符合课标要求,完全可以放手去开发新题型。加强综合也是一种改进,以往同一试卷中几个板块彼此分散隔离,甚至同一个试题中几个小题也缺少联系,以后不妨改为从一个(组)材料中同时引发五六个题,将阅读、写作结合起来,在同一个语境中去解决词语、名句填写、文学常识、内容理解辨析等问题。这也能更好地考察综合能力。改革后的命题应紧密联系学生的日常语文生活,体现语言文字的实际应用,考查学生利用语文解决实际问题的能力。目前课改在强调研究性学习和综合性学习,高考命题也应当往这方面有所靠拢。

再具体一点说,语文基础题除了历来常见的字、词、音、病句挑错等考题之外,有可能增加对语感或者语用是否“得体”的考查。文学作品的赏析题将更加注重考察感悟力,而不只是辨识“情景交融”“对比手法”之类。

现在的高考语文阅读部分只注重考阅读理解,题目往往切割得很琐碎,反而忽视了整体把握能力。还有,就是很少关注阅读速度,并不利于考出真正的阅读水平来。高考语文阅读部分应当有新思路,适当增加对整体感受力、理解力的考查,而不只是出技术性的细部分析的小题,最好还能考一考阅读速度。增大阅读材料的长度,可能是办法之一。此外,阅读题中“非连续性文本”肯定会成为“新宠”,而且分值不低。

(七)文言文命题的改革。

预计今后断句题和翻译题会增多,虚词等的知识性考查会相应减少。现在的文言文命题也是套路化,大都是以“读通”为标准,这对教学的直接影响就是把文言文当成“死语言”来教。文言文命题应当多一些与现代生活的关联,多一些文化意味。近年有些省市的文言文命题很有创意。如2012年浙江题:“厩焚。子退朝,曰:‘伤人乎?’不问马。”/“厩焚。子退朝,曰:‘伤人乎?’‘不。’问马。”——让学生谈两种标点方式反映出的孔子对人、对马的态度,并要求谈对后一种句读的看法,就不满足于“读通”,而有文化思考。这就是一种改进。

因为现在强调重视“传统”,很多人预测文言文“地位”将在高考语文改革中飙升,增加分量。但不见得会这样。我觉得现在高考语文的文言文所占分值(除去作文)普遍已经达到40%甚至更多,这个比重不宜再增。道理很明白,现代社会还是用现代语言思考和交流,再说,文言文因为好“拿分”,现在中学语文教学的精力一大半都给了文言文了,如果高考的文言文再增分值,就会加剧语文教学厚古薄今的失衡态势。我想高考语文命题是会考虑这一状况的。

改革的锣声刚刚响起,有些人就担心“换汤不换药”。这种可能性不是没有,但也要看到改革的大趋势已不可阻遏。高考的政策性很强,虽然总是饱受诟病,但考虑公平和维稳,改革的步子一直是很沉重而缓慢的。而这一次改革框架的出台比较猛,是因为整个社会大的改革潮流在推动。如果这场改革不满足于减少考试科目,而切实地在考试内容方式以及命题、阅卷等方面做一揽子改革,如果能进一步解放思想、纠正弊端,那改革就是很值得期待的。

关于语文测试的答问

——答北师大语文水平测试课题组的提问

测试要有为有不为，是一种参考，不要过分依赖，要防止把测试简单化地作为行政评判的手段。

一、传统语文测试中，一般包括积累（或者叫语文基础）、阅读和写作（或表达）三个部分。现在有一种意见认为，语文的测试包括阅读和写作两个部分就可以了，积累部分可能会导致教学中更多的细节教育和更高精度的要求，建议删去该部分。请问您对此的看法是什么，即语文测试中是否应包含积累的内容？

我也是主张语文测试主要包括阅读和写作两部分，而且阅读更主要，比重应当高于写作。因为对一般公民来说，阅读相对而言是更重要的谋生能力，也更实用。所谓“积累”是过程，指向语文素养，特别是读写能力。所以有一部分“积累”势必要在阅读或写作的测试中体现出来，不必另外作为一个独立的测试部分。现在语文教学的痼疾是全副心思用于面对考试，课文讲授与练习很精细，所谓“基础”很“扎实”，但是没有引发读书的兴趣，学生也没有读过多少书，阅读能力还是提高不了。测试应当在“出口”上把关，就看阅读能力和写作能力。阅读能力可以细化和量化，比如阅读速度、准确度、阅读量与阅读面，等等，甚至浏览、快读、群读的能力，等等，都有必要测试。至于某个被测试者是如何达到某种水平的，不必去考察，测试就看结果。当然，还有阅读口味或者格调也可以适当纳入测试，比如检测阅读面时,加进部分经典作品内容,看有无读过。现在读书少,读书的质量也差,测试应当考虑这方面。

二、传统积累的内容以语言要素的测试为主,如字、词、句、标点符号和修辞等。另有一种意见认为,语文的积累应该以文化或者文学的积累为主,比如优秀诗文、经典名著、名言警句。这种观点提出,语文测试中要包括积累部分,但积累部分以文化性积累为主。请问您的意见是什么?如果测试积累部分,那么测试的主要内容是什么?

前面说过了,如果在阅读检测中适当加入部分文化或文学的"积累"因素,也是必要的,也就是测试阅读面与阅读格调。这一部分不必占过多比重。至于语言要素测试,其实已经融入阅读能力之中,不必再独立出来测试。

三、写作的测试,现在有一个意见是分为任务型写作和个性化写作,同时不赞同写作从内容、结构、语言和书写的角度进行评价。您认为从能力角度这些不同类型的写作应该主要从哪几个维度进行评价?

语文能力(或者水平)测试主要是针对学生和一般人员的,不可能也无必要针对高端的以写作为生的那些人。因此写作测试就是检测一般的写作能力,主要是内容、结构、语言和书写几方面。个性化与否不好把握,也难于测试,不应当进入测试。语文能力是综合能力,有些不可把握的因素,诸如性情、风格等等,也会影响语文素养,特别是写作。测试不可能有效检测这些偏于主观性的因素,只能检测那些可以适度量化、把握、分析的部分。所以测试要有为有不为,顶多是一种参考,不要对语文检测过分依赖,不能迷信,千万要防止把测试简单化地作为行政评判的手段。

2013 年 10 月 8 日

高考招生制度改革的难点与模糊点*

排除干扰,梳理问题,在艰难反复的博弈中,尽可能帮助和促成改革的推进。

高考招生制度改革,是我这两年一直关注的事情。去年夏天,我分析了教育部及北京等一些省市出台的改革框架后,发表过一些关于高考改革的学术意见。可是今年9月4日以国务院名义颁发的《关于深化考试招生制度改革的实施意见》(简称《实施意见》),让我多少感到有点"失望"。我想,许多关注高考招生制度改革的学者都会有同感。我们都知道,2010年7月国务院曾颁布《国家中长期教育改革和发展规划纲要(2010—2020年)》(简称"《纲要》"),其中就有高考招生制度改革的路线图。若把现在的《实施意见》和原来的路线图做比较,就会发现现在的改革力度打了很大折扣。

原先《纲要》给高考和招生制度改革制定的路线图体现在这句话中:"探索招生与考试相对分离的办法,政府宏观管理,专业机构组织实施,学校依法自主招生,学生多次选择,逐步形成分类考试、综合评价、多元录取的考试招生制度。"概括来讲,这个改革总思路就是"招考分离",用多元录取的改革替代现有"独木桥式"的高考录取办法。其逻辑很明显,就是抓住"招考分离"这个"牛鼻子",来倒逼基础教育乃至整个教育制度的改革,解决多年来始终缠绕不清的诸多教育难题。因此很多学者对《纲要》所定的"招考分

* 本文根据笔者在华东师大语文教育论坛的讲话稿(部分)整理,发表于2014年12月26日上海《文汇报》。

离”的思路评价很高,充满期待。

直到2013年底,教育部一些领导出来“下毛毛雨”,透露高考改革趋势,仍然把“招考分离”定为改革的方向。当时一些省市就跟进,按照《纲要》精神设计出各自的改革框架,有的已经非常具体,有许多细节都在往“招考分离”上靠拢。而一般民众比较关心的则是高考科目的调整,因为这很现实。当时有些省市的设计是降低英语学科分数在高考招生中的权重,实行社会化考试,一年两次考试;同时增大语文成绩的权重,甚至增加到180分。其实这也是实施“招考分离”的一环。

原来《纲要》的改革思路是多年来实践、讨论、研究的成果,来之不易。在“招考分离”这个改革的大方向上,社会正在形成共识,大多数国人都期待这次改革的到来。但是现在看来,改革果然碰到了巨大的阻力,触及某些既得利益者,真正是进入“深水区”了。《实施意见》的颁布,当然也是改革的推进,但步子小了,除了一些权宜的政策性调整,几乎很少制度性的触动。高考招生制度改革曾经响起隆隆的雷声,现在好像只下了几滴雨。

《实施意见》虽然也提“分类考试、综合评价、多元录取”,这是最要紧的三句话,但整个调子变了,“招考分离”被淡化了。那么强化的是什么?是公平问题。整个改革的重点就从“招考分离”转向了“教育公平”。《实施意见》很鲜明地提出要把“促进公平公正作为改革的基本价值取向”。这方面的要求摆在《实施意见》前面,措施也非常具体,比如提到“增加农村学生上重点高校人数”,强调将继续实施国家农村贫困地区定向招生专项计划,由重点高校面向贫困地区定向招生;部属高校、省属重点高校要安排一定比例的名额招收边远、贫困、民族地区优秀农村学生等等。

在高考科目和内容安排上,《实施意见》也做了“妥协”,措施变为:考生总成绩由统一高考的语文、数学、外语三个科目成绩和高中学业水平考试自选的三个科目成绩组成。原来打算只考语文、数学,英语改为社会化等级考试,现在还是回到考三科;只不过提出了不分文理科,外语提供两次考试机会,以及计入总成绩的高中学业水平考试科目,由考生根据报考高校要求和自身特长,在思想政治、历史、地理、物理、化学、生物等科目中自主选择。

为什么会有这样的“回撤”?我的理解是,改革从当前大局出发,要强化和突出“教育公平”。而原先设计的以“招考分离”为主轴的比较大的改革内容,和这一指示可能一时难于弥合,只好将其淡化。

强调“教育公平”有没有必要?当然有必要,主要是现实考虑。这些年改革碰到前所未有的阻力,社会矛盾突出。从大局出发,肯定要首先考虑这种情势,尽可能消弭尖锐的社会矛盾。看重“教育公平”,首先考虑保障公平,是从大局考虑,符合当前大多数学生和家长特别是教育相对落后地区的诉求。我们现在只能这样来理解:改革成本太大,有时也必须有点“妥协”,即所谓博弈。先把有可能引发社会矛盾的问题解决了,通过先“治标”,

以换取“治本”的条件。我们常感叹中国的制度改革滞后，往往都是广泛征求意见，最终还是主管部门说了算，从上到下的决策难免慢几拍，这大概也是国情。

无论如何，改革方案已经出台，下一步就看怎么实施了。《实施意见》还是比较粗的，改革力度又打了折扣，有些措施的可行性仍然值得担忧。由于现在离全面实施仍然有段时间，教育部让上海、浙江等省市先行一步，做好试验，所以在《实施意见》大的框架内做些调整、完善，还是有可能的。这里从“补台”的角度，提出几点意见：

（一）以“招考分离”为主轴的改革设计，和目前解决“教育公平”并不矛盾。

现在《实施意见》在指导思想上也没有完全摒弃“招考分离”的设想。所以决策部门和试验的省市，应当从长计议，做好短期政策调整和长期制度性改革两者的平衡互补。还是要有相对明确的制度性改革时间表。原定到2020年基本建立中国特色的招生考试制度，现在剩下五六年，除了兼顾“教育公平”，还能做什么？在制度改革和建设上能走多远？当下可以侧重实施教育公平的相关措施，但同时要继续稳步推进“招考分离”为主轴的制度性改革。关键在大胆放权。要真心实意支持上海、浙江两个省市的先行试验，也可以指定某些代表性大学做招生改革的试验。就如同搞经济特区，给足政策，容许和鼓励大胆试验，而不只是依照《实施意见》亦步亦趋做图解。

（二）《实施意见》有些设想还比较含糊，需要尽快明晰定夺，否则会给一线教学造成混乱。

比如，高中学业水平考试如何计入高考总分？按照规定，考生根据报考大学的要求和自身的兴趣特长，在政治、历史、地理、物理、化学、生物和技术（含信息技术和通用技术）七门科目中自选三科，列入高考总成绩。但这提供自选的七科是学业水平考试，属于达标性等级考试，和作为竞争性选拔性考试的语、数、外统一高考，考试性质和评分办法都不一样。即使在学考“必考题”基础上增加“加试题”，也不会改变其达标性等级考试的性质。这种等级考试的评分怎么列入高考总分？浙江提出把自选三科的学业考试成绩再加细化，按百分制计分，最低为40分，41—100分分成20个等级赋分，每个等级差3分。这设计可谓用心良苦，但具体到考生个体，每等3分的分差，其影响也远大于高考三科的分差。况且七门自选科目的难易程度也不一样，怎么去平衡？这些都是模糊点，需要认真研究看怎么解决。

（三）原先提出高考只考语文、数学，语文分值增加，外语不列入高考，作为社会化等级考试，是有现实考虑的。高考必考科目的安排必须跳出学科争地位的层面，实事求是为整个基础教育谋划出路。

谁都不能否认，母语比外语更具有基础性，也更重要。事实上因为语文教育包含面更广，更需要长期积累，难于速成，在高考中不好“拿分”，结果在应试教育大环境中导致语文教学日益被边缘化。每年高考在即，一些学校老师就提出语文给其他科“让路”。这是非常严峻的现实。所以增加语文分值,也是必要的举措。但这个措施在征求意见阶段就招致某些人的激烈反弹,结果《实施意见》只好按兵不动,按老办法行事。

我认为,现在还可以试验原来提出的语文、数学和外语高考的处理办法,即语文增加分值,外语减少分值。需要说明的是,外语很重要,实施社会化等级考试并不等于不重视,一年考两次,高考列入总分,能说不重视?是比以前更加重视了。浙江的试验方案还规定学业水平考试语文、数学各 100 分,外语 150 分,这就更是往外语大幅倾斜了。如果按照《实施意见》去做,我估计肯定会进一步"挤压"语文,语文的"被边缘化"将会进一步加剧。

(四)《实施意见》规定从 2015 年起,大学自主招生时间挪到高考之后,那么自主招生意义也就不大。自主招生已经实施多年,本是高校招生制度改革的重要一步,虽然也出现某些问题,遭受某些批评,但此举毫无疑问是能起到某种"突破"的作用的。现在突然放弃,非常可惜。

教育问题是社会问题,牵涉面很广,动辄得咎。但不动不改就完全没有出路。光是抱怨不能解决问题,逢官必反也无济于事。在充满戾气的环境中做事的确很难,需要定力。但总还希望会有一部分有责任心的明白人去认真调查研究,排除干扰,梳理问题,在艰难反复的博弈中,尽可能帮助和促成改革的推进。

四　辑

语文教学

语文课要“聚焦语用”*

语文课就是学习语言文字运用的课,同时把文化修养呀、精神熏陶呀,很自然地带进来。

很高兴来济南明湖中学听课。教育部主持编的新的语文教材正在一些学校试教,希望能在教学中得到检验,吸取好的建议,改善不足。新教材的编写有得天独厚的条件,一是课程标准颁布了,编写指导思想更明确;二是可以吸收十多年来沉淀下来的课改的经验;三是坊间有多个版本的教材可以参照;四是有广大一线老师的支持。我们一起努力,有信心编好新教材,争取2014年出版并逐步推广。

刚才听了两节课。一节是明湖中学L老师讲的《动物笑谈》,一节是29中H老师讲的《小松鼠》,都属于有关动物的单元。两位老师都抓住了默读这个要点,同时注重关于生态意识、环境意识的教育,符合这个单元设计的要求。新教材仍然采取以人文主题(也有文体等方面)来结构单元,但在单元导语、课文提示和思考题中,格外注意凸显语文素养的某些“因素”。这是为了教学内容的重点更突出。两位老师备课时都在这方面用心了,重点的把握是好的。而且她们都注重在课堂上调动学生学习的主动性,整节课基本上都是在与学生“对话”中完成的。L老师的课讲得很细腻、扎实,看得出是有经验的老师。H老师则是另一种风格,比较活泼,放得开,与学生沟通很好。我对她们的课都满意,也受到一些启发。我想就两位老师的课说开去,谈谈

---

* 本文系笔者2013年12月19日在济南明湖中学的讲话,后根据回忆整理,发表于《语文教学通讯》2014年第3期。

对中小学语文教学的看法,也会结合教材编写的心得,供大家参考。

(一)语文课要“聚焦语用”。

“语用”就是语言文字运用,这是义务教育语文课程的基本目标。语文课的目标可以罗列很多,包括人文教育,传统文化熏陶,有利于学生整体素质的发展,等等。但核心是什么?基本目标是什么?就是语言文字运用。大家可以看看“义务教育语文课程标准(2011年版)”,其中关于语文课程性质的定位是这样的:“语文课程是一门学习语言文字运用的综合性、实践性课程。义务教育阶段的语文课程,应使学生初步学会运用祖国语言文字进行交流沟通,吸收古今中外优秀文化,提高思想文化修养,促进自身精神成长。工具性与人文性的统一,是语文课程的基本特点。”这里第一句就是学习语言文字运用,然后是在学习“语用”的同时,得到思想文化的修养。所谓工具性与人文性的统一,也就体现于此。可以比较一下,原来课标实验稿关于课程性质的表述是比较简单的,就一句话:“语文是最重要的交际工具,是人类文化的重要组成部分。工具性与人文性的统一,是语文课程的基本特点。”当时提出工具性与人文性结合,想突出人文性,是有针对性的,希望改变教学中过分注重应试式操练的倾向。但是十多年课改下来,发现这样来定位语文课程性质,比较空泛,容易只是往人文性倾斜,掏空语文课程的核心,把语文课上成一般的思想修养课。所以,课标修订时,就在工具性与人文性前面,加上了两句话,给语文更明确的定位:语文课,就是学习语言文字运用的课,同时把文化修养呀、精神熏陶呀,很自然地带进来。“语用”和其他几方面是自然融合的,不是一加一或一加几的关系。有些老师备课,要罗列哪些属于工具性,哪些属于人文性,割裂了,没有这个必要。

老师们已经多次学习过课标,有没有注意实验稿到修订稿的这个变化?有没有注意到关于语文课程定位为何要这样表述?我在这里强调课标的定位,是因为听完两堂课之后,有些感触。你们的课是认真的、有特色的,但好像程序有点多,对课文主题包括科学精神、环境保护意识等属于文化修养(人文性)的讲授与讨论,不是从语言文字运用这里很自然引出,或者两者结合不够,所占的时间也就多了。像《动物笑谈》这一课,主要内容是写科学家进行科学考察时那种忘我的专注,文中写了动物行为学家劳伦兹的许多“怪诞不经”的情节,怎么安排教学?一种办法是先疏通课文,做字词句及段落大意分析,然后围绕某些“怪诞”行为开展讨论(有时则是老师不断提问,与学生互动),领会科学研究的精神。另外一种办法是让学生自己去读,接着老师带着大家边读边把生词和某些难点解决了,并在阅读中很自然地讲解或穿插着讨论劳伦兹的那些行为。这样,对科学精神的阐说主要是随文引发的,很自然,而且整节课始终围绕解决如何掌握默读快读方法的问题,以及让学生津津有味地体味这篇课文语言的风趣与幽默。我觉得第二种办法可能比较好,好就好在“聚焦语用”,其他都是很自然带出来的,不给人教化的感觉。而且一堂课下来,有把握得住的“干货”。这一课的“干货”是什么?就是默读方法,以及语言表达的幽默。当然,教无定法,除了这两种,还可以有其他多种多样的教法,总之能聚焦语言文字运用,让学生有兴趣学,又能把握方法,学会学习,就都是可以的。我听过很多中学老师的课,老是设想自己就是中学生,哪些会感到腻烦?又有哪些会有兴趣并留下较深印象?现下许多学生不太喜欢语文课,可能跟有些老师的课所设置的程序太多,老是重复,又嚼得太细,是有关系的。我们讲课不能只考虑设计得如何周全漂亮,一定要让学生有兴趣,能投入,有获益。

(二)语文课要教给学生具体方法。

L老师和H老师的课都注意引导学生阅读,可能在课前预习就安排了读课文。在讲《动物笑谈》时,L老师特别设计了一个程序,让学生扮演文中的角色,分头朗读课文,学生很有兴趣,有助于进入阅读状态。这都是值得肯定的。但是这一课的语文“要素”——也可以说“干货”,是让学生学会默读,体现得不够。听说读写,哪样最重要?阅读最重要。日后学生成为公民,要谋生,阅读能力是最用得着的。写作、听讲和说话交流能力也重要,但比不过阅读能力。语文课最要下功夫的就是阅读,是书面语言的学习。现在的语文课虽然也注重阅读教学,但对于阅读方法技能的传授和训练做得不够。比如默读、浏览、快读、跳读、猜读,等等,都有技巧方法,需要一一学习。但是我们对这些方法技能的传授仍然很粗,这些方面的基础研究也很不够。你教学生默读,总要给点具体的方法,让学生如何做到不动唇、不出声,又读得快。不会默读就读不快。到一些大学的图书馆看看,不少学生都在那里念念有词,他们可能就是在中小学没有学会默读。浏览和快读,一定要教给学生一些方法,不能大而化之。

我读博士生时上英语课,教我们的是美国老师,他每次课发一摞材料,要求15分钟看完。我们很紧张,但不断练习,水平就上去了。这位老师注重教办法:不让一个词一个词从左到右往下读,而要求视线跳跃,尽量扩大扫视范围,捕捉重点字词;尽量快地往下看,能大致懂得意思就不停下来,碰到生词可以猜,不马上查字典;文章开头以及每一段的开头特别注意弄清楚基本意思,读的是语义单元,等等。我们就这样掌握了默读、浏览的方法。相比之下,我们的语文课对方法交代是不够的,或者说,是缺少这方面自觉的。几乎每一课都是精读,“精”在哪里?在字词句、段落大意、主题思想,等等。当然也有必要,可是偏偏没有教给方法,没能把精读的内容和方法结合起来。像这两堂课都是要求教默读的,那么最好就有默读方法的提示,要具体,有练习,不能只是笼统的要求。你让学生“抓住关键词”,很多教材的练习题也都有类似的要求,可是怎么去抓关键词?有什么可以操作的方法?如果你说“抓”,学生就马上会“抓”,那就不用学了。所以,我们的语文课,一定要有方法教学,能做到“一课一得”最好。

(三)略读课就放手让学生自己读。

其实以“精读”和“略读”来区分课型,不够贴切,因为“精读”“略读”都是阅读方法,在精读课中也会学到略读,比如浏览、快读等等。同样,略读课中有时也需要来一点精读的。所以,我们编制新教材时,注意到这个问题,也吸收了杨茂枝等一些专家的意见,有意加大精读与略读的区分度,让两种课型发挥各自不同的功能。略读课就放手让学生自己读。在新的教材中,我们已经把“精读”改成“教读”,“略读”改成“自读”。“教读”课安排有预习,思考题也比较多,照顾到方法的提示与练习。“自读”课有导读,还有旁批提示,引导学生顺利阅读,理解课文,激发思考。

新教材还有一个比较大的突破,就是格外注重往课外阅读延伸,有的在课文后面提出课外阅读的书目,有的在“名著导读”中建议课外读些什么书,怎么去读,等等。这样,新的语文教材就建构了由“教读”“自读”“课外阅读”组成的“三位一体”的教学结构。这可能是一个突破,让我们的语文课更重视学生自主的阅读实践,包括课外阅读,努力做到课标所要求的“多读书,读好书,好读书,读整本的书”。语文课怎样才算成功?一定要延伸到课外阅读,让学生养成读书的生活方式。如果只是精读精讲,反复操练,没有激发阅读兴趣,也没有较多的阅读量和阅读面,学生的语文素养包括写作能力是不可能提升的。扩大阅读量,这是改革的方向。

(四)不要滥用多媒体。

两位老师在课上都使用了多媒体,看得出在这方面花费了不少精力。H老师讲《松鼠》一课,从网上找来一些松鼠的照片,学生是蛮有兴趣的。但总的看,两位老师用的多媒体,都未能给你们的课增分。我并不看好语文课上使用多媒体,甚至认为现在滥用多媒体,已经成为语文教学的“毒药”。

最近我到河南一所中学听课,是农村中学,可是很“现代”,黑板没有了,告别板书了,就用固定的多媒体屏幕,需要什么照片或材料,只需在上面点一下就都出来了。他们在上初一的“古诗三首”这一课,讲到曹操的《观沧海》,什么作者介绍、作品背景、字词注释、思想意义、艺术手法,等等,全都是从网上下载拼凑的,老师讲到哪里,在屏幕上点一下,就都出来了。比如课文中有“水何澹澹”一句,老师就点到“澹澹”的注释,让学生齐声朗读:“澹澹,水波荡漾的样子。”老师就省了,毋庸多说了。其实类似的诗词课,还不如让学生自己去反复诵读,提示一下边读边想象自己登山望海,那种苍茫浩瀚的时空感,还有,就是让学生体味四言古诗那种简洁铿锵的韵味。这才是本课的教学要点。

现在的语文课不断穿插使用多媒体,虽然很直观,可是把课文讲解与阅读切割得零碎了。多媒体给学生提供了各种画面、音响与文字,目迷五色,课堂好像活跃了,可是学生的阅读被挤压了,文字的感受与想象被干扰了,语文课非常看重的语感也被放逐了。这样的多媒体对语文学习并没有好处。

现在备课也变得很容易,从网上轻而易举就可以得到教案和课件。所谓集体备课,也就是凑一些教案,时间很多花在调整设计课件上面。这样备课讲课,老师的个性很容易被淹没,讲出来的课可能是大同小异、彼此克隆的,更麻烦的是背离了语文课必须靠学生反复大量阅读以提高语感的本意。特别是某些领导检查教学,也就是看多媒体是否做得漂亮热闹,更给这种偏向推波助澜。多媒体本来是好事,可是用得太滥,让我们的老师变懒了,个性消失了,学生的学习也受到很大影响。

过多依赖多媒体,还会制约老师专业能力的提升。很多老师得了“百度依赖症”,什么都依赖网上给结论,有结论没过程,思想容易碎片化、拼贴化。现在的老师很多不会板书了,甚至常常提笔忘字。不是要开设写字书法课吗?找个会写字能书法的老师变得如此之难。记笔记的能力也普遍下降了。我给一些老师做讲座,因为考虑到人们的习惯,有时也做点简单的 PPT。但我发现很多老师都懒得记笔记,课后拷贝一下就成了,拷贝回去后呢,也许永远不会再看了。我说多媒体的滥用已经给语文教学带来“灾难”,恐怕不是危言耸听,而是一种必须面对的事实。我建议老师们的语文课不用或少用多媒体,让语文课重新回到朴素本真的状态中来。

谈谈中小学语文备课*

对语文课程的内容目标缺少通盘的了解，过分依赖别人的现成的课例教案，容易导致在"教什么"方面的随意和模糊。

这次研讨的主题是中小学语文的单元教学，我想集中谈谈如何备课。大家都有实践经验，一些专家也会探讨具体的方式方法，我这里主要谈一些现象与问题，希望借此机会和老师们交流。

语文课备课中最常见的一个通病，就是对整个语文课程的内容目标缺少通盘的考虑，零敲碎打，备一课算是一课，很少去想这一课或这一单元在整个小学或初中语文课程中的位置与功能。有的小学老师专门教一二年级，教得滚瓜烂熟了，但很少考虑三到六年级应当达到什么水平，低年级与中、高年级如何衔接。也有的老师从初一教到初三，但三个学年到底怎样安排，不一定心中有数，反正就是一课一课往前蹭，教到哪儿算哪儿。这叫只见树木，不见森林，限制了教学的视野，也就很难备好课，教学效果大都不会好的。

我们看看现在许多老师备课的过程，以及他们通常都是怎样着手，依靠什么资源。

通常备课的过程就是：一、揣摩教材编选的意图，包括为什么设定一个单元，单元主题是什么，选文如何搭配，每篇课文主要教什么（特别注意看思考与练习题的指向）；

* 本文系笔者2013年5月16日在教师网络社区项目中的讲课稿。

二、按照教参提供的结论去理解课文；三、选择某一种教案，把前面两方面理解镶嵌进去，形成自己的教案。

这些没有什么错，只是不够，可能出问题。什么不够？就是前面说的现炒现卖，立竿见影，只见树木，不见森林，很难确定要讲的某一单元某一课到底要实现什么教学目标，这个目标在整个小学或者中学的语文课程中到底是什么位置，通过这一单元或者这一课，能让学生具体学会什么，大致达到什么程度。特别麻烦的是，现在各种教材都是课改之后编写的，比较注重在选文和设计方面突出人文性，虽然有新意，但也有共同的弊病，就是知识点和能力训练点不突出，也不成系列。现有教材大都是以人文主题来建构单元，考虑更多的是选文如何符合单元主题，而对语文课程内容目标如何实现，就难于处理。结果大多数教材都只是在思考练习题上做点平衡和补救。大家看看现有教材，每一课都有字词句分析积累，都有主题中心思想的探究，但阅读写作的方法都还是比较笼统的，例如总是要求"有感情地朗诵"，从一二年级到初三都是这样，到底怎样做到"有感情"，朗读有什么方法，并没有提示；思考题中总是见到诸如"抓住关键词""发挥想象力"之类要求，可是你让学生怎样去"抓"、去"发挥"，也不见方法交代。修辞"情景交融""栩栩如生"之类，每个学期几乎大多数课文都这样讲，看不到其中可以模仿练习的方法，看不到教学的梯度。现在的教材的确存在问题，需要改进。最近我们在编新的小学、初中语文教材，很重要的一点改进，就是让课程内容目标体现的线索清晰，各个学段、年级、单元的教学要点清晰。

但是在新的教材出版之前，我们仍然使用现有的教材，所以要提醒自己，备课不能直奔教材，相反，应当对教材的课文和练习做必要的调整和组合。教师参考书也只是参考，不能作为备课的主要依据和资源。为什么？现在的教师参考书普遍编得水平较差，教材对教什么都不太清楚，而参考书是配合教材的，往往也说不清楚。如果对课程内容目标缺少完整的把握，对各个学段到底主要教什么不是心中有数，那么随便找一个看得顺眼的教案就搬过来用，这课肯定备不好，教学效果也就谈不上。

有些老师也感觉到了，现在我们的语文课讲得好像比较随意。这跟我们备课的随意，是相关的。必须改变这种偏向。首先，要对整个小学或者初中语文的课程内容目标，有整体的基本的掌握。比如，小学或者初中毕业了，语文的听说读写几方面分别要达到什么水平？要有些量化的要求，比如认识多少字，读多少书，背诵多少诗词，阅读一般文章要多快速度，写作大致符合哪些要求，等等。要实现这些目标，具体到各个学段，甚至某一学期，应当教些什么。如果说能把教什么具体为知识点和能力点，那么这些"点"应当可以落实到某一学期、单元以及某一课之中。每个老师都必须对整个课程内容目标心中有数，你教每一课也才能踏实，做到"一课一得"。你教小学一二年级，也不能只考虑一二年级怎么安排，或者只是从教材与教师用书中了解掌握这个学期的教学内容安排，一定要有全盘的考虑。你教到五年级了，也必须考虑到五年级在整个小学语文课程中的位置，把相应的课程内容目标分布到五年级的教学安排中。拿起教材和教师用书，思谋思谋就组合一下，必然是低水平的教案。道理很明显，就像到一个陌生的地方，先要从地图上掌握东西南北方位，然后再缩小到一个区、一个街道、一个点，这样，对目标点的认识才有坐标，对所在位置也才比较清晰，有把握。备课也是一样，备一个单元或者一课，必须首先了解这一单元或一课在整个年级、学段以及小学（或者初中）课程中的“方位”。这是备课的前提，是必备条件。

怎么去了解和把握整体？唯一的也是最好的办法，就是去学习研究课程标准。

义务教育语文课程标准（2011 年版）是经过十多年试验，做了大量修改之后的定本，属于政策性的文件，不是一般的个人研究成果。课标就是国家对基础教育课程的基本规范和质量要求，也是管理和评价课程的依据。教材编写、教学评估、考试命题都应当以课标为依据，不能另立标准。中考的考试大纲也要以课标为依据。课标是有一定的政策约束力的。课标中很重要的部分，就是第二部分“课程目标与内容”，其中有总体目标与内容，共 10 条，比如要求认识 3500 个左右常用汉字，具有独立阅读的能力，能阅读日常的书报杂志，能借助工具书阅读浅易文言文，背诵优秀诗文 240 篇（段），九年课外阅读总量应在 400 万字以上，能具体明确、文从字顺地表达自己的见闻、体验和想法，等等。而具体到各个学段，目标和内容就更加细致明确，分识字和写字、阅读、写作、口语交际和综合性学习五个方面，每一学段达到什么目标，都有要求。而且有教学梯度，同样是阅读，每个学段要求高低是渐进的，好像在重复，其实有深浅之差别，是螺旋式上升。建议每位小学和初中语文老师都要认真研读课标，这样才能对语文课有总体掌握，对每个学段内容目标也清楚，这样，教什么，怎样教，也才有依据，做到心中有数。所以我建议大家先要认真研究领会课程标准，然后再寻找自己备课的内容与目标。

可是据我所知，很多老师都没有认真研读过课标，甚至还有没读过课标的，一头就奔向教材和教案，就想确定某一单元或者某一课的内容目标，那你的课必然会是随意的、混乱的、模糊的。还有些老师不看课标，只看考试大纲，那就问题更大。其实考试大纲主要就是指定考试范围、重点等，并不负责对小学或初中教学内容目标的阐释，倒过来，它只能是在课标指导下建议考试的范围目标，所以不应当作为指导教学的文件。备课可以参考考纲，但首先还是要研读课标。

当然，课标是面向全国的，属于政策性文件，其对课程内容目标的要求毕竟只是一般的，所以在备课过程中，还要“转化”，要结合学校和班级的具体情况来确定课程的内容目标，不宜过度提高要求，也不宜一味搞提前量，还是要大致符合课标要求。

这个“转化”过程有一项工作是很重要的，那就是安排每学期课程的单元组合和教学的梯度。新课标强调“语文素养”，那么我们可以先做这样的工作，就是罗列一下到底小学、初中要掌握哪些基本的语文知识，要在哪些方面进行必要的训练，具备哪些基本的语文技能。这些“要点”(知识点、训练点,也就是讲课的重点)要分布到各个单元、到每一课。所谓梯度,所谓螺旋式提升,都先要有这种安排。比如识字写字,从小学一年级到初中三年级,课标都有阶段目标要求,我们可以把这些要求细化,成为一些要点,做有梯度的排序。比如识字量、笔画、认识常见偏旁部首、笔顺、铅笔写字、按部首查字典、硬笔写字、正楷、毛笔临摹,等等,都可以细化落实到每一单元和课上。应当有一条循序渐进的线索,比如从铅笔、钢笔到毛笔,从正楷到行楷,从描红到临写,都要具体落实。如何落实?现在的教材有的有所呈现,但很多并没有呈现,这就需要我们老师自己来排列组合。应当细致一点,实在一点,一课一得,重点突出。

再讲讲阅读,每个学段都有要求,但落实到教学,如何细化?如何转为教学中可以把握的点?现在从小学到高中都是“有感情地朗读”,怎么才能做到“有感情”?在方法技巧上还是要具体落实。比如这一课要求朗读注重声调、停顿,下一课可以多联系把握节奏。不是绝对把方法的几个要求分开,但具体到某一课,要有重点。又比如,阅读中很重要的方法——默读,从三年级(以前是一二年级)就要“做到不出声,不指读”。其实这样要求还未能解决如何做到的问题。所以还要教方法、技巧,并落实到教学系列中。现有教材比较偏重思想内容分析,以及字词句分析。这有必要。但好像普遍不太重视阅读技能的习得。比如精读、快读、浏览、朗读、默读,都有技巧,教材中体现不够。我们备课设计教学方案时就要想办法去细化、落实。

如何把课标的课程学段内容目标,转化为教材的内容目标,这是决定教材编写水平高下的关键。近年来我们新编小学初中语文教材,就在这方面下了一点功夫,把课标的要求细化为数十个训练“要点”。问题是我们设定的这些要点仍然比较粗,有的缺少可操作性。比如“运用多种方法理解词句”,应当教给学生哪些基本的方法?可以具体一些。“在观察中发现”,如何去“发现”?观察不等于就能发现,也还是要有方法提示。“体会关键词的表情达意”,问题是如何找到关键词?最好都能细化、具体化,让老师、学生都可以找到方法去练习。有些“要点”不是一次课就可以解决的,那就要安排多次,甚至在不同单元、不同年级重复出现;当然,应当考虑有深浅的差别,螺旋式上升。比如要求学生“默读”,就要教给他们默读的方法;要求“朗读”,也要有朗读的方法,不能停留于类似“有感情地朗读”这样笼统的提法。在教材没有出来之前,建议各个小学、初中的语文教研组,都能够根据课标要求,结合自己学校情况,把知识能力点抽离出来(不一定照搬过去的教学大纲,大纲知识点非常多,走另一极端),分布落实到各个单元每一课的教学中。比如浏览,如何能更快更有效?只是要求多读,反复读,可能效果不见得好。这就要给方法,有学习要点。

老师们应当从实际出发,不一定完全按照教材来安排教学,完全可以突破现有教材的框架,重新安排教学计划,其中就要格外注意遵循教学规律,讲究梯度问题。这要认真参考新课标对不同学段的要求,结合自己所在学校以及学生的情况,对教材的单元结构进行重组，遵循由浅入深的规律来安排语文学习的某些基本要素，课文的单元组合服从这种新的安排。比如这两周的课重点是讲解和练习“浏览”，下两周重点是“群读”（瞬间能看一组词），这一单元侧重学习描写，下一单元重点学习议论，等等，是以语文“基本要素”的侧重点来组成教学顺序与线索，课文则是服务和体现这一顺序与线索的。如果感到这样改变的“工程”太大，难于操作，也可以仍然按照教材的单元顺序以及课文组合，但最好在讲解和练习等方面往语文学习的“基本要素”方面靠一靠，就是说，尽量回到语文学习与训练的框架上来安排课程，讲一点梯度，而不是“主题先行”，把教学计划弄得很零碎、很乱。当然，不是那么机械地分割、镶嵌，不是重回过去那种以知识点为中心的训练，但每一课总要有“抓手”，最好每课一得，“得”就是语文素养的某一方面，包括知识、能力。

备课的第二个通病，就是老师自己对课文缺少细读和研究，过分依赖别人的现成的课例教案，结果也容易导致在“教什么”方面的随意和模糊。现在教学方法或者教学的案例很多教学杂志、网站上都有，找起来非常方便。比如你要找某一篇课文的教学方案，可能上网就能搜索到许多。选择一个下载，然后变通变通，很快就可以写出自己的教案。可是到了课上，不见得用得自然而有效，教学效果未见得会好。为什么？一是学情不同，学生水平、普遍的阅读期待和听课的状态不同，随便找来的教案不见得适合。比如北大附中可能受北大影响，学风比较自由，平时学生读书也较多，他们上语文课老师都不怎么讲，主要是学生讨论，在教学过程中解决问题。他们认为这种讨论为主的方法很好，发表了，你们拿来改造一下使用，如果学校学生总体水平还不够，或者尚未形成那种活跃的空气，未见得讨论得起来，更不用说教学效果了。所以教案的选择、设计还是要从学情出发，要充分考虑自己学生的接受能力。再好的教案，也只是自己的参考，必须和教师的个性能力结合，才是好的、有效的，否则就会生搬硬套，“照葫芦画瓢”，这“葫芦”终究不是“瓢”，弄不好就四不像。人家的教案，再好也只是人家的，可以借鉴，但一定根据自己的实际情况改造、翻新，变成自己的教案。如果总是图方便，随便搬用并过分依赖人家现成的教案，不但影响教学效果，还可能阻碍老师发挥各自的主动创造性，久而久之，有些教师变得很懒，顶多也就成为“教书匠”了。

我听过许多课，看过不少教案，据说有些还是成功的样板级的教案，的确有不错的，但也有不少是有技巧没有感觉的。为何“有技巧没有感觉”？就是可能安排很有条理，甚至有些创意，很好看，但仔细看他对课文的理解，发现又是没有自己的“感觉”的。这也会导致“教什么”的随意。

我举一些例子来看。比如小学二年级有安徒生《卖火柴的小女孩》一课，很多教师用书和教案都是这样定位主题：“唤起对资本主义社会中贫苦儿童悲惨生活的同情，激起对资本主义社会制度的憎恨，进而珍惜今天的美好幸福生活。”这就有点说教和空洞了，不见得有这么明确的现实所指。童话毕竟是借孩童的眼睛来看世界。这篇童话不能理解为批判资本主义,其实哪个社会都会有贫穷与苦难,让孩子想象和感受一下贫穷与苦难就是了。

其实,如果老师们备课前能认真投入地读一下作品,看是否能让自己感动,是哪些方面让自己感动,然后再设身处地,想想自己如果是二年级小学生,读这个故事可能会有怎样的心理反应,会有什么问题,这就可能"进入"了作品,有了自己的感觉。这时你很可能不再满足于以往为人们熟悉的那些结论,可能会想到诸如"贫穷""孤独""同情"等字眼。千万不要忘了,这是一篇童话,而童话主要是激发孩子们去想象、幻想和感受的,即使有教育功能,那也不是成年人的那些训诫,比如"认识资本主义罪恶"之类。能让孩子们展开想象,去体会小女孩所碰到的那种贫穷、孤独的状况,多少知道人世间并非事事顺遂,学会同情不幸,这就可以了。教这一课是否成功,就看能否激起孩子们的想象、体验和同情。如果我们只是照抄既有的教案的结论,硬把那个"主题"塞给孩子,那么孩子们不会喜欢这个童话。而之所以很多老师备课时都只是轻车熟路照搬既定的结论,人云亦云,或者只有技巧没有自己的感觉,那是因为我们自己备课时没有细读作品,没有进入作品的世界,因此无论如何也很难让学生感动和喜欢。

有的老师提出,如何对阅读教学课文内容的价值取向做出恰当的解读和适当的教学选择?这确实是个问题。比如苏教版三年级下册《"你必须把这条鱼放掉!"》,有的老师解读为"对社会规则的遵守",而有的老师则侧重解读为"父爱的深沉",孰对孰错呢?老师拿不定主意。其实这不奇怪,同一个作品可能有多重不同的解读。老师应当有自己的主意、解决的办法,这就要靠自己对课文有足够的研读。

有些老师因为那些课文早已经熟悉,或者已经讲过多轮,往往就捡起旧的讲稿,或者再适当做点增删,就算是备好课了。这样的备课,很可能是陈陈相因、毫无起色的。每次备课都细读课文,很投入地读,赤手空拳去读,就可能焕发某种新鲜感,可能重新找到让自己感动的地方,然后再讲课,就有可能用打动自己的东西去打动你的学生。

备课的第三个通病,是遍地开花,重点不突出,没有明确教给方法。

还是以《卖火柴的小女孩》为例,我举出一个教案,是有代表性的,看看它是如何把握课文教学内容的,有没有问题。这个教案设定的教学内容目标,有4点:

1. 学会本课10个生字,理解并掌握"火焰""暖烘烘""火柴梗""填满""橱窗""闪烁""灵魂"等新词。(这没有什么问题,所有课文都要学习积累生字。)

2. 理解文中的几个重点语句。(这比较笼统,理解这些词语,除了懂得之外,是否还要延伸某些方法?)

3. 体会作者由现实生活展开的合理想象,在现实与想象的强烈反差中唤起对资本主义社会中贫苦儿童悲惨生活的同情,激起对资本主义社会制度的憎恨,进而珍惜今天的美好幸福生活。

4. 正确、流利、有感情地朗读课文。(这一条也太笼统,几乎从小学到中学全都是这样要求。)

这个内容目标的设定就没有重点,除了第三条,其余三条放到任何其他一课,都好像可以。

再来看这篇教案设计的教学“重点难点”,也是有问题的。

1. 从小女孩一次次擦燃火柴所看到的种种幻象中,体会她的悲惨生活及作者想象的合理。(为什么要小学生去体会“作者想象的合理”?——大概是指作品描写很细致合理。)

2. 从含义深刻的语句中体会作者的思想感情。(又是“作者感情”。这都是超出这个学段课程目标要求的。)

其实不必把问题复杂化,《卖火柴的小女孩》这篇课文的学习重点,就是教学生对童话这种文体有粗略的了解。可以让孩子们知道,童话是专门为他们写的、适合他们阅读的作品,通常都是故事性很强,有丰富的想象、幻想和夸张。这篇童话的阅读主要引导学生去想象和体味作品描写的情景。在阅读中激发培养想象力,是教学的目标之一。其实,从幼年开始,孩子们就接触过很多童话,那么学习这一篇,也可以让同学们回顾接触过的童话,还可以从知识层面了解何谓童话,以及安徒生的童话等等,激发学生课外阅读童话的兴趣。这就是本课的教学目标和重点。

因为这篇教案未能把握好教学的内容重点,所以设计的活动很多,又是讨论又是思考,但教学效果不见得好。

如果确定了让学生了解童话特点,知道阅读时应当去充分想象体会,那么备课也应当想办法落实这一点:如何读童话。我们还是来看前面说的这份教案是怎样展开教学的。比如,其分几部分展开阅读:

学习“美好幻象”部分

1. 默读并思考:课文写了小女孩几次擦燃火柴,各出现了怎样的幻景?

(1) 自由读第一次擦燃火柴部分。思考:

为什么会出现火炉的幻景?说明了什么?(说明小女孩寒冷。)

“她敢从成把的火柴里抽出一根来,在墙上擦燃了,来暖和暖和自己的小手?”怎么理解?

(小女孩家里穷,她不敢随便用火柴取暖,因为火柴是他们家生活的依靠,但她实在冷得受不了,终于抽出了一根,进一步说明她冷,渴望温暖,所以会出现大火炉的幻景。)

2. 指出学法。

刚才学习这一段用的是“读——思——议——读”的方法,下面用这样的方法学习其他几次擦燃火柴出现的种种幻象。

3. 小组自读自议，完成表格。

这种阅读教学太琐碎，而且没有从阅读方法上给予具体的可以模仿操作的指导。接下来：

二、感情朗读"美好幻象"部分

可采用多种方式读，要求读出小女孩生活的痛苦和命运的悲惨。（哪些读法？如何才是有感情？）

在这一课结尾，有一程序：回顾全文，体会写法

1. 思考、讨论课文中哪些内容是作者的想象？你认为这些想象合理吗？

（学生表达）

2. 你认为作者是根据什么展开想象的？你认为小女孩还可能看到什么？（这些题目难度太大。而且学习童话，没有多大必要要求小学生去讨论哪些是作者想象，作者是根据什么展开想象。）

最后布置作业

1. 这篇文章写了一个可怜的小女孩的悲惨命运，同时更揭露了资本主义社会的罪恶，读了以后，你有何感想？（题目不太合适，因为未能围绕主旨。）

2. 写一篇读后感，把自己的真实感受写出来。（太虚。还不如写一篇童话，激发想象。）

分析以上教案，发现一个问题，就是备课如何把握课文教学内容，确定教学目标。这相当程度上决定了教学效果。像这样的课很说教，很琐碎，能让学生上完一课真有所得的知识或能力并未落实。

备课的第四个通病，是程序太多，安排学生读得太少。

传统的国文教学主要就是依靠学生自己去熟读，积累，课文也不像现在从小就学文选，一课一课学，一开始熟读《三字经》《千家诗》《增广贤文》之类，然后就是一本一本专书的阅读，比如"四书"、《诗经》《左传》《古文观止》，等等。读下来，文字、写作都过关了。这种教学当然比较适应古代社会，是熏陶式、浸润式的教学，比较费时，但的确可以锻造人文方面的能力。那是一种精英教育。但现代以来，也就是五四前后到今天，社会要求公民教育，只是结构比起古代要宽得多，不但学人文、学国学，还要学外语、数理化，等等。所以那种传统的国文教学的方式就在式微，这是大势所趋。要求我们学生回到古代那样从小读经，是不合适的。不过也要看到，现在这种文选式的语文教学，才一百年左右历史。现在这种办法，包括要求小学开始学点语法修辞，掌握一些语文知识，都是没有办法的办法，是为了学习时间上更"经济"，尽可能短的时间内学会听说读写。但和传统语文教学比，现在的语文教学有一个致命的弱点，就是读得太少，道理讲得太多。

看各种教案，一般都很讲究程序。诸如导入学习，阅读课文，词语解释，段落大意分

析,分组讨论,布置作业,等等。一般都有相对固定的七八个程序。我觉得这有点死板。老是这一套,课会讲得很琐碎,很技术化,破坏阅读的总体感觉,破坏语文课要有的熏陶的氛围。我建议备课时不要把一节课的段落划分很多、很细,而且也不一定老是这种程序与套路。文体不同,内容有差异,可以设计不同的程序。应当让学生在课上有更多的时间去读,老师的讲解主要起到点拨作用。

课改之后,有些老师上课比以前更加烦琐,课上得花里胡哨:人文教育,创新教育,合作教育;什么探究式、讨论式、发现式,等等。各种各样的程序安排都有,一节课下来,学生说说笑笑,课堂热热闹闹,若问达到了什么教学目的,完成了什么学习任务,有哪些"干货",则茫茫然恍兮惚兮,语文课变得好看而不务实。拿阅读教学来说,我主张程序少一些,主要就是围绕"读"来进行。阅读教学固然要尊重学生的体验,容许多义的理解,课上也可以适当展开讨论,但不要太多,更不能"放任",教师的引导还是最重要的。要始终注意引导学生对课文的"基本理解",阅读教学的目的主要不是寻找作者的"原意",那容易限定学生的思维;也不能满足于教学程序的标新立异,不能停留于让学生发表各自的感受,而是要实现对课文的"基本理解",既放开,又收拢,最终落实到阅读能力的提高上来。中学语文的阅读教学毕竟有别于文学批评,不能径直把各种文学批评的理论移植到阅读教学中来。阅读教学的"放开"有度,不要离开这一点。学生的阅读体验很宝贵,但不要忘了必须将学生的体验感受加以提升。所谓"阅读教学",就是要指导学生阅读,是一种教学行为。学生的阅读有别于一般的阅读,它必须受教学目标的制约,是一种"不完全自由阅读"。所以要避免一种误解,认为课上安排的程序越多,越活跃,就越好。

备课的第五个通病,是滥用多媒体。

现在很多学校教学检查就是看课程安排是否不拘一格,看课件的设计是否漂亮吸引人,课件设计声图光电并出,五光十色,但学生自己默读静思反而很少,这叫舍本逐末。课件做得好不代表课上得好。现在老师们都很在乎课件,跟这种导向有关。阅读教学主要是以学生对语言文字的直接阅读来完成的,过分依赖媒体中介,可能会破坏阅读中的语感,限制想象力。多媒体的运用必须适度。小学低年级用一些课件,比较直观,还有些好处。越到高年级,到中学,就尽量少用。现在各个出版社都送一些课件,网上也很容易获取课件,这可能弊大于利,让我们老师都变懒了。

最后总结一下。我讲了目前中小学语文备课过程常见的几个通病,包括对课程内容目标缺少通盘的考虑,零敲碎打;备课前对课文缺少细读和研究,有技巧没有感觉,过分依赖别人现成的教案,在"教什么"方面很随意;教案设计遍地开花,重点不突出;程序太多,学生读得太少;还有就是滥用多媒体,舍本逐末。可以说是五个通病。我对如何克服这些通病,认真备好课,提高教学效果,也提出了一些建议。这些看法和建议不一定准确,只供大家参考。

李氏情境教育开启许多新课题*

李氏情境教育的创立，有现实的意义，可以对目前的应试教育弊端起到某种纠偏的作用。

在课堂教学中创设一定的场景氛围，调动学生的想象与情绪，帮助学生更好地理解教学内容，这种做法并不罕见，许多老师特别是小学老师可能都多少使用过。但长期自觉地实践这种方法，并给予理论上的阐释，形成系统的教学流派——情境教育学派的，是李吉林老师。

李氏情境教育特别强调激发儿童的学习兴趣，把儿童带入情境，在探究的乐趣中，发挥学习的主动性，强化学习动机。在李老师的课中，我们看到学生如何在教师的引导下一步步进入课文描写的情境，他们入境后，焕发了丰富的想象与感受，反过来又营造了课堂的情境。教学就成为学生乐于参与的有趣的、有意义的活动。情境教学不仅帮助学生更好地感受与理解课文，有效地完成教学任务，还可以更好地训练感受，培养直觉，发展创造。有研究表明，目前常见的那种偏于注入式的课堂教学，以及单纯面对考试的"题海战术式"的机械训练，是有负面作用的，不但会磨损学习的兴趣，而且因为多依赖复现式的记忆，造成儿童大脑左半球的过度使用，而导致大脑右半球的弱化，这种不平衡，可能会阻碍儿童潜在的创造才能的发展。而李氏情境教学注重形象思维和情感焕发，有利于激活右半脑的功能，平衡发展儿童的脑力，从长远看，更符合发展心理学规律，也更

---

* 本文发表于《人民教育》2013年第15—16期，原题《情境教育开启新课题》。

有利于培养健全的心智。李氏情境教育的创立，有现实的意义，可以对目前的应试教育弊端起到某种纠偏的作用。

李氏情境教育不只是普通的教学方法，它已经有比较系统的理论架构，有一定的学理性。情境教育特别注重在教学中调动儿童的观察、体验、想象、思维，以及某些潜在的非智力因素，促进儿童智能、情感和品质的全面发展，这是符合儿童认知规律，又能充分适应素质教育要求的。李老师提出以"儿童—知识—社会"这三个维度去建构情境教育的课程，又概括出"美的境界""情为纽带""思为核心"等要义，使情境教育具有可操作性。从情境教学，到情境教育，再到情境课程，这"三部曲"，经过二三十年的艰苦摸索，终于形成了李氏情境教育独特的体系。

如果对照一下义务教育语文课程标准(2011 年版)，会发现李氏情境教育很多观点和做法都"暗合"课程标准。比如，课标提倡"探究性学习，激发想象力和创造潜能，在实践中学习和运用语文"。这和情境教育注重焕发学生的学习兴趣与情绪，在特定的情境中学习，是一致的。课标要求"精心设计和组织教学活动，重视启发式、讨论式教学，启迪学生智慧"，提出"语文教学应激发学生的学习兴趣，培养学生自主学习的意识和习惯，引导学生掌握语文学习的方法，为学生创设有利于自主、合作、探究学习的环境"。而情境教育的系列做法可以说也都是致力于此的。李氏情境教育完全符合课标的要求，能适应课改的形势，又有具体的"把手"。我认为，在普及新课标、通过"国培"等方式提升教师水平的过程中，如果能结合学习李氏情境教育，将会大有收获。

国外也有情境教学。如捷克教育家夸美纽斯的"大教学论"，强调教学中的直观、感官能力培育。美国教育家杜威的"教育即生活"和"学校即社会"等观点，以及"从活动中学""从经验中学"的主张，都重视情境教育。李吉林老师教育思想的成型过程中，可能受过国外相关理论的启发，她的某些观点的阐发也和国外的相关理论有呼应，但李氏情境教育不是舶来品，它主要还是植根于中国教学的土壤，是土生土长的。和国外的情境教育理论比较，李氏情境教育更注重实践的可行性，更贴近中国的国情(比如针对应试教育弊端)。它是先从实践中生成问题，在教学一线的探索中积累解决问题的经验，然后逐渐获得理论的自觉，酝酿成为一种带有体系性的方法论。一个小学老师，数十年兢兢业业地投入教学，不满足于当教书匠，而不断总结经验，上升到理论层面去反思、提炼与阐释，终于成就了一种中国特色的语文教学理论。而李吉林老师也就成为名副其实的教育家。这多么难能可贵！当然，李氏情境教育的成型，也得益于她的团队的同心协力，还有从地方到中央许多领导的始终关心。当李老师的研究初显端倪，就得到各方面的扶持与鼓励，多年的雨露甘霖，使一棵稚嫩的幼苗长成了大树。李老师毕竟是幸运的。李氏情境教育体系既是李吉林老师的成果，也可以说是近三十年中国小学语文教育经验的结晶。

对于李氏情境教育，目前教育学界"跟进"不够，做专门探究的也较少。其实，李氏情境教育已经给语文教育乃至整个基础教育提出了许多新的课题。比如,情境教育如何在教学一线发挥更大作用?在实施课标规定的课程内容目标过程中如何融入情境教育?如何从教育学、心理学、美学等多个方面探讨情境教育的学理根据?古典文论“意境说”是否可以构成李氏情境教育的理论资源?情境教育和传统语文教育的“浸润”“熏陶”等方法有什么关联?情境教育在语文教学中的使用有没有“度”的问题?等等,都值得认真讨论,有很多题目可做。毫无疑问,情境教育已经活跃了教育界的思维,我们有充分的理由期待更多富于创见的教育理论与方法涌现。

2013 年 5 月 24 日

语文的本质就是“多读书”*

在语文的概念被多方解读，弄得有点混乱的今天，我们有必要重提阅读的重要性。

高考刚刚过去，语文作文一如既往被热议。一直关注高考和语文教育的北京大学中文系教授温儒敏日前来到广州，与《广州日报》记者谈到如何通过阅读提升学生语文素养、推动素质教育。

作为语文标准修订召集人的温儒敏，对语文新课程标准中最欣赏的一句话正是“多读书，读好书，好读书，读整本的书”，他更认为，这是整个语文新课程标准中的精髓所在。

温儒敏说，在中小学阶段，读书是获取精神和智力成长的主要营养源。这个阶段如果注重阅读，将为学生的一生打好基底，如果学生在这个阶段建立起阅读兴趣，将会形成自己的生活方式，受益一生。“阅读是种生活方式，无论是教科书，还是闲书，如果学生没有喜欢上读书，没有学会怎么读书，对未来终身学习的能力都是有所损害的。当年轻人有了读书的兴趣和习惯，素质教育、人文教育就会自然而然地带动起来。要提升国民素质，提升软实力，改变生活风尚，就要提倡读书。”

正因为阅读如此重要，温儒敏提倡年轻人要把读书兴趣和习惯培养当作最重要的大事。“尤其是在语文的概念被多方解读，弄得有点混乱的今天，我们有必要重提阅读的重要性。虽然每一代人每个时期对于语文的内容、含义都

---

* 本文系笔者接受记者王睿采访的报道，发表于2015年6月10日《广州日报》。

有不同的阐释,有人说语文是读说听写的能力,有人说语文是传承文化的工具等等。这些说法都有道理。但我觉得本质还是‘多读书’。”

在应试教育面前,年轻人也有两难,一方面要应对考试,一方面要培养自己的阅读兴趣,显得力不从心。而有多年教学经验的温儒敏认为,从目前国家的大方向来看,应试教育还将长期存在,学生不妨从缝隙中寻求方法。“我们不能把不读书、少读书的原因完全推给高考。正如改革很难,但我们不妨迎难而上,在应试教育的大环境中,学生不妨把读书当作语文课的头等大事来看待,抛弃过往认为学语文赚不了钱的惯性思维,改变过去对阅读的忽视,建立起阅读兴趣,会阅读、爱阅读的人,爱好与潜力能在相对宽松的个性化阅读中发展,自然视野开阔,知识面也广,考试也不会差到哪里去,写作能力的提高更不用说了。这是阅读潜移默化的培养方向,又能避免陷入‘题海战术’。”他说。

海量阅读很重要

《广州日报》:您一直提倡年轻人阅读,也经常给学生阅读建议和书单,可如今网络信息极其发达,很多学生沉迷网络,也有家长认为网络里也可阅读,您怎么看这种趋势?

温儒敏:网络时代,年轻人大量接触网络信息,当然我也认同这算是一种阅读。但这种阅读容易浮光掠影,思维碎片化、浅层化。所以提倡多读书,还要加上“读整本的书”“读经典”,这还可以磨磨性子,养成好的习惯与学风。如果学生过多接触画面和音响,反而会忽视文字。学生对于阅读、文字的感受就被干扰了,也无法培养语感。当下网络上文摘式、快餐式、拼贴式的阅读,甚至会造成思维能力的弱化,这些都值得反思。

《广州日报》:年轻人应该怎样阅读呢?

温儒敏:在我看来,“读”是“读说听写”中最重要的,这关乎一个学生在成长中甚至步入社会以后继续学习和接受熏陶的能力。所以我赞成“海量阅读”,更提倡大量的课外阅读。我认为没有必要每一本书全都要精读,要容许有相当部分的书是“连滚带爬”地读的,否则就很难扩大阅读面,增加阅读量,也很难培养起自己的阅读兴趣。所以,读好书不求甚解,也并非不好。

《广州日报》:现在很多家长或老师都让小孩子从小读经,您怎么看?

温儒敏:我反对盲目提倡“读经”。现在有些学校和家长一味搞“提前量”,在小学低年段甚至学前班就要孩子们“读经”,是不合适的。经典和青少年是会有些隔膜的,青少年不一定喜欢“读经”。怎么办?只能慢慢引导,不能强制,时机也同样重要,不宜过急。其实在孩子们的成长过程中,不同年龄段会有不同的兴趣,他们会自我调整,自我塑造。不妨让学生多点自我选择,在阅读上给足他们自由度。

《广州日报》:您怎么看待现在社会的阅读氛围?

温儒敏:现在很多年轻人,年龄越长,阅读能力越差。我认为,一方面是语文教学对阅读不太重视,另一方面是现在社会氛围太浮躁。一来,年轻人忽视阅读,看电视打麻将打游戏的人远远多于阅读的人,要改变这种状态就要从阅读开始,从小孩子开始抓起。二来,有些人家里完全没有读书的气氛,怎么可能要求孩子读书?在孩子的教育上,父母的言传身教是第一位的。如果家长自己爱读书,孩子自然也对书有兴趣。三来,年轻人在烦琐喧嚣的生活中没有沉下心。我在山东大学、北京大学都做过调查,大学生认为第一年本科很新鲜,第二、第三年开始实习找工作,生活开始浮躁了,根本没有沉下心来读书,这种读书氛围堪忧。

培养读书兴趣是语文教学的“牛鼻子”*

——从“吕叔湘之问”说起

在语文的概念混乱的当今，重新从“多读书”的角度去理解语文，有现实意义。

1978 年，著名语言学家吕叔湘在一次会议上曾批评语文教学的少慢差费，效果不佳。他说：“十年时间，2700 多课时，用来学本国语文，却是大多数不过关，岂非咄咄怪事？中小学语文教学少慢差费的严重程度，我们恐怕还认识不足。”①从“吕叔湘之问”提出至今三十多年过去，尽管有过一轮又一轮的改革，也提出很多新的教学理念，推广过这样那样的教学法，活动多了，课堂热闹了，多媒体也普及了，可是整体上看，学生的阅读、写作能力未见得就有多大的提高。在许多地方和学校，“吕叔湘之问”仍然悬挂在头上，并没有答案。②

在小学低、中学段，大多数孩子还是喜欢读书的，到了小学高年级和初中，也还会接触较多的图书。可是从初三开始，读书的兴致和数量就一路下滑。到高中，读书变得尤其功利，一些家长和老师甚至不让学生读那些和考试无关的书。整体而言，中小学生的读书状况是不好的，年级越

---

* 本文系我 2015 年在北京大学“国培”计划小学语文教师班的讲课记录稿。

① 吕叔湘《当前语文教学中两个迫切问题》，发表于 1978 年 3 月 16 日《人民日报》。

② 这里只是集中讨论语文教学中普遍存在的问题，并不意味能由此推论三十多年来的语文教育进展甚微，更不能由此抹杀语文课程改革的成绩。可参见《中华读书报》对笔者的专访《理性务实地推进语文课程改革》，发表于 2010 年 5 月 12 日，又收《温儒敏论语文教育二集》，北京：北京大学出版社，2010 年，第 107 页。

高，情况越糟。很多学生除了教科书和教辅，几乎不怎么读书，不喜欢也不会读书，更不会读完整的书。就如同“吕叔湘之问”所说，我们教了多年的语文，学生也花费大量心血在这门课上，可是到头来只会做题考试，对读书不感兴趣，也不会读书；即使考上了大学，许多学生还是不会也不喜欢读书。这是基本事实。

试想，不读书，或者读书少，怎么可能学好语文？怎么可以又要马儿跑，又要马儿不吃草？但事情往往就是如此悖谬。

“吕叔湘之问”其实并不难回答。少读书不读书就是当下“语文病”的主要病象，同时又是语文教学效果始终低下的病根。

老师们对少读书或不读书造成的“语文病”是不满的，往往就抱怨应试教育，认为这一切都是现在教育体制的不完善以及功利化的社会大环境所造成的，因此很无奈。这当然是重要的原因。在中考和高考这个巨大的现实面前，无论学生还是家长和老师，都会有非常实际的考虑，就是如何更有效地应对考试、在激烈的竞争中取得尽可能好的成绩，这就难免有应试教育，有急功近利的“题海战术”。这种背景与氛围，显然是不利于读书、不利于提升语文教学效果的。

我们必须承认考试和竞争这种巨大的现实。中考和高考无论怎么改，也是考试。既然是考试，就必然有竞争，也就难免会有应试教育。为国情所决定，在相当长时间内，我们必须与应试教育的大环境“共存”，不可能独善其身。但“共存”不等于完全被裹挟，不等于随波逐流，关键要有清醒的平衡意识。既要让学生考得好，同时又尽可能不要伤害他们的学习兴趣，不把脑子弄得死板，这就需要在应试和素质教育之间取得一些平衡，而不是非此即彼。有水平的老师会懂得适当的平衡，和应试教育严峻的大环境共存，又始终在谋求自己的空间，尽可能改进语文教学，能改一点，就是一点。

怎么去平衡？怎么去改进？提高语文教学效果可能有各种各样的办法，但最管用最有效的，还是读书，是培养读书兴趣，这就是关键，是“牛鼻子”。抓住了这个“牛鼻子”，就可能一举两得，既能让学生考得好，又能真正提高学生的语文素养。

这种平衡的前提是不把考试和读书对立起来。即使为了考试，也要注重培养读书的兴趣，少做题，多读书。事实上，对读书有兴趣，喜欢读书，有比较宽的阅读面的学生，他们的思维比较活跃，语文素养比较高，考试的成绩也不会差。再说，读书不仅是一种能力，也是一种良性的生活方式。在中小学阶段培养读书的兴趣与习惯，是为学生的一生打底子。讲平衡，既照顾考试升学等现实的利益，更要从长计议，着眼于给学生的终身学习做准备，为他们走向社会之后的发展以及生活质量的提升打底子。今天重新提出“培养读书兴趣”，是把近期目标（考试）和长远目标（学生的发展）结合起来，兼顾目前和长远的需要。

语文课最基本的内容目标，是培养读书的兴趣和习惯。有了读书的兴趣和习惯，才能把语言文字运用的学习带起来，把素质教育、人文教育带起来。现在重新提出要抓住培养读书兴趣这个“牛鼻子”,去改进语文教学。这不是什么新观点,但在语文的概念被弄得很混乱的当今,重新回到朴素的立场来考虑问题,从“多读书”的角度去理解语文的本质,是有现实意义的。

下面就围绕读书的问题,探讨一下如何改进当下的语文教学,有七个问题。

一、反思语文教学的普遍模式,树立“读书为要”的自觉

义务教育语文课程标准有一句话很精辟,应当特别记取:

> 要重视培养学生广泛的阅读兴趣,扩大阅读面,增加阅读量,提高阅读品位。提倡少做题,多读书,好读书,读好书,读整本的书。①

课标这样提要求,对于目前的语文教学,是有强烈的针砭意义的。

很多中小学语文老师不否认读书的重要,但一到教学的层面,有意无意就把促进读书兴趣这一点忘记或者放弃了。备课的时候,写下多条教学目标,唯独不考虑如何去引发读书兴趣。可能因为急功近利,总是考虑如何应对考试,提高成绩,结果舍本逐末,未能把“读书”摆到语文学习的高位。

为何要高度重视语文课中的“读书”问题?怎么抑制语文教学中的急功近利偏误?首先要加强对语文学科特点的认识。现在语文教学普遍都是课堂教学和课文讲解带动整个教学,依赖教材,依赖课文精讲,依赖课后作业操练。这种普遍的做法,大家很习惯了,所谓改革,也就增加一点学生的活动。有时我们也对此不满意,但已经轻车熟路,习以为常。

看来得跳出来,“分身”想一想:现有的语文教学模式是怎么形成的?是天然合理的吗?为何如“吕叔湘之问”所说会少慢差费?是否应当有所调整改进?

其实,传统的语文教育不是像现在这样的。古人学语文从蒙学开始,就是读书为主,先生是很少讲的。从《千字文》《增广贤文》《大学》《中庸》《左传》,等等,一路读下来,似懂不懂读下来,慢慢就读得熟了,由不懂到懂,文字过关了,写作也过关了。这是浸润式的学习,整个身心沉浸在阅读之中,文化的感觉有了,语言的感觉也有了。传统语文教学和现代语文教学最主要的区别在哪里?在读书。传统的语文教育并没有明确的教学体系,也没有教材、课堂精讲和作业操练,只是要大量反复地读书,整本整本地读书;而现在的语文教学主要是一篇一篇地讲,一次一次地组织活动,唯独很少读书,特别是整本的书。

什么时候我们告别了传统的语文教育方式?从晚清兴办新式学堂开始,就实施现在我们天天在做的这套语文教学模式。

---

① 《义务教育语文课程标准(2011 年版)》,北京:北京师范大学出版社,2012 年,第 23 页。

当然，以现代的眼光看来，传统的以读书为主的方法太过奢侈。现代人要学的东西比古代多，除了语文，还有外语、数理化等等，靠古代那种大量读书、浸润式的方法显然不适应了。所以从新式学堂开始，这一百多年来，就改为“概论式”的学习，即以课堂的讲习为主，以课文的分析作为重点，把各方面的知识加以体系化，以概论的方式传输给学生。在二三十年代的中学国文中，古典诗文还是占很大比重，不过不同于传统语文课习的办法，也是采取文选的体例，不再是一本一本地读，而是一篇一篇地读。这时期的国文学习虽然和传统不一样了，但还是注重读的。五六十年代以后，学习苏联的教学模式，中小学语文也开始突出知识性传授，学习语法修辞、文学常识，加上文选的精读精讲，就成为现在普遍流行的语文教学基本模式。

当初设计这种语文教学模式，也是为了适应时代变化，力求在有限时间内达到一定的教学效果，让学生具备读写能力。可是采取这种方式，读书就少了。记得我上小学时，语文老师还经常给我们读小说读诗歌，激发读书的兴趣。大概当时老师也是意识到光是讲课加练习，难以提升语文水平，所以还补充一点读书。可是现在呢，本来比较怠慢读书的教学，又加上应试教育，就越加紧缩，动弹不得，学生越来越不习惯也不喜欢读书。语文课就在应试教育的约束之下，像吕叔湘说的，越加少慢差费了。

回顾语文教学的历史变化，是为了说明，现有的普遍的语文教学模式，也并非只是这些年应试教育的产物，它是有历史来路的，存在不合理的方面，需要反思、调整。怎么调整？适当吸收传统语文教学的好的经验，增加读书量，扭转近百年来语文教学存在的偏至，让语文教学更加符合规律。

现在完全回到传统的语文教学，是不现实也不可能的，但我们应当了解这一百多年来语文教育的得失利弊，在基本上还是实施现代语文教育方式的同时，了解其缺失和弱项，适当补充传统的经验，多少加点慢功夫，培养读书的兴趣与习惯。

语文学科和其他学科不同，实践性很强，你很难指出一条速效的办法去提高语文素养，而需要长期的熏染、积累、习得。这就必须大量读书，没有别的办法。语言的习得，需要语感的积累，光是精读精讲加练习，或者概论式的知识获取，是难以实现语言习得乃至语文学习的效果的。所以读书非常重要，读书的过程，读书的积累，读书兴趣和习惯的养成，本身就是语文。如果说语文教育要遵循规律，其规律之一，就是激发读书兴趣，养成读书习惯。读书兴趣和习惯的培养，以及读书方法的掌握，远比现在这种面向考试、精读精讲、反复操练的做法要高明，也更加重要。

语文课改有太多的经验，太多的流派，太多的措施，但最重要的要先想办法改变不读书少读书的病况。“读书为要”，千方百计把读书兴趣的培养放到头等位置，有这方面的自觉，语文教学才能祛病健体，提高效能；进而回答“吕叔湘之问”，也就自然而然了。

二、区分不同的课型,采用“1+X”方法

为什么阅读教学效果不佳?为什么学生不喜欢语文课?有多方面原因,但其中的重要原因,是课型混淆,模式僵化,扼杀读书的兴趣。

现在语文教材很多都分为精读和略读两类课。有的教材小学二年级开始分为精读、略读或者选读。为什么这样分?只是因为课文多,不可能全都精讲,所以安排部分略读吗?有没有考虑过不同课型有不同的功能?

教材分精读和略读,是有讲究的。精读课主要老师教,一般要求讲得比较细,比较精,功能是给例子,给方法,举一反三,激发读书的兴味;而略读课是让学生自己读,把精读课学到的方法运用到阅读实践中,主要是泛读、自主性阅读。两种课型不同,功能也有不同,配合进行,才能更好地完成阅读教学。

但是如今的阅读课往往混淆了精读与略读,几乎全都设计成精读精讲。而且程式相对固定,不管什么课,都要讲写作背景、段落大意、主题思想、艺术手法,等等,抠得很细,就如同手术解剖。课型几乎没有变化,没有节奏,全都处理成精读精讲,老是那一套,学生能不腻味?怎么能激发读书的兴趣?课改这些年增加了许多课堂讨论,很热闹,课型还是混淆,读书兴趣也还是起不来。

现在这种精读课独揽全盘的做法有很大的弊病,加上几乎全都是以分析性的精讲记忆为主的教学方式,的确太死板,压抑了学生自主性学习的兴趣和读书的兴趣,应当改一改。

怎么改?分清精读课和略读课两种课型,精读课老师讲为主,略读课就让学生自主阅读。讲课也不要老是那一套程式,应当根据课文内容、文体以及单元要求的教学目标,等等,来设计不同的教案程序,突出每一课的特点和重点。这样,除了区分精读与略读,还要更加细致地区分与不同文体、内容相适应的课型。比如,散文、小说、诗歌与童话的课型应当各自有所不同,古代诗歌和现代诗歌的课型也有差别。有的老师讲童话《皇帝的新衣》,和分析小说一样,还是人物形象、叙事结构、主题思想的分析等等,唯独没有激发学生去想象,把童话教成小说,这也是课型混淆,“拧”了。

略读课的教学目标就是要鼓励学生自主阅读,实践和体验读书的方法,激发读书的兴趣。如果处理成像精读课那样,就等于消弭了略读课的功能,阅读教学就不完整了。为什么老师会普遍地不分课型,几乎全都讲成精读课呢?是因为担心考试,生怕有遗漏,就所有课全都精读精讲,细嚼慢咽,学生自己阅读延伸的空间就被挤压,读书的兴趣也被扼杀了。这叫适得其反。

现在各种版本的语文教材,安排学生自主阅读、自由阅读还是太少,只靠教材是远远

不能满足阅读教学需要的。为了弥补这一缺陷，除了区分课型，把略读课归还给学生，还有一个建议，就是实施"1+X"的办法，即每讲一课（主要是精读课），就附加若干篇同类或者相关的作品，让学生自己去读。可以在课内安排读那些附加的作品，也可以安排在课后。不只是读散篇的作品，也要有整本的书。老师可以稍加点拨，但千万不要用精读课那老一套要求去限制学生，只要求学生能读就好。

区分课型，或者"1+X"，都并非反对讲课的精细。课文的分析，有时必须要细，要精，要透，这是毫无疑问的。但这种"细"要有意义，意义就是指向学生读书的兴趣，并要学生学会读书的方法，而不能只是为了考试，其他不管。起码这两方面都要兼顾一点，别走极端。课上得死板，千篇一律，又几乎全都指向考试，这就是语文课的一大弊端，是扼杀读书兴趣的。

目前教育部组织编写的新的小学初中语文教材，就加大了精读和略读两种课型的区分度，干脆改"精读"为"教读"、"略读"为"自读"。新教材格外注重往课外阅读延伸，这就建构了"教读""自读""课外阅读"组成的"三位一体"的教学结构。在新教材尚未全面铺开之时，老师们不必等待，自己可以朝课型区分这方面做些改进。

三、授之以渔，要教读书方法

"吕叔湘之问"所指出的语文教学的费时而低效，牵涉教什么的问题。教了很多内容，唯独不教或者少教读书的方法，结果学生读书的兴趣和习惯也培养不起来。

现在的语文课也不是完全不教读书方法，只是单打一，光教精读，轻慢其他。比如默读、浏览、快读、跳读、猜读、互文阅读，以及如何读一本书，如何进行检索阅读，等等，各有各的技巧方法，可是并没有教给学生，甚至没有这方面的教学意识。结果学生就只会精读，无论碰到什么文章，全都用主题思想、段落大意加艺术手法等一套分析办法去套。一些学生上了大学还不会默读和浏览，碰到文章就只会用精读法，读得很慢，还不得要领。其实生活中用得最多的是默读和浏览，是检索式阅读，是互文阅读，包括非连续文本阅读，可是我们的语文课偏偏就很少教这些。这是语文课致命的缺失。

课标对于阅读教学是有方法上的要求的。课标提到从小学高年段开始，要让学生"养成默读习惯，有一定的速度，阅读一般的现代文每分钟不少于500字。能较熟练地运用略读和浏览的方法，扩大阅读范围"。默读与浏览都是常见而又实用的读书方法，是基本的阅读能力，只有具备这些能力，才有阅读的速度，扩大阅读面，增加阅读量，也才谈得上读书的习惯与兴趣。

比如"跳读"，是浏览、快读时必须要有的方法之一，可以跳过与阅读目的无关或者自己不感兴趣的内容，也可以跳过某些不那么精彩的章节，这样，读起来就会很快，也很有兴趣。又比如“猜读”,也是很常用的方法。小学生认字还不多时,要读一篇文章或者一本书,不能碰到生字生词就查字典,可以根据前后文意思猜着那生字生词读下去,只要大致能读,就不要中断,最好一鼓作气读下去。这样才有读书的兴趣,也才读得快,读得多。想想,我们小时候读《西游记》等小说,不就是这样跳读、猜读的?本来这是无师自通的方法,如果语文课也能教一教,从方法上指导一下,那效果就不一样了。

教给默读、跳读、浏览等方法,要有窍门,有可操作性。光要求“抓住关键词”,要求“读得快”,学生还是不会,等于没有讲,这就需要有具体的可以模仿学习的技巧。拿浏览来说吧,就要把默读、快读、跳读等多种阅读方式结合起来,尽量在“一瞥”之间掌握一个句子甚至一个段落,眼睛最好看文章的中轴线,不要逗留。但是有些孩子阅读时还是要不断逗留,读不快。怎么办?可以让他这样训练自己:五个手指并拢,顺着书的字行往下移动,速度要比眼睛的感觉稍快,而且越来越快。这就训练出来了。总之,要教给具体的读书方法。

如何阅读一本书?也有方法,可以训练。拿起一本书,要教给学生先要看书名扉页、提要简介、前言,等等,再翻一翻目录,或者挑选一二个与主旨联系密切的章节重点看看,跳着读,读几段,或者几页,最后要比较认真看看书的结尾部分,往往是对全书提要性的总结,或者还可以看看后记,很快就可以大致了解一本书的大致内容,甚至能判断写得怎么样,决定是否值得再细读精读。这叫“检视阅读”,或者叫“检索阅读”,是迅速读一本书的办法。① 很多书都可以采取这种读法,然后才能选择自己要认真细读的书。

还可以教给学生如何把精读与略读结合。比如,一本书可以读三遍,第一遍粗读,大致了解其轮廓主旨,有个基本印象;第二遍细读,对各章节内容有更加深入的理解;还可以有第三遍,就是带着问题包括疑问去读,选择重点章节读。当然,不是所有书都需要读三遍。这里指的是比较重要的基本的书。

现在的语文课对于阅读方法的传授太过单一,几乎都是分析性阅读,非常注重作者意图、背景、主题、段落大意,以及思想意义、教育价值等等,顶多加上修辞和艺术手法。这就有点文体混淆、一锅熟了。其实不同的文体、不同的课文,阅读方法应当有所区别。老师要教给学生面对不同的书,采用不同的阅读方法,而不是全都分析性地提炼主题思想之类。比如,小说、诗歌、散文,就不宜采用议论文的读法,不能以分析性理解为主,而应当着重鼓励想象与体验,要设身处地,要非常重视第一印象。有些方法是很具体的,比如读一首诗,头一遍很重要,要重视直观感受,最好快读,朗读,一口气读完,获取带有鲜活的个人感觉的第一印象。② 但现在有许多老师教诗歌,一上来就要求理解、分析,在主题、作者感

---

① 参考莫提默·J.艾德勒、查尔斯·范多伦:《如何读一本书》,北京:商务印书馆,2013年,第30页。

② 参考笔者提出的“三步阅读法”,见笔者与赵祖谟主编的《中国现当代文学专题研究》(第二版),北京:北京大学出版社,2013年,第22页。

情、意象和语言等方面做很细的解读,偏偏放弃了读者的经验与感受的引导,那是违反诗歌阅读要义的。

还有各种文体的阅读,方法也是有区别的。读小说和读诗歌不一样,读文学性的散文和读论述性说明性的论文有区别,读历史、哲学和科学又各有门径,都要教给方法。我发现有的老师设计童话的教案,就还是用小说解读的办法,讨论主题思想和艺术手法,偏偏未能讲一讲童话的特点,未能把教学重点放到激发阅读的想象力这一点上。这就偏离了,学完这一篇,还是不会读童话,或者本来是天然的会读童话的,上了语文课反而不会读了。

要强调读书方法的传授。一堂课下来,有把握得住的"干货"。读书方法就是"干货"。当然,教无定法,根据不同的学情,可以有多种多样的教法,但无论哪种教法,都要让学生有兴趣学,又能把握方法,学会学习,学会读书。

但是现在的语文课对读书方法还是比较少关注,专家也很少研究。基础研究滞后,制约了教学,这是个问题。

就小学语文特别是低年级的教学而言,虽然识字认字为主,还谈不上读书方法,但也要开始重视阅读习惯和兴趣的培养。一切教学行为,都要聚焦在激发孩子学习包括阅读的兴趣上。新编的语文教材一年级一开头,就有专栏"快乐读书吧",还有"和大人一起读",都是引导培养读书兴趣的。从中年级到高年级,每一学期都有名著选读和课外阅读指导。在新教材使用之前,老师们可以根据教学需要,适当加强关于读书兴趣培养方面的内容。

四、提倡"海量阅读",鼓励"连滚带爬"地读

为何我们的阅读教学效果不理想?还得检讨一下某些关于读书的观念。有些观念长期笼罩着我们的头脑,好像是天经地义的,从来不会去怀疑,一代一代老师就那样去认同和要求学生。其实也要跳出来反思,有所甄别,有所扬弃。标准就看是否利于激发读书兴趣,方法上是否可行。

最常见的一个观念,就是"不动笔墨不看书"。在一定情况下,是可以也应当这样去要求的,比如精读某一篇课文,或者为了积累去读书。但很多情况下,又不能这样要求,事实上也很难做到。规定学生凡是读书都必须做笔记,凡是阅读都得考虑如何提高写作能力,这就会变成束缚,扼杀兴趣。我们当老师当家长要设身处地,如果自己也老是带着任务去读书,负担就很重,甚至会大煞风景,兴味索然。不能凡是读书就要求孩子做到"不动笔墨不看书"。在一定的条件下,可以这样去要求,读写结合自然会有好处,但不能时时处处都要求学生这样做。特别是当学生自主选择阅读或者自由阅读时,不一定要求做到"不动笔墨不看书"。

还有，就是批评“好读书不求甚解”。其本义是要求学习要认真、精细、踏实，不要似懂非懂，马马虎虎。如果我们是在认真阅读分析一篇精读课文，或者做研究性阅读，这样要求是完全应当的。但对于一般的读书，特别是课外阅读，就不宜强求了。在很多时候，读书了解一个大概即可，不一定本本书都要精读，都要像精读课那样“求甚解”。有的时候，“不求甚解”恰好是可以拓展阅读面、培养读书兴味的。我们当老师或家长的读书是否全都做到“求甚解”？这是难事，也没有必要，因此也不能要求孩子做到。总之，有些传统的读书的观念，要适时而用，不宜一概要求，更要防止成为桎梏。我们的目的还是要激发读书兴趣。

我现在特别赞成让中小学生“海量阅读”。这是山东潍坊小学老师韩兴娥的办法。韩老师认为语文教学最大的弊端是一本教材一统课堂，老师讲得可能很有激情，学生当堂互动也表现很好，但并没有真正提升语文素养。为什么？没有落实到读书上面。韩兴娥老师认为语言学习应以积累为本，读书为本，数量为先。她有一句话说得好：“读一本书（教材）和读很多书是不一样的。”对低年级学生而言，课本就是识字教材，文章的“深度理解”要等学生在大量阅读中慢慢反刍，不必一步到位。低年级大量朗读儿歌、小故事，中年级海量诵读美文和诗词，高年级大量诵读经典和白话文。在大量阅读的过程中，学生的阅读、写作、口语表达能力也会明显提升。[①] 大道至简，韩兴娥的办法就是带领学生在课内课外都多读书，真正做到了“读书为要”，“读”占“鳌头”。我看这是培养读书兴趣的好办法，也是提升语文能力的好办法。当然，语文课是否采用和如何采用这些好的经验，还要结合各自的学情。

我还在不同场合提出过要鼓励“连滚带爬”地读。不要每一本书都那么抠字眼，不一定全都要精读，要容许有相当部分的书是“连滚带爬”地读的，否则就很难有阅读面，也很难培养起阅读兴趣来。我说的“连滚带爬”地读，包括浏览、快读、猜读、跳读，学生可以无师自通，但有老师略加指导，甚至纳入教学，就事半功倍了。这也是激发阅读兴趣的好办法。其实，我们小时候读书，很多情况下都是“连滚带爬”地读的，老师不怎么管，我们自己也读得不错。

五、把课外阅读纳入教学计划

通常讲阅读教学，往往就只是课堂上围绕课文的教学，对课外阅读并不重视，甚至放弃了。这种状况，可称之为“半截子”的阅读教学。

---

① 参考2013年5月8日《中国教育报》的报道《以海量阅读超越一本教科书》，以及《阅读深处，必有重逢》（《基础教育课程》2015年第8期）等文。

课标提出“语文课程是一门学习语言文字运用的综合性、实践性课程”，“应着重培养学生的语文实践能力，而培养这种能力的主要途径也应是语文实践”。这里所说“综合性”“实践性”和“语文实践”，并不限于课内教学（前面说过精读课与略读课的功能区分，也包含有重视语文实践意思），也包括课外阅读。

以课标精神理解阅读教学，应当有新的思路，那就是：让语文教学贴近学生的生活实际，让课堂阅读教学往课外阅读伸展，让课堂内外的阅读教学相互交叉、渗透和整合，联成一体。课标在“课程设计思路”一节专门说到语文学习的“资源和实践机会无处不在，无时不有。因而，应该让学生多读多写，日积月累，在大量的语文实践中体会、把握运用语文的规律”。这里所说的“大量”，主要就是课外阅读，而不是现在常见的反复做题，也不限于课堂教学。

要唤起学生学习语文的兴趣，在阅读上就要给他们一些自由选择的空间，好的办法是把课内的阅读教学与课外阅读结合起来，让学生自己找书来读，这就能培养起阅读的爱好。现在是网络时代，学生大量接触网络，当然也是一种阅读，但容易浮光掠影，思维碎片化、浅化，所以提倡多读书，还要加上“读整本的书”，这还可以磨磨性子，养成好的习惯与学风。

为了落实课外阅读的要求，课标对九年的课外阅读量专门做了规定：背诵优秀诗文240篇（段），课外阅读总量应在400万字以上。背诵的优秀诗文以古代的为主。240篇（段）不算多，九年平均每学期也就十多篇（段）。400万字阅读量也不算多，一本《安徒生童话》就10多万字，一本《红岩》就40多万字。课标是在充分调查研究的基础上提出这样一个阅读量的，这是一个基本的阅读量，只能在这个基础上增加，不应当减少。像韩兴娥老师实施的“海量阅读”，每个学段的阅读量就大大超出课标的建议量，因为学生有兴趣，未见得就增加了负担。

课外阅读要给学生自主选择，但不是放任自流，必须有所指导。这就需要有相应的教学计划，根据各个学段的教学目标，安排适当的课外阅读，注意循序渐进，逐级增加阅读量与阅读难度，体现教学的梯度。

当然，课外阅读很难像课堂教学那样有非常明确的要求，但又必须有一个大致的要求，总之，要不断激发学生阅读的积极性，把读书习惯作为很基本的素养来培育。课标对不同学段的课外阅读是有具体指导意见的，这里择其要点，分开来学习领会一下。

第一学段，小学低年段，课标要求“阅读浅近的童话、寓言、故事”，“诵读儿歌、儿童诗和浅近的古诗”。这不只是课堂教学的要求，也是课外阅读的指导性建议。教师可以结合课内的学习，并参照教材的内容，安排学生在课外多读一些童话、寓言、故事等。不要把课外阅读当作家庭作业来布置，那样负担就重了，但可以给家长一些建议，提供大致适合低年段学生心理特点及认知水平的书目范围，提倡亲子阅读。

现在有些学校和家长一味搞“提前量”,在小学低年段甚至学前班就要孩子们“读经”,是不合适的。在需要童话、寓言的阶段,还是要多读童话、寓言、故事,不能拔苗助长。低年级的学生多读童话、寓言、故事等想象性的作品,有助于形象思维的发展。在学生喜欢“做梦”的时候,就应该为他们提供这样的机会和条件,允许学生“做梦”。如果在适合“做梦”的年龄没有去做,甚至被剥夺了“做梦”的权利,就违背了孩子的天性。

到第二学段,小学三四年级,课标开始重视叙事性作品的阅读。根据这个学段学生的阅读心理特点,学生喜欢具有生动形象、故事性较强的作品。因此,叙事性的作品应该成为这个学段课外阅读的主要部分。还要看到,课标对这一学段开始要求“初步学会默读,做到不出声,不指读。学习略读,粗知文章大意”。这一要求对课外阅读也是适当的。此外,课标要求阅读中积累优美词语、精彩句段,以及在课外阅读和生活中获得语言材料。这也是读书习惯的培养,把课内外打通。课标又提出“养成读书看报的习惯,收藏图书资料,乐于与同学交流”。这就把阅读习惯的养成当作一个目标了。当前不少孩子玩网络游戏成瘾,并不利于身心健康,应当把他们往读书方面引导。这一学段课外阅读总量不少于40 万字。

第三学段,小学五六年级,要求更高了,提到“扩展阅读面”,课外阅读总量不少于 100 万字。对阅读的水平提升也提出具体的要求:阅读叙事性作品,了解事件梗概,能简单描述自己印象最深的场景、人物、细节;阅读诗歌,大体把握诗意,想象诗歌描述的情境,体会作品的情感;阅读说明性文章,能抓住要点;诵读优秀诗文,注意通过诗文的语调、韵律、节奏等体味作品的内容和情感。这些既是课堂阅读教学的要求,也是课外阅读的引导性意见。

六、容许学生读“闲书”,尊重他们的“语文生活”

所谓“闲书”,是和考试好像关系不大的书,也是学生按照自己兴趣选择的课外书。有些老师和家长总是担心妨碍考试,可能会限制读“闲书”。其实,我们每个人都有过读“闲书”的经历,那是自由阅读的享受,也是最有阅读兴趣的时候。为了应对中考和高考,有些制约也难免。但限制过甚,不让读“闲书”,也就等于取消了学生阅读的个人空间,扼杀了读书的兴致。读“闲书”也是一种阅读,可以引发阅读兴趣,扩大阅读面,提高阅读能力,更重要的,这是学生的“语文生活”的重要部分。如果老师对学生的“语文生活”有所了解,能借此与学生对话,那么语文阅读教学便可能别开生面,并可以事半功倍,大大延伸出去。

事实上,凡是课外阅读量大、知识面广,读过很多“闲书”的学生,思想一般比较活跃,整体素质也高,往往也能在考试中名列前茅;而那些只熟习教材和教辅,课外阅读“闲书”少,没有阅读习惯的学生,即使考试成绩不错,视野都比较窄,思路也不太开展,往往是高分低能。[1] 所以，在应试教育还不可能完全取消的情况下，最好还是要兼顾一些，让学生适当保留一点自由阅读的空间，使他们的爱好与潜力能在相对宽松的个性化阅读中发展。阅读面宽了，思维开阔了，素养高了，反过来也是有利于考试拿到好成绩的。

有一种普遍的现象，就是老师、家长推荐给学生的书，学生往往不喜欢读。而学生圈子里互相推荐介绍的书，他们读起来津津有味。对此也不必大惊小怪。我们当老师的也可以读一读学生中流行的读物，多少知道孩子们喜欢哪些书，他们为什么不喜欢读推荐的经典，而偏偏喜欢这样一些“闲书”。

读书其实是个人化的事情，不同的年龄段、不同的性情，甚至男生和女生，各自的读书兴趣可能都会有所不同。比如男孩的空间感一般比女孩强，可能更喜欢探险、破案、推理的书；女孩一般比较喜欢故事性强、情感优美的读物。老师和学生应当了解不同年龄段的孩子们喜欢读些什么，他们正在彼此交换阅读些什么，不应当很简单地推荐和布置学生去读经典作品，更不能简单地制止孩子们读那些他们喜欢的“闲书”。当然，我们应当主动提倡并引导学生去读经典。但要想到，“闲书”读得多了，对阅读能力肯定也有很大帮助，他们读书的习惯养成了，阅读和欣赏水平也会提高。

也有些老师会问，学生不喜欢读经典，怎么办？经典和青少年是会有些隔膜的，他们不一定喜欢。甚至可以说，学生不喜欢经典，是天然的。只能慢慢引导，不能强制。要用孩子们能够接受的方式去引导他们接近经典。其实孩子们的成长过程中，不同年龄段会有不同的兴趣，他们也会自我调整，自我塑造。我们老师的责任就是引导，而不是强制。

要尊重学生的“语文生活”。我这里特别提出“语文生活”这个概念，希望能拓展眼界。现在小学生中高年级开始，就逐渐形成了他们的语文“圈子”与表达形式，包括他们的课外“闲书”的阅读交流、上网、写博客、QQ 聊天，等等，其实这些都是他们语文能力成长的重要方面，又关系到语文兴趣的培养和阅读习惯的形成。我们也许不能完全进入学生的语文生活，但应当给予尊重和必要的关照，尽可能在语文课和学生的“语文生活”之间疏通一条通道，那肯定会加倍引发学生学习语文的兴趣，培养起读书的习惯。应当看到现在的应试教育是扼杀兴趣的，学生除了课本和教辅，再没有兴趣读书。这是可悲的。我们这次讲课说的是培养读书兴趣，怎么培养？办法之一就是多少进入学生的“语文生活”。阅读教学，甚至整个语文教学，都要高度注意培养学生广泛的阅读兴趣，扩大阅读面，增加阅读量，提高阅读品位。

为什么老师进入不了孩子们的“语文生活”，不知道学生的阅读兴趣呢？这跟老师不读或者很少读儿童作品有关。老师要读书，包括读儿童的书，才能和学生一起讨论，有共

---

① 2009 年我在北京大学本科一年级新生中做过一次调查，证实了这个结论。参见《温儒敏论语文教育二集》，北京：北京大学出版社，2012 年，第 29 页。

同的话题,也才有可能更好地引导学生读书。

七、读书状况要纳入评价

“读书为要”,提倡多读书,不能停留于一般提倡,光有阅读量的要求也不行,还要有相应的评价。课标中提出的阅读教学评价的建议,不只是课堂教学的,也适合课外阅读。如“应加强形成性评价,注意收集、积累能够反映学生语文学习发展的资料,可采用成长记录袋等各种方式,记录学生的成长过程。对学生语文学习的日常表现,应以表扬、鼓励等积极的评价为主,采用激励性的评语,从正面加以引导”。这里所说“学生语文学习的日常表现”,就包括课外阅读。课标还特别提到“要关注其阅读兴趣与价值取向、阅读方法与习惯,也要关注其阅读面和阅读量,以及选择阅读材料的能力”。这几点,涉及课外阅读的几个基本方面,是教学中应当关注,同时也可以再细化为阅读评价的几个维度。那么,到底应当如何来落实这些评价?课标建议“应根据课程标准各学段的要求,通过小组和班级交流、学习成果展示等活动,考察其阅读量、阅读面以及阅读的兴趣和习惯”①。这只是一般的建议,具体到教学中,还需根据各自情况,制定更具体可行的办法。

课标就在教学评价上提出这样一种思路:语文教学的效果好不好,不只是看课内或考试,很大程度上要看课外,看是否培养了阅读的兴趣与习惯。如认可这一思路,各个学校都就可以根据各自情况,在教学评价上设计一些具体的可操作的细则。值得注意的是,现今有些地区中考或者高考,也越来越重视考查学生的阅读面与知识面,有些题出得较活,光是读教材教辅,是难以完成的。这对课外阅读教学的推动就会起到积极的作用。

高考命题这几年有很大变化,这会波及中考命题,最后必然也会影响到一线的语文教学。有几个变化是有利于鼓励多读书,特别是读课外书的。比如高考命题所依赖的材料范围已经大大拓展。除了文学,还有哲学、历史、科技、社会、经济、时政等。如果考生平时读书少,知识面窄,是很难考到好的成绩的。另外,是更加注重逻辑思辨能力的考查。比如去年全国卷的阅读题,就采用了“非连续文本”,给一组材料,观点并不连贯,甚至彼此相左,让考生去辨识、归纳和发挥。这有点类似于考公务员的“申论”,看重的是思辨能力。如果读书少,缺乏逻辑思维训练,缺少理性分析能力,也就很难应对这种命题的变化。第三,是有意识考查读书的情况,包括课外阅读、经典阅读、阅读面与阅读品位。高考命题在改革,这将辐射到教学,语文教学如果原地踏步,不重视读书,显然就赶不上趟了。

当然,语文教学要抓住培养读书兴趣这个“牛鼻子”,真正实现“读书为要”,还得有条件,那就是——语文教师要以身作则。

---

① 本段引文引自《义务教育语文课程标准(2011年版)》,北京:北京师范大学出版社,2012年,第26—29页。

很多老师也读书,但读的主要是与职业需要相关的实用的书,可称之为“职业性阅读”。明后天要上课了,今天赶紧找有关材料来读。或者要评职称了,立竿见影读一些“救急”的书。此外,就很少自由地读书、个性化地读书了。很多老师一年到头除了读几本备课用的书,其他很少读,顶多读一些畅销杂志,大部分时间都是网上的“碎片化阅读”。这怎能提高教学水平?又如何能面对“吕叔湘之问”?语文老师自己先要养成读书的良性生活方式,成为“读书种子”。这样,你的学生自然也会喜欢读书。

让学生多读“闲书”*

让学生读“闲书”，以此促进阅读兴趣，形成读书习惯，将大为获益。

这里说的“闲书”，就是课外书，是学生按照兴趣选择的书，可能既包括一般认为的名著经典，也包括某些流行读物，范围是很广的。为什么要特别提出让学生读“闲书”？因为很多老师、家长认为课外读物太滥太复杂，怕学生去接触，也怕耽误了学习，他们是不赞成学生自己去选择读物，也不主张学生读“闲书”的。很多老师、家长画地为牢，只容许学生读他们指定的书，甚至只让读面向考试的书。这些老师、家长的心情可以理解，应试教育的大环境中，很难“独善其身”，但这种不让读“闲书”的做法不对，可能会适得其反。不让读“闲书”，读书成了非常功利的行为，老是围绕考试需要读那点课文，顶多还有一些教辅，限制那么死，怎么可能有阅读兴趣，怎么可能拓展阅读面，又怎么可能提高语文素养？即使对考试而言，这也是下策。所以，我虽然未能参加这次“阅读论坛”，也还是专门写这篇短文，说说读“闲书”的问题。

其实义务教育语文课程标准有明确的要求，就是让学生读书有选择，有自由度，扩大阅读空间。对于语文教学来说，阅读量非常重要，有一定的阅读量，才有语感，有阅读能力，语文素养也才能提高。光靠做题是不行的，“题海战术”只会败坏学生学习的胃口，让他们失去对语文的兴趣。光

---

* 本文系笔者向商务印书馆2014年主办的阅读论坛提交的论文。

是让学生在指定范围内阅读,也是不好的,那样就限制了学生自主选择阅读,也会挫伤读书的兴味。

其实,读“闲书”也是一种阅读,是自主选择的阅读,是目的性不那么强的阅读,甚至是漫不经心的带有娱乐消费性质的阅读。一拿起书就想着考试,就有很实际的目标,就有很明确的教化意义,那多累人呀!我们当老师当家长的要设身处地替孩子们想想。如果换个思路,放手让学生去读“闲书”,那就等于把孩子送到浩瀚的书海之中,让他们自由穿梭“历险”,这是引发阅读兴趣的最好办法。书海中当然五光十色,甚至泥沙俱下,孩子们刚进入,适当给予一些指引是必要的。这指引主要是导向阅读名著和经典,导向那些健康的有文化意义的书,导向适合孩子们不同年龄段读的书。但这“导向”不是死板限定,更不是强加禁止接触某些“坏书”。堵塞不如疏导,你越是禁止,还可能越是引起好奇心,孩子们越是偷偷找来读。你引导读健康的有内涵的书,孩子们慢慢提升了阅读口味和分析能力,就逐渐学会远离那些低劣的书了。所以让孩子们读“闲书”,完全可以放手,加上适当的指导。

读“闲书”是一种普遍现象,其实很多学生早就在读,什么《哈利波特》《盗墓日记》,甚至是鬼怪、惊悚小说,都可能早就在津津有味地读。只要不是“偏食”,读一读也不要大惊小怪,也可以引发阅读兴趣,扩大阅读面,提高阅读能力。与其禁止阅读,还不如让孩子们读,然后加以引导。这就有一个要求,老师和家长也要适当关注这些“闲书”,多少也要读一点,你才能就这些“闲书”和孩子们对话,也才谈得上引导。

老师和家长应当放长远一点来看问题,看到学生有课外阅读需求是非常值得珍惜的,不要因为考试而扼杀这种兴趣。老师和家长对学生的课外阅读应当有所关心和给予一定的指导,但没有必要过多地干涉。学生有他们的“语文生活”,有他们的语文“圈子”与表达形式,包括他们的课外“闲书”的阅读交流、上网、写博客、QQ 聊天,等等,其实这些都是他们语文能力成长的重要方面,又关系到语文兴趣的培养和阅读习惯的形成。我们也许不能完全进入学生的“语文生活”,但应当给予尊重和必要的关照,尽可能在语文课和学生的“语文生活”之间疏通一条通道,那肯定会加倍引发学生学习语文的兴趣,培养起读书的习惯。应当看到现在的应试教育是扼杀兴趣的,学生除了课本和教辅,再没有兴趣读书。这是可悲的。语文课改一定要高度重视激发学生的阅读兴趣,关注读“闲书”,重视并能多少进入学生的“语文生活”。阅读教学,甚至整个语文教学,都要高度注意培养学生广泛的阅读兴趣,扩大阅读面,增加阅读量,提高阅读品位。

让学生读“闲书”,以此促进学生阅读兴趣,形成读书习惯,将是大为获益的。我曾经在北大本科一年级新生中做过一次调查,发现两点:第一,凡是喜欢语文,形成了阅读习惯的,都是课外阅读量大、知识面广,读过很多“闲书”的,这一部分学生思想一般比较活跃,整体素质也高;第二,只熟习教材和教辅,课外阅读“闲书”少,没有阅读习惯,即使考试成绩不错,转入大学的学习方式也都比较难,视野窄,思路不太开展。第二类学生占有相当比例,往往是高分低能。在应试教育还不可能完全取消的情况下,最好还是要兼顾一下,除了“为高考而读书”,适当保留一点自由阅读的空间,让学生的爱好与潜力在相对宽松的个性化阅读中发展。反过来,人文素质高了,也是有利于考试拿到好成绩的。

现在的语文课不太受学生欢迎,讲得太琐碎、太教化,一切面向考试,让人透不过气来。有一个普遍的误区,就是混淆了精读课与略读课的功能,全都讲成了精读,很琐碎的精读。本来,精读和略读是两类功能不同的课型,精读就是教读,是示例阅读方法;略读是自读,老师指点一二即可,让学生自己读,用精读所学的方法去实践,举一反三。如今多数语文老师都把语文课全都讲成精读了,都是老师那一套,学生的自主阅读空间也给压缩了。加上又不让读“闲书”,那这样的语文课多“闷”呀,学生怎么会喜欢?

所以语文课也要考虑一下读“闲书”的问题。语文教学应当研究如何沟通课内课外的阅读。把精读和略读区分,再往课外阅读包括读“闲书”延伸,我看是个好办法。现在有些语文教材设计有阅读的“链接”,给学生提供课外阅读书目,可是很多老师不重视,这有点可惜。应当好好利用这种“链接”资源,鼓励课外阅读,鼓励读“闲书”。

应建立这样一种观念:语文教学的效果好不好,不只是看课内或考试,很大程度上要看课外,看是否培养了阅读的兴趣与习惯。这次课标修订也强化了对于课外阅读的指导,强调在阅读问题上“尊重天性,培养兴趣,提高能力”。这三句话很值得琢磨。在课内要注意引起阅读的兴味,学生课外就会主动找书来看,慢慢形成习惯。

现在语文教学几乎完全指向高考,这是很枯燥、很累人的,很多学生中学毕业了,却没有形成阅读的爱好与习惯,除了课本与教辅,没有读过几本书,阅读对他们来说不是一件优雅有趣的事情。这样的语文课是失败的。

语文教学除了学习知识,提高能力,还有更重要的,是培养高尚的读书习惯,把阅读作为一种基本的生活方式来培育。一个人成年后不管从事什么工作,无论贫穷富贵,如果没有读书的习惯,甚至基本上不怎么读书,就很难实现终身教育,也很难提升素养。

培养阅读习惯是为学生的一生打底子。让孩子们读“闲书”,也应提到培养良性生活方式的层次来看。

读书是要养成良性的生活方式*

什么都靠“百度”，得了“百度依赖症”，就更是不读书了，这会导致思维能力浅层化与碎片化。

在互联网和“快餐文化”流行时代，为什么特别要强调读书？中小学语文在读书方面能承担怎样的功能？面对中考和高考的现实，如何让孩子们既考得好，又不至于失去阅读的兴趣？高考作文是否真的无从准备？日前著名学者、北大语文教育研究所所长温儒敏到苏州讲学，本报特地就这些问题对他做了访谈。

读写能力培养是思维训练

晚报：温先生好！听了你的讲座，获得很多启发，一些似是而非的问题一下子明朗了。从听众的反应看，大家对你提倡的让学生多读书，包括读课外“闲书”的观点，是比较关注的。

温儒敏：语文学习重要的是提高阅读写作能力。而读写能力的培养是一种思维训练，也是习惯、品位与优雅的言行方式的学习。培养读写习惯是为一生打底子，要让孩子们从小就多读书、好读书、读好书、读整本的书，同时多思考、勤动笔，把阅读和写作紧密结合起来，从根本上提升语文素养。

语文学习不能满足于教学生掌握多少知识，做多少题，

* 本文系报纸访谈，发表于2013年4月28日苏州《姑苏晚报》，有删节。

考多高的分,一定要注意培养读书的兴趣与习惯,要从这样的高度来认识:这是在养成一种良性的生活方式。听说读写,“读”最重要,要让学生有兴趣去尽量多读,阅读量的大小在相当程度上决定了语文素养的高低。光靠做题是不可能提升语文素养的,“题海战术”只会让学生对语文学习失去兴趣,甚至讨厌语文,不喜欢阅读。在中国,受中考与高考制度的制约,许多家长和老师都不太愿意学生多读课外书,常常把课外阅读看作是可有可无的读“闲书”。这显然是偏见。读“闲书”也是一种重要的阅读方式,可以引发阅读兴趣,扩大阅读面,提高阅读能力。而且这也是学生“语文生活”的重要部分。要对学生的课外阅读适当关心并给予一定的指导,但没有必要过多干涉。学生有他们自己的“语文生活”,有他们自己的语文“圈子”与表达形式,包括课外“闲书”的阅读与交流、上网、写博客、QQ聊天,等等,其实这些都是提升语文能力的重要方面。如果老师或家长对学生的“语文生活”有所了解,能借此与学生展开对话,那么语文阅读教学便能够别开生面、事半功倍。从中考或者高考的情况来看,凡是有良好阅读习惯的学生,课外阅读量大、知识面广、读过很多“闲书”的学生,他们的思想一般比较活跃,整体素质也较高,往往能在考试中名列前茅;而那些只熟悉教材和教辅,读“闲书”较少,没有良好阅读习惯的学生,即使考试成绩不错,视野也会比较窄,思路放不开,往往是高分低能。所以,在应试教育不可能完全取消的情况下,最好还是要把眼界放宽一些,让学生们适当保留一点自由阅读的空间,使他们的爱好与潜力能在相对宽松的个性化阅读中得到发展。

警惕“百度依赖症”导致思维碎片化

晚报:你在讲座中讲到,一个考研成绩拿到第一名的学生,因为面试时发现她《红楼梦》都没有读过,北大就没有录取她,而让她去了另外一所大学?

温儒敏:这是一个比较极端的个案。考文学的研究生嘛,连《红楼梦》都没有读过,只看过电影或者听过百家讲坛之类,是说不过去的。现在大学中文系的课程设置也有问题,概论呀文学史呀一类课程多,能提供一些知识线索,但未能要求学生去读原著,要读也只是些选文摘要作品选之类,一些基本的名著都没有通读过。其实现在中小学也是这样,大都只是为了中考高考而读书,就读一些教材教辅,阅读面是非常窄的,根本没有养成阅读的兴趣与习惯。所以到了大学还是应试式读书,在文学史课上知道《红楼梦》,或者百家讲坛听说过此书,却始终未能沉下心来读。读书是心灵的漫游,过程很美丽,不能太多功利的要求,光看文学史教科书或者其他快餐的读物,终究会“只有知识,没有感觉”。而什么都靠“百度”,得了“百度依赖症”,就更是不读书了,这会导致思维能力浅层化与碎片化。在这个“快餐文化”的时代,互联网时代,如何让青少年有耐心读书,是个很大的问题。首先是要有兴趣,前面说的鼓励课外阅读,就是引起兴趣的途径之一。

晚报:你在演讲中说,翻开一本书看目录就大概知道,凡是追求"体系",很"整齐漂亮"头头是道的,可能不是什么好书;而一些中规中矩,符合"标准"的考卷,也许就出自思路比较死板的学生。为什么?

温儒敏:这也就是一种感觉吧。写一本书总要有些问题意识,能在某些方面有一点突破或发现,就很不错了。什么都要结构自己的"体系",要"完整通达",反而可能淹没了独特的东西。现在我们的中小学教育基本上就是应试教育,要用所谓标准答案来约束学生,不让有独立思考,想象力和创新能力就受到抑制。这样出来的学生考上大学,很可能对学习还是没有兴趣,或者还是"考试式思维",他们的发展潜力也就被扼杀了。在中小学当然要给学生传授知识,面对考试也是现实的需要,但能不能同时"网开一面",让学生更多一些自由的思想与发挥?这就是课程改革要解决的问题,也是长远目标。我说过,让学生考得好,又不把他们的脑子搞死,这才是本事。在应试教育大的环境中,老师、家长和学生不是无可奈何无所作为的,考试和素质教育也可以取得适当平衡。

读书养性　写作练脑*

建议中学生适当地读鲁迅，鲁迅的作品是带着生命的体验来写的，他会燃烧你，感动你。

今天的话题集中在两方面，一是阅读与写作，二是中学生应如何阅读鲁迅的作品。欢迎大家提问题，我尽量回答，一起讨论。

写作是锻炼大脑最好的方法

学生：读书写作是为什么？我想主要是为了中考、高考，也是为了将来的工作需要，对吗？

温儒敏：不管是中考还是高考，语文考试阅读和作文部分所占分值很大，所以将考试作为阅读与写作的动力无可非议。这应该是中学生阅读与写作的第一重驱动力和原因。基本的沟通能力是将来的工作中必备的基本能力，这是第二重原因。

我认为阅读和写作还有第三个作用，即训练思维。人的整体能力中最重要的能力是思维能力。思维能力也与知识结构、阅读有相当大关系，写作就是思维训练的过程，使大脑更清晰，更有深度，更有创意。写作是锻炼大脑最好的方法。

其实，保持对阅读和写作持久的热爱还可以培养我们

---

* 本文系笔者在北大首届“文学特长生阅读与写作夏令营”的讲课整理稿，发表于2012年9月14日《北京青年报》，收进本书时有改动。

的一种生活方式。阅读与写作可以提高素养,使人得到充实、宁静。据统计,国人在闲暇时一般以打电话、玩游戏、看电视来打发时间,很少有人读书,一年下来完整地看完一本书的人少之又少,而日本人则爱看杂志的居多,西方人爱看书的居多。

学会完整地阅读一本书

学生:语文中的听、说、读、写,哪一项是最重要的?写作与阅读怎样有机结合起来?

温儒敏:我认为阅读是最重要的,大家在听、说上的差异都不大。一个人基本阅读能力都没有是最糟糕的,阅读是写作的前提。

我们应该着重培养阅读性情。初中二年级应该是阅读的高峰期,初二至高三开始走下坡路,这期间真正完整读过一本书的学生所占比重极低,老师、家长也不要求学生有更多的课外阅读。曾几何时,书店里放在显眼位置的名著,现在几乎都换上了琳琅满目的教辅用书。我认为,提高国民素质的重要方式还是要提倡阅读,因为阅读能养性。现代人更喜欢电脑阅读,这与正常有计划的纸面阅读不同,因为电脑阅读是碎片化思维,而纸面阅读能让你放慢生活脚步,停止忙乱。

现在的中小学语文教学注重阅读,但效果不好,语文课过于程序化,做习题多,老师讲得多,讨论多,但读得少,分析得太琐碎、太技术化、太过精细。在这一点上,语文课本不能培养学生的阅读性情,没有起到应有的作用,甚至破坏了阅读性情。

我建议中小学生阅读时不要太功利化,以培养、提升性情为前提,保留自己的空间,扩大阅读面,学会完整地读完一本书。另外,要将阅读与写作结合起来。具体来讲,就是阅读中要多停下来思索,跳出课堂,跳出阅读,停下来思考,用自己的语言,每天用3—5句话、200—300个字记录下自己发现的问题、想不通的问题、感兴趣的问题,不要在乎写得像不像文章,只要是自己的观点、想法就行。这样,阅读与写作才能有机结合起来,把厚书读成薄书,找到分析问题的视角。这对日后的中考、高考作文一定会起到很大的作用。

文采好不等于文章好

学生:多读好还是多写好?

温儒敏:多读比多写更能有效地提高写作能力。写作本身不增加信息量,写作是信息输出的行为,写作过程中剪裁、筛选、组合的技巧和熟练程度,对整体思维能力没有太大提升。但多读会比多写更有效地提高写作能力,多读能有效增加信息量、词汇量,拓宽知识面,增加语感,活跃思维。所以说,大量阅读、适当写作是可取的,这里的适当写作指一周一次作文课就可以了。现在绝大部分的中学写作课讲应试技巧,搞套式作文,中学生可以参加学习,但主要精力还是应放在自己的读、写上面。

另外,对现在中学生作文的文艺腔,我还要说几句。今年北京高考作文,八九万考生中无一满分作文,大部分是“套式作文”“馅饼作文”,文艺腔成风。究其原因,我认为,语文课注重文学性,注重修辞、文采,易给中学生留下印象:文采好即等于文章好。语文包括文采,但语文不单单是文采。如今语文教学偏重文笔,认为文字写得漂亮些,格言警句引用得多一些,开头结尾新颖一些,得分就能高了。这样的作文其实缺乏思想内涵和理性分析。我建议在座的中学生远离此类文章,而是尽量往理性思维方面靠拢。中小学生学习文学的目的是为了审美教育、情感教育,是为了语言表达,绝对不是为了学习创作,更不是为了培养文人。

怎样阅读鲁迅

学生:我们为什么要读鲁迅?

温儒敏:近百年来的知识分子,对中国文化理解最深的,鲁迅堪称第一人。他以独特的眼光看中国文化,中国文化中有大量的优秀元素,但同样有大量糟粕,鲁迅最了解中国人的国民性。我建议中学生适当地读鲁迅,鲁迅的作品不是简单地叙述,他是带着生命的体验来写的,他会燃烧你,调动你,感动你。你从中也会发挥想象力来理解中国文化,了解中国人。有一种说法,鲁迅的文章只适合中年人读,但我认为,年龄不同,心得不同。

鲁迅是一位战士,他的作品批判性很强。中学生读他的作品,除了学知识,更要学会如何观察、了解这个社会,最重要的是学习鲁迅的“知人论世”。现在网上文章的思维往往很偏激,甚至互相掐架,其实是缺乏知人论世这一点,对事物的了解不是这边就是那边,观点绝对化。这个世界很复杂,我们要学会更全面地来看这个世界。

第二是要学会独立思考。鲁迅从来不盲从,不凑热闹,也从不相信现成的结论,大家都这样认为的时候,鲁迅会冷却下来,跳出来问“为什么”。我们也要学会对事物多问几个为什么,用自己的语言写下自己发现的问题、自己的困惑、自己的理解和感受。学习鲁迅不是要变成鲁迅那么犀利、尖刻,而是要学到他的那种独立思考、批判精神和不随波逐流。

读鲁迅的作品会觉得很闷,沉重、悲哀的情绪缠绕着你,这说明你已经读进去了,理解了。

学生:我们应该读鲁迅的什么作品呢?

温儒敏:建议小学生读一读《朝花夕拾》,文中充满了抒情和幽默,其中《从百草园到三味书屋》一文是作者回忆童年的文章,语言清新,充满了温暖,是鲁迅最柔软的部分。

初中生可以读鲁迅的小说。《孔乙己》是鲁迅比较喜欢的三篇小说之一,结构清晰,文笔干练,没有故事,没有传奇,看似平淡,但人物刻画入木三分,将事不关己高高挂起、人情冷漠的社会刻画得淋漓尽致。

高中阶段适当读鲁迅杂文。杂文是鲁迅最独特的文体,比小说影响更大。有人认为,杂文浪费了鲁迅的创作生命,他如果多写小说,最好写一些长篇小说就更伟大了。但我认为这并不可惜。杂文在鲁迅所有创作中比重最大,共650多篇,135万字,其中涉及的古今中外人物4500多个,文献书籍5000多种,历史事件450多个,中外历史、宗教、哲学、文物,甚至还有校勘、翻译、出版、心理学、教育学和地质学等各个领域,可以说是包罗万象。

同时鲁迅的杂文又是对现实发言的"文化批评""文明批评"。杂文不是议论文,也与小说、散文不一样,有点四不像,是有感而发的个性化文体。鲁迅是带着自己的血肉去看人生,看中国,没有一篇是空论,他的杂文是我们了解中国历史、中国人心史的鲜活的、有血有肉的"百科全书"。百年来,中国国情和精神文化现象都可以在鲁迅杂文中找到答案。所以,高中阶段看鲁迅杂文,既能提高写作水平,也能学习到很多知识。

学生:鲁迅的文章很犀利,也很尖刻,我们怎样学习鲁迅写文章?

温儒敏:鲁迅的语言是书面语,有点文白夹杂,甚至有点"硌"。中学生不能光读很水的流行读物,很流畅的东西往往缺乏"阅读摩擦力",其实在阅读中需要停下来"思想爬坡"。鲁迅的文章幽默、讽刺,有大尺度的喜剧美感,他的语言的张力、精练的技巧都可以学习。中学生写文章时不要生怕别人看不懂,不要老重复,特别是议论文,不是简单用形容词就能吸引眼球的,要用自己的语言、干净利索的表达方式,更会引起老师的注意。

语文课要“消肿”“减肥”*

要上干净洗练的语文课，着眼语文，着力语文，直奔语文教学的核心。

我和梁增红老师未曾谋面，他寄来书稿，邀我作序，一时未敢承命。但看到《简洁语文教学的守望与探索》这个书名，阅读兴趣就来了。细加拜读，激发许多思绪。

该书开宗明义指出，现在有些语文课“迷失了方向”。他批评说，有些老师“把注意力放在了语文课以外的各种活动上，语文课逐渐式微，买椟还珠，语文课堂教学是伴娘拐着新郎跑。繁花似锦的形式如雨后春笋，什么课前三分钟演讲，什么拓展延伸，什么课本剧表演，什么语文综合活动，吹拉弹唱进课堂，声光电齐上武装到牙齿，一时满目生机盎然，一派欣欣向荣。可是，妖艳无比的打扮，却没有改变语文教学令人尴尬的处境”。梁老师把这些现象归纳为“外延无限延伸，内涵不断虚脱”。批评很尖锐，但恐怕不无现实所指。不久前，我在河南、山东和北京先后听了几堂课，包括有些“公开课”，程度不同存在梁老师批评的这些“烦琐病”。所以梁老师主张要回到语文本身，让语文课简洁，我很赞成。

其实，除了梁老师指出的这种“形式大于内容”的“烦琐”，还有另一种“烦琐”，大家也是见得多的，那就是：无论精读、略读，也不管文体、内容，全都有一套几乎固定的程式去套解，诸如背景介绍、字词解释、段落大意、中心思想、表

---

* 本文系笔者为梁增红《简洁语文教学的守望与探索》一书所写序言，发表于《基础教育课程》2015 年第 1 期。

现手法,等等,通常都是把课文"大卸八块",进行僵化的"满堂灌",然后就是"题海战术",反复操练,应对考试。这种陈陈相因、繁复琐碎的语文课实在是折磨人,把鲜活的语文弄得面目可憎,学生也就被败坏胃口,毫无兴趣。所以修订后的语文课程标准才提出要建设"开放而富有创新活力的"课程,强调"学生是学习的主体","鼓励自主阅读、自由表达,充分激发他们的问题意识和进取精神,关注个体差异和不同的学习需求,积极倡导自主、合作、探究的学习方式"。可是这种应试式的教学,在新课程实施之前很普遍,之后呢,也还是司空见惯。改革不容易呀。无论是由来已久的"程式僵化",还是近年来新出现的那种"内涵虚脱",共同的病症都是"烦琐"。梁老师提出的"简洁语文",对两种"烦琐"都有针砭意义。

不过,对现有的语文教学的"烦琐病",也还是要有"了解之同情"。其病因主要在社会,是伴随社会转型而来的激烈的竞争,特别是对优势教育资源几乎"惨烈"的争夺,造成普遍的焦虑与浮躁。语文教学上的那种应试式的烦琐,归根结底也是源于实用主义的"时代病"。当高考和中考的分数排名事实上仍然作为教学业绩硬指标的时候,"应试式的烦琐"就难于祛除。因此,"烦琐病"的存在不能全怪老师,现在社会上有太多对语文教学的抱怨,这并不公平。人人抱怨,又人人参与,能不焦虑烦琐?

当然,作为老师,我们又不妨换个角度来想想:如果应试教育大环境未能根本改变,难道就坐以待毙?就放任语文课被"烦琐病"所缠绕?我们还能做些什么?其实外界压力再大,总还有自己的空间,我们不指望能改"一丈",那就实实在在去改"一寸"好了。我曾主张课改和高考"相生相克",老师要懂得一些"平衡",努力做到既让学生考得好,又不把他们的脑子搞死,兴趣搞没。看来,对那种僵化而烦琐的应试式教学,是应当也能够做出一些改变的,关键是"有心",有责任感。

至于那种追求形式主义的"烦琐病",同样也是心态浮躁的表现:未能正确理解和运用新课程的要求,在显示课改,却走了歪路;或者因为环境所迫,比如受制于某些检查评比,要追求课改的气氛,却卷入了形式主义泥淖。梁老师书中对此多有批评。他尤其反感那种空洞的"大语文",认为"大语文"错就错在漫无边际,天马行空。有时我们出发得太远,而忘记了当初为什么出发,忘记了语文课的初衷。所以他提出语文课要"消肿""减肥""瘦身",要上干净洗练的语文课,着眼语文,着力语文,直奔语文教学的核心:少一些浪费时间的插科打诨,少一些非语文的左顾右盼,少一些无聊肤浅的机械重复,要努力做到教学目标明确,方法有效,形式活泼,学生参与度高,练习精致扎实。

我理解,一些专家和老师提倡"大语文",也是为了改变语文教学被应试教育捆绑而过于僵化的状况,希望语文课更贴近生活,更生动活泼,并能往课外延伸,激发阅读兴趣。"大语文"的初衷没有错,只是如果被形式主义牵引过了头,就会出现空洞化的问题。"大语文"如果空洞化了,当然要警惕,也应当批评,但不要全盘否定。把"大语文"的贴近生活、激发学生学习主动性,以及拓展阅读等合理的科学的因素保留吸收,又坚持语文课的简洁扎实,两相结合,岂不更好?我们总不能扬弃了“大语文”的“空”,绕个圈,又回到原先僵化狭窄的境地。

“简洁语文”并非新主张,但梁老师在当前提出,有特别的意义。梁老师是一线的语文老师,他用自己的实践去证明“简洁语文”的好处和魅力。这本书中除了问题的讨论,还有许多教学的案例分析,也都是值得参考的。

“简洁”是一种品格,也是一种艺术。语文课如何做到简洁?梁老师有他的坚持,书中也有多种方法的展示。我为他“点赞”。读梁老师的书我心有戚戚焉,不禁想起自己最近在一次评课时说过的两段话。这里引用一下,作为对梁老师“简洁语文”的支持,同时也向读者诸君求教,看如何让语文课变得“简洁”。

一段话是主张语文课要聚焦“语用”。

> “语用”就是语言文字运用,这是义务教育语文课程的基本目标。语文课的目标可以罗列很多,包括人文教育,传统文化熏陶,有利于学生整体素质的发展,等等,但核心是什么?基本目标是什么?就是语言文字运用。语文课,就是学习语言文字运用的课,同时把文化修养呀、精神熏陶呀,很自然地带进来。“语用”和其他几方面是自然融合的,不是一加一或一加几的关系。有些老师备课,要罗列哪些属于工具性,哪些属于人文性,割裂了,没有这个必要。

有“聚焦”,语文课才有主心骨,也才能克服焦虑和烦琐。第二段话,是建议语文课少用或者不用多媒体,其意图也在于驱除虚浮的形式主义。

> 现在的语文课不断穿插使用多媒体,虽然很直观,可是把课文讲解与阅读切割得零碎了。多媒体给学生提供了各种画面、音响与文字,目迷五色,课堂好像活跃了,可是学生的阅读被挤压了,文字的感受与想象被干扰了,语文课非常看重的语感也被放逐了。这样的多媒体对语文学习并没有好处。(以上两段话见温儒敏《语文课要聚焦“语用”》,发表于《语文教学通讯》2014 年第 4 期,收入本书。)

要让语文课“简洁”而且“高效”,老师们肯定还有很多办法,我贡献给大家这两个建议,不知是否管用?

处处扣着写作来阅读是很累的

“文艺腔”是现代中国语文教育的一大弊病，教师应当远离这个东西。

2010年江苏教育出版社策划“读写拓展教本”丛书，是课外读物，分学段编写，分为《童趣读写》（小学）、《情趣读写》（初中）和《理趣读写》（高中），已经出版并多次印刷，主要在江苏省内发行。这套书邀我担任主编，很惭愧挂名而已，我只出过一些主意，写过一二样章。不过近日翻出当时一封给编者的信，重读仍觉不无针对性，就发表于此，借此求教于方家。

寿桐、俊第：

日前定好要去南京，向诸位编者讨教的，不料当时身体不适，不能前行。真对不起。文稿我看了一部分，看得出大家还是费了不少心思，比起坊间某些同类书来，自然高出一筹。让学生多读，总是好的。

但也有一些不满意。可能不只是对书稿写法的不满意，也有对当前作文教学的担忧。谈点阅读印象和修改建议，不一定对，供你们参考吧。

阅读不一定指向写作，处处扣着写作来阅读是很累的。只要引起学生阅读的兴趣，读得多了，语感和思维能力都有所提升，语文综合素质上去了，写作能力自然也会提高。当然，这套书设计主要是指向写作的，那么建议多考虑一点如何保护阅读兴趣，起码不要破坏兴趣。

文笔不是作文教学的第一要义。基础教育和高中语文教育主要让学生学会清楚的表达,文从字顺。语文教学重视人文性,是人文教育,不是“文人教育”。思维训练比文笔训练更根本,更重要。现在作文教学很注重文笔,忽略思想,是不好的趋向。

应当多一些议论文的解读。现在抒情文、描写文占比重太多。特别是高中阶段,应以议论文为主。高考作文也在往这方面转。

点评不宜太感性,要突出要点,有“干货”,有一定的可操作性。不宜过多采用传统的感悟式印象式表述。要充分考虑学生的接受能力。自己都不清楚的,不可能让学生清楚。

点评不要追求“文艺腔”。“文艺腔”是现代中国语文教育的一大弊病,教师应当远离这个东西。

可以和高考作文挂一点勾,可以让学生模仿范文,但不要搞“宿构作文”。

作文很难教,作文书很难写。我把最近一次关于作文教学的讲话发给大家看看,不一定对,请大家讨论批评。

2010年8月29日

不要笼统讲继承传统文化[*]

传统文化中有相当一部分糟粕，只属于它过去那个时代，不可能转化，也不可能支持当代文化生活。

在语文教育中重视传统文化教育，这是题中应有之义，没有人反对，而且事实上，从小学到高中，语文课中传统文学与文化部分占很大比重。就课文而言，古诗词和文言文的课文大约占四分之一，甚至三分之一。为什么还要强调传统文化教育？我理解这是社会的需要，是一种思潮，转化为相关部门的一项想法与措施，要求在中小学强化传统文化的教育，而不只是语文课；甚至希望传统文化教育能系统化，变成专门一门课，类似于德育课，覆盖整个基础教育课程。最近教育部出台《完善中华优秀传统文化教育指导纲要》，要求在中小学德育、语文、历史、艺术、体育等课程标准修订中，增加中华优秀传统文化内容的比重，同时教材也要增加这方面的分量。

现今提出完善传统文化教育，是有现实意义的。

转型社会，各个利益主体诉求在分化、形成和凸显，我们的社会已经形成价值多元化，甚至碎片化。但是一个成熟的社会必须有社会成员之间的共识和合作，要有相对良性的社会心态和凝聚力。“十八大”提出培养自尊自信、理性和平、积极向上的社会心态。其针对的就是现在社会心态不够理性和平，不够积极向上，而且缺少自尊自信。这也就是大家平时所感受到的社会上充满某种戾气，很浮躁，人

---

* 本文系笔者2014年4月9日在淄博召开的中学语文研究会理事会上的发言。

人缺少安全感。在这种情况下,强调加强传统文化教育,是必要的,目标就是立人、立德,以构建良性的社会心态。这个基本道理,大家都是理解的,我想也是支持的。

但是如果到一线,如何实施还是有些问题。到底是否作为专门一门课,给一定的课时并列入考核?这门课与其他课包括语文课是什么关系?文件没有说清楚。我们也不必等待。中语会开会定这个主题,是很有眼光的。我们应当积极主动来探讨如何把优秀传统文化教育和语文课教学更好地结合。要和一线老师一起来讨论,到底语文课在完善优秀传统文化教育方面能做什么?我们应当有这份心,在教学实践中才能有所留意,有所引导。

但是,在强调重视传统文化的时候,我还是想多说说对传统文化的态度问题。面对传统文化,我们一定要有分析的批评的态度和眼光。

传统文化是一个很大和复杂的概念,并非只要是传统文化都是好的。传统文化中有相当一部分糟粕,只属于它过去那个时代,不可能转化,也不可能支持当代文化生活。毛泽东讲,从孔夫子到孙中山都要继承,但这应当是批判地继承。现在有一种复古思潮,以为中国传统文化光辉灿烂,可惜近代以来特别是五四以后到革命时代,把传统抛弃了,割裂了,中断了,所以才造成如今社会的混乱,道德的滑坡。他们希望重新接续传统,认为把传统那些东西重新拿来,就可以解决现实问题。这是很迂腐的。他们应当想一想,为什么中国到了晚清,一发不可收拾?李鸿章想改革,甚至慈禧太后也想改良,但终究不行,为什么?封建社会那一套,包括它的文化,已经不行了,不能适应近代社会变革大趋势。所以后来才有五四,才有革命,才有反传统。五四不矫枉过正是不行的,那也是历史的必然。我们不能当事后诸葛亮,把中断割裂传统的罪名随意给五四那一代先驱者。所以我们对传统文化,对历史,要有分析,不能笼而统之,做简单化的褒贬。总的来说,这一百多年中国在文化问题上,走了一个螺旋,先是激烈反传统,然后又回归传统,最近则呼唤比较清醒地传承传统,转化传统。

所以对传统文化,要有分析,然后才谈得上继承和发扬。传统文化有精华,亦有许多糟粕,我们需要的是精华。在对待传统文化的问题上,一定要坚持历史唯物主义和辩证唯物主义的立场、观点和方法,批判和抛弃那些落后腐朽的不适合现代社会发展的部分,挖掘和阐发优秀的部分,要处理好继承和创新的关系,重点做好创造性转化和创新性发展。

如传统文化中所提倡的仁爱共济、立己达人的社会关爱,正心笃志、崇德弘毅的人格修养,天下兴亡、匹夫有责的家国情怀,以及仁爱、民本、诚信、正义、大同等观念,都是优秀的精华的部分,而那些导向愚忠、愚孝、封闭、自私、奴性、麻木,等等,都是糟粕,应当批判抛弃。

现在社会上流行小学生读经,我看不足为训,不值得提倡。许多大学开设各种国学班,什么算命、卜卦、风水全都出来了,其实也都是沉渣泛起。鲁迅主张批判国民性,并没有过时。我的主要意思是,现在有虚无主义、相对主义,颠覆一切,同时也有复古主义、封建主义,这两个偏至都很常见,又都是不正确的、有害的。我们对传统要分析、批评和继承,在我们的教学中是不能忘记的。

五　辑

研修文化

关于语文教师职业发展规划的思考*

教师职业本来是理想性质的，对这个职业太实际，就是悖论，也是很多老师"职业性倦怠"的原因。

举办这次"语文教师职业发展规划高端论坛"，就是帮助学员强化职业生涯的规划意识，寻找各自适合的发展方向。我们利用假期这短短三四天时间，让每一位参与论坛的老师，都能停下忙碌的脚步，好好想想自己的职业生涯，想想今后三到五年自己在教学、研究等方面应当有哪些目标，能达到什么程度。这些问题我们平时也可能会想的，但不见得很明确，也不一定有规划。这次论坛希望能聚焦这个方面，给大家提供一个讨论的平台。

论坛三天半时间，安排三个板块。第一板块，是专家的六次讲座，大致有这样一些内容。一是必要的"务虚"，探讨职业发展规划的重要性，认识在当前浮泛的风气中，在大家普遍压力很大也很焦虑的状况下，如何尽量做到有好的心态，建构一个良性的职业发展路向。二是邀请北大名家讲课，这次请到北大中文系著名的语言学家蒋绍愚先生和著名的人文学者钱理群先生，一位讲文言文教学，另一位讲鲁迅作品的教学，他们是从专业的角度来谈教师的知识结构和职业素养，可以从他们的讲演中感受北大名家的风采。第三方面，请到来自广东的教研员冯善亮先生。他中师毕业，当过农村的小学和中学老师，靠自学和长期的实践中的

* 2013年8月15日，北京大学语文教育研究所和北京一智教育科技公司联合举办"语文教师职业发展规划高端论坛"，本文系笔者在该论坛所作主旨讲演。

研究,不断提升自己,最终成为特级教师、省教研员。他关于职业规划的现身说法,会给我们很多启示。还邀请到《中学语文教学》杂志的主编,来给大家讲教师如何进行课题研究。请到首都师大张彬福教授,讲语文高考和教学的问题。以上是讲座为主的板块,几方面内容的搭配满足不同需要,但最终都是指向教师职业规划。

第二板块,是"工作坊"。200多学员分成10个研修组,每组10—20人。这是"工作坊"讨论的组合,也是今后一年在"北大语文课程网"进行网上研修的组合,希望在此基础上形成相对稳定的"北大研修"团队,成为老师们的"取暖团"与精神家园,由此带动每位成员读书、研究,实施各自的职业发展规划。论坛致力于开掘每位成员的职业发展空间,提倡不抱怨,多建设,共同营造具有良好氛围的精神家园。

"工作坊"半天时间讨论,非常重要,是这次论坛的要点。大家在听专家讲座后,就要多想想三方面,为讨论和制定职业规划做些准备:一是反思自己的职业状况特别是教学实践,找出薄弱环节,提出最迫切需要解决的问题;二是根据自己所处的环境与实际条件,确定以哪个问题的研修来带动自己专业能力的提升,初步制定补课或研修的计划,包括系统读哪方面的书,如何平衡日常教学工作和自己业务水平的发展;三是想想在职业发展规划方面,最需要得到"北大研修"帮助的是什么。要求每位学员都能拟一份三年的职业发展规划,要充分考虑可行性,有时间表。

第三板块,是后续跟踪指导。也就是论坛结束后一年时间之内,北大语文所通过北大语文课程网,为每一位学员提供继续研修和实施规划的平台,语文所将尽可能指定专家和一线教学名师,为每一位学员的课题设定、研究进展提供具体指导。

我们希望培训的起点要高一些,不是一般的交流传授教学方法与经验,也不满足于观摩教学,而要探究语文教师专业发展的某些普遍性根本性问题,力求在目前的"国培"和其他各种培训之外,形成一种更加切实和有用的培训,甚至产生一些示范性的作用。

因为时间限制,我们这个论坛是高密度运作,也就不搞领导致辞之类。下面我来开讲,围绕教师职业规划的重要性,讲六点想法,也是给大家的建议:教师的"职业性倦怠",懂得必要的平衡,互联网时代的普遍焦虑,要有"自己的园地",把读书作为良性的生活方式,以及如何制定职业发展规划。

一、教师的"职业性倦怠"

这个问题很现实,司空见惯。大家在一线工作,很辛苦,很忙乱,很疲倦。看看你们每天的生活工作流程,一大早起来到晚上睡觉,有多少事情要一件件去做。环顾左右,人人皆忙,很少有人说自己闲的。一天忙到晚,一年忙到头,说得好听是工作繁重,其实谁知道是怎么回事?在忙碌的日子里如果能够稍微停下脚步,关上手机,一个人静下来细细思量,问问自己,到底都忙些什么?都收获了什么?所忙的都有价值吗?这样的生活充实吗?不见得都是满意的回答。

我们就像被抛到流水线上的物件,“忙”是不由自主的。我们的脚步已经很难停得下来,也极少能静下心来询问自己。我们忙碌的生活缺少节奏,更缺少一种精神的维生素——省思。我们已经失落了梦想,没有了诗意,甚至不会真正地休息了,一切都变得那样实际,全都可以拿金钱换算,却又活得那样被动,就像被一条狗追赶似的,能不累吗?我常到中小学听课,看到一线老师的确太累,有两种“累”,一是超负荷运转,体力上的累;二是精神上的虚脱,是“心累”。如果只是体力上的累,还比较好办,休息休息就恢复过来了;但那种“心累”,精神上的疲惫,很可能就表现为对自己所做工作的麻木、厌倦,这就是“职业性倦怠”。

可以做个简单的测验,问问自己:对所从事的教师这份工作是很有兴趣的吗?当一名教师是感觉到很有意义的吗?做这份工作,除了养家糊口,或者让自己和家人的物质生活更加舒适体面,还有其他自己更看重的价值吗?对自己的工作有满足感或成就感吗?如果答案是 yes,你可能没有或者很少职业性倦怠;如果答案是 no,就可能有职业性倦怠了。

教师的职业性倦怠常常有这些表现:失去职业发展的目标感,除实际利益,不太关心所从事工作的意义和价值,缺少变革创新的兴趣、动力和主动性,压力大,情绪低,多抱怨,还有些忧郁,得过且过,当一天和尚敲一天钟。具体到某一个人,这种倦怠可能突出表现为上述症状的其中几项,但压力大和情绪低是最常见的。

如果对自己的职业不是“心累”,不是厌倦,那么工作再繁重,都还可以支持,有时还会觉得充实。如果对自己的职业感觉没有什么奔头,无非就是赚钱谋生,那就肯定会很累。即使工作本身不见得很重,也会厌烦或者拖拉,那不只是体力上的累,也是精神上的虚脱。

据一项关于中小学教师工作满意度的调查(丁纲《中国中小学教师专业发展状况调查分析报告》,华东师大),62%的教师考虑过离职,其中男教师有这种念头的更高,达到67%。这跟职业性倦怠有关。经济收入不高,社会地位偏低,工作环境不佳,教学负担过重,缺少成就感,等等,都有可能导致职业性倦怠,甚至产生离职的想法。

根据调查,一般而言,中小学老师35—45岁压力最大。这个年龄段正好是中年,虽然工作和物质生活比较稳定,但上有老下有小,负担最重,最累,压力最大。这个阶段,从事教学工作有了经验,“定型”了,甚至有些停滞和退缩,职业生涯进入所谓“高原期”,也就是“职业性倦怠”易发期。还有些人可能怀才不遇,希望有更好的职业,无奈又很难跳槽,于是常常会感到不如意。他们不只是体力上的累,更是“心累”。如果对自己职业厌倦和无奈,对工作的意义和价值怀疑和无视,这种“职业性倦怠”就会大大加重。我们的学生为什么对语文课缺乏兴趣?很可能老师本身就缺少兴趣,学生学起来很累,老师教起来也没有意思。这都是“职业性倦怠”。

倦怠的现象很普遍,但也不是人人皆有。我到过很多中小学听课,见过这样的老师,平时好像很累,蔫蔫的,但一站到讲台上,马上变了一个人,意气风发,精神抖擞。这样的老师是很热爱这份职业的,是很能体会和感受自己工作的意义和价值的。他们有追求,不只是物质上的追求,不那么心累,自然也较少职业性倦怠。

教师其实是比较稳定、有成长提升空间的职业,教学本来是主动性、创造性很强的事业,为什么会有普遍的职业性倦怠?现在的教育体制可能有问题。对老师管理太严太死,把教书育人当成机器生产那样,按部就班去实施任务,其中还有很多检查、鉴定、评比、竞争,老师被形式主义、事务主义裹挟,要做太多的无用功。各种体制的规定要求追赶着所有老师拼命往前奔,天天如此,长期如此,谁不累?所谓职业性倦怠就这样发生了。

跳出来看看,职业性倦怠也并不限于教育界,几乎各行各业都差不多。你看北京中关村的那些白领,别看他们收入很高,但竞争激烈,职业也不稳定,几乎所有人压力都大。现在很多年轻人都羡慕当公务员,坐机关,似乎机关干部可以稳定一些,多一些福利,但他们其实也很累。在机关、官场,如果40岁还没有混上个处长,你就可想而知他那种心累了。

什么职称晋升呀,项目申请呀,评比检查呀,永远是没完没了的,谁都不可能停下脚来。照理说,大家的生活条件与水平比以往都好多了,可是紧张感也强化了,房子、车子、孩子、票子,哪一样都不省心,都要花费极大的精力和心力。就像希腊神话所说的那个倒霉蛋,要推着石头上山。静下心想想,哪个行业不累?哪个行业没有职业性倦怠?这就是所谓现代人的困惑吧。生活变化的漩涡把人们带进去了,身不由己了,借用马克思的说法,就是“异化”了。如果跳出来想一想,这多么可怕且可悲?我们当语文老师,是注重人文精神的,人文是什么?就是关注人的处境与命运。我们是否应当首先关注一下自己的处境与命运,关注一下自己的“职业性倦怠”?

要改变或减少职业性倦怠,最根本的,是外部环境必须要改善。具体来说,政府与教育主管部门要真心实意重视教育,一方面加大投入,另一方面给学校和一线老师松绑。不能让学校完全卷入市场经济大潮,不要让学校自己去“创收”去弄钱,不要再给老师们增加那么多压力,应当多为老师解决实际问题,要让学校有学校的样子,干净一些,自由宽松一些。当然,从根本上说,就是逐步从应试教育为主转向素质教育为主,就是落实课改中提出的那些好的理念。这主要是决策者的事情,一般教师很难去左右。但我想这也是大家的希望。我们相信以后可能会变得好一些,要有信心。

但讲实际一点,如果外部环境就是这样紧迫,如果课改大的目标在一段时间内仍然很难实施,如果我们所处的小环境就是那样紧张甚至有些恶劣,那我们作为一个普通老师,该怎么办?就是抱怨?就是把原因全部推给外部环境?就是继续职业性疲倦?就是甘愿“沉沦”于庸常的生活?我想绝大多数老师是不甘愿的。

那怎么办?最好的状态,就是把教师这个“职业”当作“志业”,既是物质生活所需,又是志向理想所在，那就在一般从事谋生的“职业”之上增加了精神的要素，一举两得。这样就再累也心甘，即使环境不太如意，也能坚持，而且不会太过心累。如果是自己性格、兴趣、志向等决定了本来就对当老师不太喜欢，没有办法走到这个行当了，也就是谋生所需吧，得过且过，谈不上有什么追求，老师对他而言也就是个谋生的“职业”，不是“志业”。这种倦怠的状态比较难改变。但最好做到两点，一是对教师这份职业起码要尊重，努力去经营，良心上过得去。人生在世，职业往往不见得都能符合自己的兴趣，多数情况下只是为了谋生。但有职业的道德和责任，努力做好，就能心安。这不妨碍你在职业之外还有自己的发展空间，有自己的精神追求。即使为了不那么心累，过得好一点，也不要得过且过。教师职业本来就是带有理想性质的，对待这个职业如果太过实际，就当作是个饭碗，这就会是个悖论，有点拧巴。也许这就是很多老师都有“职业性倦怠”的原因吧。

在我们这个关于语文教师职业规划的论坛，我开门见山讲“职业性倦怠”，是直面现实。那么，我们有什么办法减少职业性倦怠？我根据自己的经验，试图给大家出出主意，看行不行。

二、懂得必要的平衡

老师们的“职业性倦怠”，很大一部分原因还来自于教学生活的失衡。过去当老师那种“自由职业”的状态已不复存在，我们所面对的教学中的很多问题，都是两难的，不好解决。常听老师们抱怨说，课改理念是好的，但现在谁也摆脱不了应试教育，所以很无奈，只能是老一套。现在课改效果不那么明显，很多学校、很多老师的确还是搞死记硬背、“题海战术”那一套，还是一门心思在考试成绩和升学率（现在是名校升学率）上“拼搏”。

这个现象有可以理解的原因，这些年社会陷入前面说的“普遍的焦虑”，是有“病”了，这个“病”的痛苦传递和转移到教育领域，所以学校也很烦躁，很功利，教育的本义在相当程度上被异化了。所以一边搞课改，一边是应试教育不断加压，学生们几乎就把学习当作敲门砖，老师们也很无奈，甚至不敢细想，一想似乎都要有点人格分裂了。这也是造成焦虑的一方面原因。

我们大多数老师虽然很忙，很倦怠，但教书时间长了，形成了职业习惯，也会有责任心和使命感。比如我们总希望自己的学生能考上好的大学，有出息，有贡献，等等。这是一种职业的良知，类似于教师的本能。但无可否认，很多时候，我们也面临一种悖论，陷于职业良知与现实压力的矛盾，会感到无奈与荒诞。比如，这些年实施课程改革，提出很多先进的教学理念。如以人为本，学生为学习的主体，个性化学习，启发式教学，多读书少做题，等等，都是有利于学生全面发展、终生发展的。几乎没有老师会认为这些理念不好。但事实上呢，这么好的东西，却可爱而不可行，许多老师不敢也不能去实施，只好把它晾到一边。现在很多学校实行的还是应试教育那一套，就是“题海战术”，就是考试技巧，一切面向高考，高中三年对学生来说（其实对老师也是同样）简直就是炼狱。这样的做法，是非常不利于学生的心智健康的，即使把学生送上大学，也有可能已经挫伤了学习兴趣，败坏了学习的胃口，真是误人子弟。老师们对这些弊害是清楚的，但迫于现实压力，又不能不违心去做。如果静下心自省，是不是会觉得好没有意思？是不是会很分裂？

比如我们上作文课，教学生如何去套题，把一个屈原或苏东坡拆分成各种意义材料板块，然后教学生如何去组装，碰到什么情况就如何去应对，以及如何去吸引考官的眼球等等。这些是写作的本义吗？这样真能提升写作能力吗？老师心里清楚，不可能的，只是对付高考的技巧而已；其实这样教学生，对他们的心智发展都有障碍的。但为什么明知不好还要去做？就是为了高考。在高考这一巨大现实面前，老师们只能屈服，把这些不好的教学行为当作权宜之计，不得已而为之。老师会找出“理由”来为自己的行为辩解：考上了就好，考不上一切免谈；或者认为自己这也是为学生好。这样就有些道德自我完善。否则，很无奈，会心理分裂，往“不得已而为之”方面解释，就多少开脱一下，求得心安。即使这样，老师们也是会很累的。职业性倦怠不能说与此无关。

这我也是可以理解的，也是一种心理平衡嘛。但我并不看好这种挺无奈的消极的平衡，不看好这种辩解。平衡是需要的，但那应当是一种积极的向上的平衡。比如面对高考，让学生考得好，无可非议，非常正当，但不是一边倒就搞应试教育，就搞“题海战术”，就搞摧残学生的那一套。能不能平衡一点，既要让学生考得好，又不把他们的脑子搞死，兴趣搞没了？我接触过一些高中老师，他们也千方百计让学生有应对考试的能力，但又给学生交代：这不过是敲门砖，并非生活的全部。而且让学生能考得好，又不至于也人格分裂。

有什么办法可以让大家减少一点无奈与焦虑，减少一点职业性倦怠呢？我提出三句话：承认现实，着眼未来，懂得平衡。

承认什么现实？高考中考仍然存在，竞争必然激烈，那么人们极端重视考试的想法也就必然牵制教学，极大地影响教学。这种状况很难解决，不是我们当老师的可以左右的，我们必须正视承认这种现实。着眼未来呢？就是比较清醒地看到现实中存在的极大的不合理，现在这种应试教育是不可能真正培养出优秀人才的，甚至可能还有扼杀个性与创造性的极坏的后果，所以我们不能因为现实的巨大阻碍，就完全放弃自己当老师的责任。特别是语文老师，从事的更是人文性、精神性很强的“化育”人的工作，所以理想的灯不能就此熄灭，不能让自己连同我们的学生完全卷进应试教育的泥淖之中。就是说，还得留下一份心，为孩子们的未来着想，培养他们成为既有知识与能力，又有健全人格的人。

承认现实，又要着眼未来，两者有些矛盾，并不容易做到，所以我提出要懂得平衡。我曾经在不同场合提出过一个观点：课改和高考应当相生相克，共同改进。这就是平衡。现在有一种看法，好像课改就是要完全摒弃应试教育，就是要改变高考中考带来的一切负面影响,就是和考试对着干。这种看法与态度是不符合实际,也无济于事的。我看课改应当和高考“相生相克”,一起改进。“相生”就是共存,“相克”就是互相有矛盾,又互相促进改革。为何要“相生”呢?说到底,课改目前还得在高考的框架下进行,不能过分理想化,以为可以和高考对立起来,独立推进。在高考框架下课改能走多远,就尽量走多远。完全不考虑高考,甚至忌讳谈高考,这样的课改是脱离国情,脱离实际,不会成功的。家长和老师也不会听你这一套。

所以课改怎么面对高考,和高考“共存”相生,又不被高考拖着走,恐怕要调整思路,想想办法。高考不会取消,只能改革,事实上这几年已经做了一点改革,但它既然是考试,就有基本要求,要有一定的难度和区分度,那么具体到教学环节,就需要高度重视。高考对于教学肯定会有制约的,课改对于这种必然的制约必须面对,但又要保持一定距离。

这就是“平衡”。有平衡,就是进步,就是改革。这是个现实问题,核心问题,是课改的瓶颈。也不能简单认为面对高考,就是站在课改的对立面,这种思路是有问题的。我们要帮助学生学得好,学得活,考得好,无可非议。课改和高考必须也能够谋求共存,彼此“相生”又“相克”。

有水平的老师对此不那么焦虑,因为他们懂得平衡,懂得相生相克的道理。他们既能让学生考得好,又不让学生学得那么死板,不陷入“题海战术”。这就是水平。看来,如果我们想不被现实的洪流吞没,如果想让自己的教学实绩能对学生长期起作用,而不只是实现目前的应考目标,那我们还是在如何提升自己的平衡能力并让教学有适当的平衡上多下点功夫吧。

前面说了这么多,做起来并不容易,但只要有自觉,有这份心,就有解决问题的可能,就会多少缓解矛盾,而不是不断积累矛盾,不断焦虑、紧张,弦越绷越紧,生活越来越觉得没味道,甚至没出路。大家身陷应试教育,很无奈,很分裂,完全超越脱离应试教育那一套,对多数中学和多数老师来说不太现实,压力会很大,这也是现实。但在应试教育大环境中,我们也不是无可作为,可以来点调和、平衡,这样对学生有好处,老师自己也尽责,减少因此造成的精神困扰和职业倦怠。

三、互联网时代的普遍焦虑

这跟职业性倦怠的关系甚大。现在的焦虑感是普遍的,用鲁迅评论红楼梦的一句话,就是这种焦虑“遍及华林”。焦虑并非老师才有,甚至也不是中国独有,全球都陷入了焦虑。焦虑似乎是莫名的,但主要还是对未来的渺茫或者不确定,缺少安全感。

从网上可以看到,现在年轻人的焦虑感尤其严重,其表现是屈辱感、自我贬低、不甘心,以及迷惘。在一些大学生当中流行这样一些词语,也可以从中看到某些精神状态:屌丝、穷矮矬、loser、单身狗、学渣、给跪、膝盖碎了一地等。我们当老师的是否就好一些，焦虑感、疲惫感少一些？也未必。为什么焦虑会“遍及华林”？

对此我们看到许多不同的解释，比如解释为“文化冲突”“社会转型”“市场化”“平面化”“两极分化”等等，都有道理，但又都不能完全说明问题。看来还可能有某些更深层的原因。比如信息过量、信息爆炸，是否也是引起普遍焦虑的一个原因？

最近一二十年来，世界最大的变化之一就是互联网等信息技术的迅猛发展，覆盖全球。七八年前手机还是稀罕物，现在谁还离得开手机？博客、微博的兴起也就几年的工夫。现在中国的网民据说就有3亿之多。过去很多人一年也收不到几封信，现在大家一打开电子信箱，密密麻麻的一大片来信，很多又都是不相干的信件。

有没有人算过，现在普通人接受的各种信息是过去的多少倍？又有多少是真正需要的有用的信息？互联网技术带来工作的便利、速度与效能，特别是青年人，很多已经开始过一种前所未有的网络生活。信息传播方式的改变，比如互联网海纳百川的信息存储功能，独特的链接方式，以及信息传播的即时性与便利化，极大地改变着人们的阅读、思考方式，也在改变千百年来形成的印刷文化的阅读思维方式。思维跳跃、碎片化，缺少深度、浅薄，专注力的丧失，都是新的现象。

起码可以断定，信息过量，总是来不及过滤、处理，信息流就如同大海波涛一样不断丛集、翻滚、冲击人们，这可能会产生很大问题，包括社会心理问题。特别是互联网的信息传播现在很随意，真真假假，鱼龙混杂，某些负面的东西可以无限放大。这些每天都在缠绕冲击人们，极大地影响着社会心态。

你打开电视，或者上网，是过量的信息，而且大都是灰暗的负面的千奇百怪的消息居多，给人的印象是这个世界太混乱太荒诞太离奇。我准备这篇讲稿，是8月9日晚上，随手打开新浪新闻页面做个小的调查，负面的离奇的信息就占了60%还多。你们看看这些标题：出租司机奸杀女乘客、保姆虐童、便衣狂殴少年、小伙裸奔、官员逼女脱光、欠债被刀砍、医生贩婴、法官嫖娼……这个世界真是太疯狂了。其实世界这么大，中国这么大，什么事情都可能发生。自古以来各种犯罪、变态、灾害等等也都有发生，只不过没有传媒迅速广而告之。而现在只要哪里发生一件事情，媒体报道炒作就能传遍每个角落，产生社会性的影响，日积月累，造成普遍的焦虑。如奶粉三聚氰胺、动车出轨、地沟油、贩卖婴儿、大学生投毒，等等，现在有媒体去揭露问题，非常必要，起到监督警醒作用。过去我们的媒体往往回避矛盾，报喜不报忧，得不到受众的信任。现在呢，过量的负面报道又可能造成消极的社会影响，对社会普遍心态产生冲击。

特别是互联网时代的到来，信息过量和信息负面冲击的问题随之产生了，人类还来不及准备，对此也缺少研究。现在人类很难像传统社会那样，有自己的隐私了。斯诺登事件出来后，人们关注的主要是政治问题，是人权问题，其实，更重要的还是互联网世界面临的伦理问题。潘多拉盒子打开了，互联网这个魔鬼放出来了，很迷人，也给人方便，但人类很难控制住它了。这是人类诞生以来所没有过的，是全新的问题。

我为什么"扯"到互联网和信息过量问题？因为和职业性倦怠也有关系。大家想想，这些年我们中小学老师的生活条件普遍比以前好了，但焦虑也多了。这是为什么？除去前面提到的那些原因，恐怕还有信息过量的原因。"遍及华林"的焦虑感显然是和信息过量有关的。

面对信息过量现象要有自觉，那就是学习并让自己具备一点信息传媒素养，知道现代信息传播的规律，一些重大的变化（比如传播渠道方式），既要接受它，又要看穿它，不是被动面对，不是被裹挟。对于网络信息，博客、微博的传播特点，都要有一定了解；尽量选择相对良性的信息渠道，适当减少信息量；对铺天盖地的信息，自己要有一些过滤、分析。既要看到问题，又要有所过滤分析，这才不至于杯弓蛇影，草木皆兵。要有平常心，有定力，日子才过得下去。

语文学科本是"化育"人的学科，"定力"就尤其重要。这里说的"定力"，包括应对和过滤复杂过量信息的能力，实事求是的态度，尊重规律、以不变应万变的眼光，还有平常心。自己有些"定力"，才不至于完全被信息爆炸的旋流所裹挟，才能在没完没了的各种"现实冲击"面前保持清醒，不"愤青"，不抱怨，也不"九斤老太"，不随波逐流，沉下心来，尽量挤出自己发展的空间，去做一些有意义的实在的事情。自己有"定力"，才能让你的学生处于相对不那么烦躁的"小气候"中，也才有比较好的学习环境。我也主张中小学要有传媒素养方面的教育，这是新课题。

我们的社会得病了，是"时代病"。完全不焦虑已经很难，但能较为清醒意识到现代社会"普遍的焦虑病"问题，让自己尽量减少一些困扰与烦躁，减少职业性倦怠，这方面有些自觉，也许可以让自己的生活更有质量，幸福感有所提升。下面我要讲关于减少职业性倦怠的几点建议，也都与减少信息干扰培养定力相关。

四、要有一块"自己的园地"

"自己的园地"这是八十多年前周作人一篇文章的标题，大意说的是心灵自由和写作自由的空间，要有属于自己的空间。就像一块自留地，种些什么呢，是萝卜、白菜还是茄子、西红柿，或者是牡丹、芍药，完全可以根据自己的爱好，这是属于自己的空间，不用考虑他人的眼色。我这里转用这个说法，是提醒老师：在普遍焦虑的年代，我们也许不可能去改变大环境，但总可以尽量给自己营造好点的小环境，尽可能减少职业性倦怠。

现在社会心态浮躁，拜金主义流行，大家都没完没了地忙，难于沉下心来读书做事。但教语文是要有心境的，教师的学养以及人格素养就格外重要。讲学养，既是教书的需要,也是教师自身精神成长的需要。因此,无论多么忙,最好有自己的精神家园,哪怕是一块不大的“自留地”。

如果有一块自己的精神园地,哪怕是一块小小的“自留地”,那就可以缓冲一下外在的干扰,让自己有做做“精神体操”的地方。人生有很多意想不到的困难,物质的追求没完没了,焦虑难免,劳碌也是肯定的。房子、车子、职称、工资、级别、奖励、评比、检查……还有自己的家庭、孩子,没完没了,一关过了又一关。想一想也真累,但这就是人生。如果让自己不那么累,特别是不那么心累,那就要有自己,有自己精神歇脚的“自留地”,营造一个小小的“自己的园地”。

现实生活问题很实在,很具体,不能回避,只能尽力去解决。对一般人来说,多数时间都会用在应对和解决日常生活实际问题方面,但不等于就一定要把全部人生都用在应对现实需求上。给自己留点空隙,寻找几个可以歇脚的地方,总还是必要的。什么是“自己的园地”,那是属于你自己的地方,可在那里伸展你的才情,舔自己的伤口,做精神体操,给自己漫长而辛劳的人生来点节奏。这个“园地”何在?只有你自己知道。

当然,“自己的园地”也可以是比较实在的。拿我们中学语文教师来说,除了日常教学,还可以在某一方面有自己的专长与爱好,在相关学科领域进入研究,甚至取得一些发言权,成为小小的专家。这专长与爱好就是你“自己的园地”。有了某种专长与爱好,又常常“在状态中”,始终保持某些兴趣和动力,也就保持了思想活力,会感到充实,有成就感,对于自己的教学也会更有底气。“在状态中”很重要,它可以让你从川流不息的烦琐的杂务中不时超越出来,你的生活便有了节奏感,你不再认为自己过得平庸。当然,这也可以帮助你减少“职业性倦怠”。

再忙,也能抽出一点属于自己的时间;再乱,也应当有一件事能让自己沉下心来。“自己的园地”总是可以发现和开辟的,只要你不甘平庸,不愿意被“职业性倦怠”所裹挟。一个中小学老师,有自己专门的学术研究,可以作为“自己的园地”,当然很好。但没有自己的学术研究,也不要紧。有某一方面的爱好,而这种爱好又足以为自己提供自信和满足,就可以了。有些娱乐性的爱好,比如打球、打牌、摄影、旅游之类,也有必要。但我说的主要还是那些与自己教师职业有关联,甚至有助于把教师职业变成“志业”的那些精神创造活动,包括研究某个课题,围绕某些问题有计划地开展学习、探究,等等。如果结合教学,在某些方面的确有自己的研究,可以在相关的学科领域拥有一定的话语权,甚至有比较出色的成果,那么这一块就成为你“自己的园地”,你就会有满足感、成就感,就有自己的精神寄托,不再去当年年如此天天如此的教书匠,而是一个学者型的教师。你就会较多地超越平庸,减少职业性倦怠,让自己的工作和职业变得更有意思。

我们常常会为自己的倦怠找借口,这些借口只能让我们更加脱离现实、自恋、烦躁等。在生活中我们需要时时去克服这些借口,“自己的园地”可以帮你,让你偶尔可以停下脚步来思考,或者放空自己。要允许自己"浪费时间"——正如汽车用久了也需要保养一样,用"浪费"掉的时间来给自己充电,好的办法就是读书、静思,积极地躲避浮躁。

但大家会说,"自己的园地"当然好,但哪有那么多时间呀。人生就是这样,除非很特殊的,一般来讲,都会很忙,如前面说的,一关一关都要迈过去,很多人都在慨叹时间过得快,很少有自己支配的时间。中年教师上有老下有小,生活压力大,时间会比较紧张,但只要想有一个"自己的园地",就总能安排出一些时间。年轻的老师拥有更多的时间和机会,就看你是否真的想营造一个"自己的园地",前提是要有些毅力和上进心,要有合理的安排。

说要有"自己的园地",是指做自己喜欢的工作或者研究,求得精神的寄托,也让自己的素养能力有不断提升的途径。这是一个方面。"自己的园地"还有另外的含义,那就是给自己营造良性的氛围。我们常常抱怨社会氛围不好,抱怨单位的空气不纯净,作为老师,个人也许对此无能为力。但可以努力去做到一点:不为污浊的空气推波助澜,从我做起,能对它改进一点就是一点,而且总能给自己营造一个相对良性的小的氛围。比如,可以和本校本地区一些志同道合的老师组成研修小组或读书会,也可以在网上组织博客群,总之要有"小圈子",若干同好者经常有交流学习的平台。这可以彼此"取暖",不但让研修活动常态化,还可以在你们学校或地区营造浓厚宜人的学术空气,切实提升专业素质与教学水平,使大家感到生活更充实,不至于陷入那种无边无际的"职业性倦怠"。"北大研修"在这方面希望能给大家帮助,也就是前面说的,提供平台,建立"取暖团"。

这里特别对青年和中年教师提些建议。没有必要把社会看作是无可救药的大染缸,对社会问题要有分析,让自己心态正常一些,不是非此即彼,不当于事无补的"愤青"。越是泡在网上当愤青,心情越是糟糕,也越是觉得心累,"职业性倦怠"也就会愈加严重。

此外,就是我们这次论坛要解决的,要有职业发展规划,要有研究和读书计划,三年、五年或者十年,有个大致方向。最好能成为一个研究型的语文老师,甚至学者型的语文老师。这是值得鼓励的奋斗目标。有一句话"取法乎上",给自己定位高一点,那么学习、教学、生活就有目标感,就更有意思。当然如果得过且过,自己先贬低自己,那么你的职业就缺少乐趣,甚至成了痛苦的营生。那是很累很折磨人的。最好的语文老师都不是满足于当一个教书匠的。你不满足于当教书匠,就会减少职业性倦怠,不那么累。

这又涉及"教师专业发展",我认为这种"发展"不要理解为就是适应课改,或者单纯的职业训练,要有比较长远的目标,因此,可行的中短期学习计划非常必要。当然会考虑一些实际问题,比如考级、职称晋升等等,都必须认真对待,但不要都是"直奔主题",免得老师自己先卷入"应试教育"。

培养专业兴趣与专业敏感很重要,是长期的事情。还有,就是拓宽视野,不断更新知识,不满足于现炒现卖,立竿见影,或者只关注与目前教学可以挂钩的,要在整体素质以及修养方面下功夫。所谓专业发展也是人生事业的发展,要有一点理想主义。

说到“自己的园地”,不只是减少倦怠,更是精神的寄托与更新。

中国现在发展了,物质条件好了,人们反而感觉很忙,很累,很迷惘,很多抱怨和无奈。好像幸福感没有增加,反而减少了。这是为什么?原因可能是很多方面的,其中一点就是缺少终极关怀,对于人生意义价值好像很少关注,失去信仰。信仰是什么?是精神归宿。人生活在世上,很要紧的是住房,是家,这是归属,但还需要精神的灵魂的归宿。自古以来,宗教就是人类的精神归宿之一。人类能力再大,也总有自身不能解决的问题,有人的智力和体力不可能达到的地方。人类对这些难于达到的地方,有敬畏感,这就是上帝、真主、神等等。有些教徒也不一定真的认定有上帝、神明,但他们相信肯定有人力所不能抵达的地方,所以保持对于世界的畏惧感,有一种精神归宿。很多外国人都要过礼拜天,那就是一种生活方式,可以停下脚步来思索一下自身的生活,去处理一些焦虑和困惑,和家人团聚,让生活有些节奏。不至于像我们现在这样,一年到头都这样忙,忙,忙,真的停下脚步,可能感到无所依恃。忙一年,想调节一下,就去旅游,也是很着急到处转,结果比在家还累,旅游回来就觉得更加无聊。

我不是提倡宗教,是提出一种问题,如何减少焦虑,如何能让自己有时间静下心思考一下生活的意义等“本源性问题”。前面说的“自己的园地”,也是为了缓解这种焦虑。我们中国没有纯粹的宗教,也就没有纯粹的信仰生活。孔子、孟子都不是信仰,那是道德伦理观念。在政治化年代,我们有革命的信仰,但是也很实际,时过境迁,很多人已经去革命化,原有的政治性信仰也就崩塌了。现在中国最缺少的就是信仰,缺少终极关怀,缺少对人生意义价值的省思,也就是通常说的人文精神坠落。这个问题很难解决,但是不解决,也就没有个人的精神空间。我们不一定去信教,但一定要有精神归宿,或者打个折扣,有点精神寄托。“自己的园地”就是这个补充作用吧。

我用这么多时间讲“自己的园地”,为了什么?为了说明职业发展规划的重要和必要。职业发展规划中很重要的一部分,就是“自己的园地”。我们应当从人的精神需求角度来看待职业发展问题。

这次论坛也希望能为老师们建立一个平台,以“北大研修”为基础,打造多个“取暖团”,让大家有释放和减压的地方,以读书和研修带动职业发展,减少焦虑和职业性倦怠。

五、把读书作为良性的生活方式

前面讲了,现在老师们压力很大,很焦虑,普遍有职业性倦怠。如何尽量摆脱这种焦虑和倦怠?大环境我们可能无力去改变,或者说,一时很难改变。我们又不甘愿陷于平庸,总还希望让工作更有成就也更有意思,让生活多一些亮色。怎么办?还得靠自己。对职业生涯有比较清醒的规划,有个目标,有个计划,就充实一点,不至于得过且过,也不是当一天和尚敲一天钟。前面讲给自己一块"自留地",其实也是职业规划的一部分。这块"自留地"做什么?通过读书和研究来拯救自己,完善自己,提升自己。我这里专门讲讲读书问题。我们都是语文教师,读书是我们的生活方式,也是我们的工作方式,还是我们教学的主要目标,所以这里要多讲讲。

现在社会浮躁,拜金主义流行,读书的风气越来越淡薄。我主持北京大学语文教育研究所做过调查,发现现在国人的阅读状况是很差的。国人爱看电视,爱打麻将,但就是不怎么爱读书。即使读书,也抱着非常实际的目的,很多就是为了考试,为了发财或健康,或为了人际及职业的需要,读书的需求都非常现实。

那么我们中小学老师读书的情况怎样?调查发现,也很不乐观。老师读书量也非常少,除去教材教辅,以及为了备课的"职业性阅读",其他方面是很少关注的。刚毕业参加工作的年轻老师好一些,越是有资格的老师,轻车熟路了,可能读书就越少。很多教师自己不读书,不知道怎么读书,怎么指导孩子去阅读,导致他们的学生也觉得读书索然无味。

有些老师可能说,教学工作太繁重,没有时间读书。老师们压力大,时间紧,都是事实。但从长计议,为整个职业发展和人生发展考虑,还是要挤出一些时间"充电",也完全能够挤出时间来读书的。很多人每天看电视、看手机、打游戏的时间可能要几个小时,太浪费了。难道不能从中挤出一个小时来读书?如果一天挤出 1 个小时,一年就多争取到 360 个小时,等于 45 个工作日。细水长流,积少成多,这是相当可观的。最重要的是,每天挤时间读书,这就成为一种习惯,一种生活方式。前面讲了,外部压力越大,越要有"自己的园地",那么读书就是建构"自己的园地"的办法之一,也是一种良性的生活方式。反过来讲,读书可以增添情趣,提升素质,让生活更充实,更有幸福感,也是对抗压力、减少职业倦怠感、提高工作效率的一个途径。

我们在教学中强调培养学生的情感、态度、价值观,对教师自己来说,这也是重要的。教师是化育人的职业,先要化育自己,让自己具备博雅的气质。这个"博"可以理解为眼光与气度的开通博大,"雅"就是品位的高雅。教师不一定要求知识非常广博高深,但气质风范必定是面向"博雅"的,这会让自己感到人生的充实,在孩子们眼中又是值得崇尚的人。在当今趋向物质化、功利化、粗鄙化的氛围中,提倡"博雅"是有现实意义的。

要有读书研究的习惯,把读书当作自己的生活方式。不只是为了备课或某些职业的功利的目的而读书,不是停留于"职业性阅读",而是有比较自由超脱的阅读,在读书并接触人类精神智慧精华的过程中,去发现生活,体验世界,让自己眼界开阔,思维活跃,就能相对超越庸常的生活,并多少摆脱"职业性倦息"。

中小学语文教师应该多读些什么书?不能抓到什么是什么,也不宜只跟随潮流或者完全由着性子来读,必须有一定的计划性。读书的计划,是整个职业规划中很重要的部分。因此建议每个老师拟定自己的职业发展规划时,应当把读书的计划考虑进去。具体来说,要给自己列出个书单和阅读时间表。比如,在未来三年内,应当读些什么?有个整体考虑,有些系统。这也是职业规划很重要的部分。

怎么列书单?要根据职业发展规划的需要,来考虑应当读什么。每位老师情况不同,知识结构和专业发展需要不同,职业发展方向也有差异,那么书单就要有所不同。书单必须是个性化的。但可以设计成两类。其一是补课式、充电式的书单。可能因为上大学期间学习不够,知识结构有些缺陷,也可能某些新的知识需要补充,那么根据需要给自己设定一个比较系统进修的书单。其二是围绕研究的问题或者课题来设计书单。不要停留于现炒现卖读备课的书,或者只是在报章杂志上读一些教案、经验之类。要采取“群读”的办法,在一个时期之内,以一个问题或者课题为中心,用顺藤摸瓜的办法,给自己设计一个书单。

举例说,教学中感到自己文言文教学的功底不够,可能大学期间这方面下功夫不够,现在需要补课,那么就可以找一种比较可靠和权威的古代汉语教材看,比如王力的《古代汉语》。然后从这本书的索引或注释中顺藤摸瓜,再去找一些基本的比较重要的书目,包括音韵、训诂、版本、目录,以及古籍整理方面的概论或专著,作为某一段时间自己专攻古代汉语的书目。“群读”的办法比较系统,对很多人都适用。

刚才讲围绕研究的问题或者课题来设计书单,首先要把同类研究的状况梳理一遍,弄清楚学界对自己感兴趣、希望进行研究的问题是否已经有过研究,其研究的角度、方法和结论,你在哪一方面可能会有所突破,有所发现。这就要列出一份既有研究的书单(包括论文目录),而且要过一遍,寻找自己的突破点。古人做学问讲究目录学,现在只依赖网上搜索,是靠不住的。

读书计划纳入职业发展规划,最好有些层次,除了为教学和课题研究而读书,还要有些比较随性的自由的阅读,目的性不那么强的阅读,否则,样样扣着研究或者教学来读,是很累的,就很难坚持。就像中小学生读书,如果样样都紧扣着写作或者考试,那是很累的,不可能培养阅读兴趣,只会败坏胃口。

六、制定个人职业发展规划

这就转到我们这个论坛的主题。其实前面讲这么多,也是围绕“职业发展规划”这个主题的。我们这次论坛希望每一位参与者都能提出自己三年的职业发展规划。怎样制定规划?规划包括几个方面?在此后的几次专家讲座和大家讨论的工作坊将解决这些问题,我这里只做一些提示和建议。

第一,规划必须出于自己的意愿,是为自己制定的,不是作为任务完成给他人看的。

因此要很务实,没有套话、虚话,也不用展示“道理”,要实打实,适合自己,有可行性,做不到的不写。

第二,肯定要照顾到日常的教学等方面工作,要考虑在完成日常教学工作的前提下,自己能改进什么,有哪些发展空间,主要做哪些事情,包括研究的问题,要达到的目标,过程与步骤,等等。但不列流水账,要有聚焦,有重点。

第三,要有时间表。三年的时间大致划分一下,哪个时段重点做什么,要有较为具体的计划。

规划当然要考虑到自己所处学校的环境和要求,日常教学、各种与教学相关的工作,以及发表文章、晋升职称等等,都应当在考虑之列。但重点不在于此,而在于每个教师自己设定的方向,包括在三年内可能集中研究的课题,业务上提升自己的路向,以及支持这一计划的措施、办法。就是说,要有聚焦,有可以对自己整体业务水准起到促进作用的那个焦点和动力源。这个计划不是给别人看的,是给自己做的。自己有了这份心,有了目标,有了计划,就可以了,形式并不重要。

我今天的讲课到此为止。祝愿大家在北大期间愉快。

教师太忙，要有块精神自留地*

要把当老师作为"志业"，是有志向、乐趣与追求的"职业"，而不只是谋生的"职业"。

《小学语文》约我写篇卷首语，我想说四点，有些话在其他一些场合也说过，但愿不是炒冷饭，权当与老师们谈谈心吧。

首先，要把当小学老师作为"志业"。所谓"志业"，是有自己的志向、乐趣与追求的"职业"，而不只是谋生的"职业"。两个"业"差一个字，境界不同，心性也就不一样。有人可能认为小学语文简单，好教，"小儿科"。这是误解。其实教小学未必比教中学容易，要当个优秀的小学老师，其水平和贡献也不见得在大学教授之下。近年来我较多参与基础教育研究，深有体会。比如编小学低年级教科书，甚至比编一般的大学教材都难多了。同样，要教好小学生，让孩子们打好一生发展的基础，那真不容易，又真是功德无量的事。术业有专攻，小学老师得自己看得起自己，对自己的工作有足够的信心和自豪感。现在教师的社会地位没有过去那样高，但有理由相信会逐步提高，物质上也会得到较高的回报。再说教师是稳定的职业，是创造性的职业，一定会重新成为令人羡慕的职业。如果我们对自己的"职业"有持久的热情，又有长远的目光，那就是"志业"了，和纯粹赚钱谋生的心境不一样了。

其次，应当少抱怨，懂平衡。当代中国社会发展翻天覆

---

* 本文发表于《小学语文》2014 年第 3 期，为卷首语。

地，人民生活水平普遍得到提高，但前进中产生的问题也很多，加上体制不健全，竞争加剧，媒体多炒作，人心弄得非常焦躁。于是出现一种状况：人人抱怨，又人人参与，人人不负责。我们当老师的如果也很焦躁，对学生的人格成长肯定会有直接有影响。能否换个角度来思考：如果大环境一时不能有根本改变，我们是否就只能是无休止的抱怨？在现有体制和条件下，其实也不是完全没有空间的。比如，应试教育很普遍，我们当老师的也许不能改变这种趋向，但总可以寻找到自己的空间，尽量去做点平衡。有水平的老师都懂得平衡，既让学生考得好，又不把他们的脑子搞死，兴趣搞没。这也有心态问题。与其总皱着眉头讨生活，不如阳光一点想办法，多点建设，懂得平衡，一点一滴去求变革。当前课程改革有许多新的先进的教育理念，实施起来都有困难，但还得补台，结合自己的教学实践不断去尝试，推进，做一点是一点。

第三，要有块精神"自留地"。无论多么忙，最好有自己的精神家园，哪怕是一块不大的"自留地"。不要一窝蜂都在应对现实需求，评级呀、教学检查呀，还有没完没了的各种事情。当然这些都要应对，谁也不可能完全超越，但要保留一份清醒、一点距离，免得被动地全部卷进去。有自己某一方面的专业爱好，能多少进入相关领域，有一定的研究，有些发言权，这太重要了。你在这状态中，会有成就感，同时也让自己保持思想活力。"在状态中"，还能帮助抵制职业性疲倦。最好的老师都不会满足于当一个"教书匠"的。

最后，第四点，要多读书，增学养，求发展。我说的是小学老师的专业发展。现在大家都很重视收集模仿优秀的课例，注重教学技巧。当然有必要，可以参考，但光是下这些功夫恐怕不够。课要讲得好，得靠学养。所谓厚积薄发，有足够的学养根基，才能持续提升教学水准。现在社会心态浮躁，拜金主义流行，大家都没完没了地忙，难于沉下心来读书做事。但教语文是要有心境的，语文课人文性很强，教师的学养以及人格素养就格外重要。讲学养，既是教书的需要，也是教师自身精神成长的需要。

学养怎么得来？主要靠读书。特别是青年教师，要有读书充电的三年、五年或者十年计划，有大致方向，持之以恒，可能就"终成正果"，当个研究型的语文老师。这是值得追求的目标。时间与精力有限，大家都忙，但只要有心，总能挤出时间给自己充电加油。

现在有很多培训，有些好处，但多了也难免腻烦。应当有更高远的目标。培训进修当然必要，而且这也牵涉到一些实际问题，比如考级、职称晋升等等，但培训进修不要全都"直奔主题"，免得老师自己也卷入"应试教育"。重要的是在整体素质提升方面下功夫，在志向和事业心方面下功夫，要培养专业兴趣与专业敏感，拓宽视野，不断更新知识。现炒现卖，只关注与教学直接挂钩的东西，甚至只关注考试的效果，并不利于教师长远的发展。专业发展是人生事业发展的一部分，要有一点理想主义。

我不止一次和老师们谈到《乡村女教师》，那是 1950 年代的苏联电影，女主人公瓦西里耶夫娜是个年轻的老师，在艰苦的环境中教学，带领孩子们快乐成长，她自己也获得非常幸福的成就感。这位女教师教孩子们读诗，有这样几句，几十年了，我仍然记得：

挺起了胸膛向前走，
天空、树木和沙洲，
崎岖的道路。
嘿，让我们紧拉着手，
露着胸膛，
光着两只脚，
身上披着破棉袄。
向前看，别害臊，
前面是——光明大道！

我真希望有更多的老师能像“乡村女教师”那样具有既阳光又孜孜不倦的心态。我们的时代、我们的教育事业太需要这种“挺起胸膛向前看”的精神了。

在教师培训中提倡“研修文化”*

多一些“小圈子”学习活动，也可以彼此“取暖”，让研修常态化。

北大承担教育部的“国培计划”已经几年，这次大家来北大参加“示范性远程培训项目”，我想讲几点看法。

这几年“国培计划”的实施，国家投入不少，教育部主管部门也花了大的力气，作为承办方的北大，包括北大网院和北大语文教育研究所，我们一定会认真做好工作，让大家经过几天集中学习，真正有收获。来的都是全国中小学的骨干教师和教研员，回去以后你们将承担远程培训项目，这次培训等于是培育“种子”，你们这些“种子”将在各地生根开花结果，产生辐射性影响。大家都要一起努力，让这次培训有好的效果，不辜负教育部期望，也不辜负你们所在单位的期望。

现在各种培训很多，老师们已难于产生新鲜感，甚至可能有些厌烦，觉得培训“就那么回事”。我们希望这次培训能有些新意，不落俗套，有实用性，有新鲜感。如何做到？最重要的是紧密结合一线老师实际，设身处地为一线老师着想，解决他们最希望解决的问题。有些问题实在一时不能解决，也要正视、触及、探究，不回避。比如课改搞了多年，大家冷暖自知，有成绩，也可能有很多不满、抱怨和困惑，应当在培训中实事求是总结课改经验得失，对课改有正面的建设性的思考。

培训不追求面面俱到，要突出一两个问题，整个学习过

---

* 本文根据笔者2013年在“国培计划”北大示范性远程培训项目骨干培训者培训班的讲话整理。

程注重呈现问题意识,面对一线老师最关心、最重要,也可能最难解决的那些问题。具体到你们所在的学校或地区,如果举办教师培训,当前最需要解决什么问题?从比较长远角度看又需要解决什么问题?要重点探究,而且把解决实际问题和提升教师的专业水平结合起来。大家都比较关心教学,面对当下还很难解决的应试教育大环境,我们能做什么,能改进什么?我觉得这可能是大家比较有兴趣的,可以多讨论。

培训的氛围很重要,要营造良好的建设性的氛围,培育一种民主通达的"研修文化"。在研修活动中,不同地区学校来的学员,看问题可能会有差异,专家和学员看问题的角度也可能有所不同,应当交流碰撞,取长补短。我们很多培训都是专家讲,学员听,听完了也就完了。这次培训不妨改一改,要格外重视"研修"。北大几次培训发明一种"工作坊"的形式,让老师们结合问题一起讨论,寻找解决方案。大家彼此沟通,交流,切磋,在课改的理念、教学方法,以及教师培训方式等方面都有收获。这个办法不错,可以继续用。建议大家在设定培训方案方面下点功夫,通过这次研修,都能结合各自的实际情况,拿出初步的培训方案来。

我还希望大家通过几天学习,把在北大感受和践行过的"研修文化"带回去,让培训常态化。回去除了办班,很重要的是让更多的老师都能坚持自我研修,不断提升。可以有"小圈子"学习活动,若干同好者组织起来,经常有彼此交流学习的活动。也可以说是彼此"取暖",这不但可以让研修常态化,还可以在你们学校或地区营造讨论、研修的学术空气,切实提升专业素质与教学水平。这样,会使大家感到生活更充实,不至于陷入那种无边无际的"职业性疲倦"。

这次培训中心是学习新课标。大家要静下心来,认真研读新课标。课标篇幅不大,涉及面宽,多是一些很精练的原则性的表述,需要认真体会和探讨。最好读三遍,第一遍通读,粗略一些,了解大概;第二遍细读,理解核心的理念;第三遍联系实际,找出重点,边读边想。最好能结合自己的教学实践,对照课标的要求,看哪些符合标准,哪些还有差距,或者哪些一时很难做到,看有没有办法逐步达到要求。和平时培训不同,课标学习不能只注重教学技巧模式的模仿,应侧重于教学理念、目标上的思考、对照与探究。要把课标作为完整的文件来学。课标的学习,为老师们更新观念、全面提升教学水准提供了契机,也为继续推进课改提供了动力。

现在社会竞争加剧,到处弥漫着某种焦躁和焦虑的情绪,一线老师很累,不只是工作量大的累,而且"心累",有疲惫感、无力感。不是说学生对语文课缺乏兴趣吗?很可能老师本身就对语文缺少兴趣,没有明确的方向感,没有个人的精神发展空间。我们能理解这种状态。如果我们的研修能多少在这些根本性问题上有所触动、反思与探索,甚至有些建设性的意见,给老师们精神上注入一些活力,那我们的研修就可能别开生面,取得意想不到的成功了。但愿如此。谢谢大家。

也说为何死活读不下经典名著*

青少年一般都不会天然地喜欢经典，他们对经典的接受需要一定的知识支撑，也需要了解文化背景。

近日报载，有人在微博上发起“说说你死活读不下的作品”的调查，有 3000 多人参加，结果《红楼梦》《百年孤独》《三国演义》《追忆似水年华》《瓦尔登湖》《水浒传》《不能承受的生命之轻》《西游记》《钢铁是怎样炼成的》《尤利西斯》名列前 10 名。

这并不奇怪，经典与当代读者是有隔膜的。有些经典需要导读，了解必要的背景知识，才能进入阅读状态。比如《追忆似水年华》七大卷，主要是作者内心生活的记录，很零散，故事性不强，是不太好读。《尤利西斯》部头也很大，小说以时间为顺序，描述一个都柏林苦闷的小市民 1904 年某一昼夜之间的琐碎经历，也多用意识流手法，构建一种错乱的时空。像这样的作品，的确需要有文学史的知识背景，才能较好地欣赏，一般读者若缺少相关的文学知识，是很难读下去的。《红楼梦》读起来倒比较容易，表面上很平淡，尽是些日常生活描写，却有很深的文化内涵，需要有些人生历练才读得进去。我上中学时读《红楼梦》，好几次都是半途而废。后来年长一些，才越读越有味道。《钢铁是怎样炼成的》也是故事好懂，但时代内容陌生。我们这一代当年都熟读过此书，为主人公那种献身主义的精神所激励，甚至能背诵其中一些段落，当作自己的座右铭。可是那个革命年代

* 本文原发表于笔者的新浪博客，后经《羊城晚报》《内蒙古教育》等刊转载，流传甚广。

已经过去，现在的人都变得很功利，什么理想、革命也变得遥远，年轻人就不一定能理解与接受这一作品的精神导向。《不能承受的生命之轻》二十年前在中国知识界曾风靡一时，但这部小说牵涉到当年东欧与苏联的历史，又带很强的哲理性，年轻读者若不了解背景，也不容易懂。《百年孤独》的故事性较强，有魔幻色彩，是比较好读的，不知为何也名列其中。《瓦尔登湖》记录了作者隐居田园的生活，自然描写非常美，很多课本和选本都选有其章节，读不进去可能因为没有这种宁静的心境。《三国演义》《水浒传》《西游记》其实很吸引人的，记得我上小学时，字还认不太全，也还读不太懂，就都囫囵吞枣全读过了。现今读者读不进去，也可能是没有耐性吧。

所谓经典，都是经过历史筛选的精神遗留物，是人类智慧的结晶。接触和学习经典，是接受人类的智慧的最主要途径。所以历来对青少年的教育，都很注重经典的阅读。不过由于时代的隔膜，青少年阅读经典通常都是有困难的，包括在语言形式方面以及内容理解方面的困难。青少年一般都不会天然地喜欢经典，他们对经典的接受需要有一定的知识支撑，有时也需要了解经典的文化背景。比如读《尤利西斯》，就需要了解欧洲近代文学史，知道何谓意识流；读《钢铁是怎样炼成的》，需要大致了解苏联的历史，等等。所以，经典阅读最好有导读，掌握某些必要的背景知识和阅读方法。另外，青少年读者选择经典也最好有导引，避免随意抓到某个经典就读，结果读不下去。有些经典在文学史文化史上很著名，但对于一般青少年就未必适合阅读。比如《追忆似水年华》《尤利西斯》的阅读就要有一定的文学训练，否则进入不了状态。据我所知，很多中文系研究生也未必读过这几种名著。上述 10 种书，起码有半数对一般青少年来说都不是“最基本”的读物，这也难怪大家觉得“死活读不下”了。

不过剩下另外的半数，包括“四大名著”，应当是建议青少年阅读的基本的经典，却也被列入“死活读不下”的行列，这就有点问题了。除了缺少必要的导读，可能有这么几个原因，是影响到阅读兴趣的。

一是现在青少年文化接受的途径多了，他们习惯于看电影电视，或者读一些流行的读物，比如漫画、绘本之类，其中也有根据经典改编的，比如《三国》《水浒》《西游》等，于是习惯看图看碟，不习惯再来读原著。

二是现在青少年很多时间都泡在网上，互联网已经成为主要的生活方式，有的人连读博客都嫌太长，要看微博、微信，心态也浮躁了许多，再也沉不下心来读书了。

三是多年的应试教育培育了急功近利的心态，阅读都围绕着功利（比如考试），家长、老师也不支持读“闲书”，学生自然也就没有心情去读名著了。

四是现实社会日趋平庸，国人有时间打牌打麻将看电视，就是没有时间也没有兴趣读书，整个社会处于读书空气最淡薄的时期，谁要是抱着大部头经典在读，反而显得不入时。

最后顺便说说，对一般青少年读者来说，阅读经典不能限于文学作品，基本书目还应当包括政治、经济、文化、历史、社会、自然科学等方面。我曾写过两篇博客文章，一是《通识教育应当读哪些基本的书》，向文理科大学生建议阅读 20 种最基本的经典，二是《阅读经典怎样消除隔膜》，可以参考。

看来这次民间发起的读书调查，还真的给我们提出很多重要的警醒。

互联网对阅读思维的改变*

语文课可以适当增加“传媒素养”的内容，使学生在鱼龙混杂的互联网世界中学会辨析、过滤。

在电脑、电视、手机、iPad 伴随下成长起来的“90 后”“00 后”已经进入小学和中学，这一代青少年阅读习惯的改变已成为一个不争的事实，他们更习惯网络和手机等更为快捷的阅读方式，而穿越、轻松搞怪、调侃等网络文学的特性，似乎也更加符合这一代孩子的阅读需求。种种迹象表明，流行阅读大有取代经典阅读之势。

在这种情形下，应该如何引导青少年阅读？《中国青年报》记者就这个问题采访了北京大学中文系教授、山东大学文科一级教授温儒敏先生。

温儒敏认为，和以往相比，现今中小学生的阅读趋向已大不相同，很多学生感兴趣的可能是当下的流行读物，比如某些靠商业运作包装起来的明星作家的著作。流行读物大都像是冰淇淋，给人娱乐和刺激，适当读一些是可以的，甚至是有益的。如果完全不让孩子们读，会把读书搞得很功利，也会扼杀孩子们的阅读兴趣。另外，流行文化的适当消费，也有利于青年人了解社会，融入社会，不让年轻人去接触这些流行文化是不现实的，应当给孩子们一点自主选择的阅读空间。

但温儒敏强调，冰淇淋代替不了主食，流行时尚的阅读不能代替经典阅读。语文课就是要想办法让学生对阅读有

* 本文系笔者接受《中国青年报》记者樊未晨采访的报道，发表于 2012 年 5 月 2 日《中国青年报》。

兴趣,对高雅的经典作品有兴趣。有的学生或许会说,现在干扰实在太多,静下心来读书不容易。其实读书是一种习惯,一种生活方式,一种可以不断滋养人生提升精神的方式。只不过国人太过忙乱,太过浮躁,缺少读书的氛围。很多学生回到家里,氛围就不太好,家人整天不是看电视就是打麻将,孩子们要在这样的环境中读书,还真的需要有些"定力"。

不少推广学生阅读的学者认为,阅读其实是不分"课内"和"课外"的。温儒敏则认为,中小学语文教学如何沟通课内课外的阅读,需要认真探索。

他认为,现在一些新编教材有一个长处,就是普遍都有阅读"链接",给学生提供课外阅读书目。应当好好利用这种"链接"资源,鼓励课外阅读。老师和家长要明白,从长远来看,学生有课外阅读需求是非常值得珍惜的,不要因为考试扼杀这种兴趣。老师和家长对学生的课外阅读应当有所关心和指导,但没有必要过多干涉。学生有他们的"语文生活",有他们的语文"圈子"与表达形式,包括他们的课外"闲书"的阅读交流、上网、写博客、QQ聊天等等,这些都是他们语文能力成长的重要方面,也关系到他们语文兴趣的培养和阅读习惯的形成。"我们也许不能完全进入学生的语文生活,但应当给予尊重和必要的关照,尽可能在语文课和学生的'语文生活'之间疏通一条通道,那肯定会加倍引发学生学习语文的兴趣,培养起读书的习惯。"温儒敏说。

温儒敏承认,现在的应试教育是扼杀兴趣的,学生除了课本和教辅,再没有兴趣和时间读书。这是可悲的。因此,语文课改一定要高度重视激发学生的阅读兴趣,重视并能进入学生的"语文生活"。阅读教学,甚至整个语文教学,都要高度重视培养学生广泛的阅读兴趣,扩大阅读面,增加阅读量,提高阅读品位。

温儒敏认为,应建立这样一种观念:语文教学的效果好不好,不只是看课内或考试,很大程度上要看课外,看是否培养了阅读的兴趣与习惯。刚刚修订完的语文新课标也强化了对课外阅读的指导,强调在阅读问题上"尊重天性,培养兴趣,提高能力"。温儒敏认为,这三句话很值得琢磨,如果在课内能引起学生对阅读的兴趣,学生课下就会主动找书来看,慢慢形成习惯。

谈到网上阅读,温儒敏认为,互联网技术海纳百川的信息存储功能,独特的链接方式,以及信息传播的即时性与便利化,极大地改变着人们的阅读、思考方式,也在改变千百年来形成的印刷文化的阅读思维方式。思维跳跃、碎片化,缺少深度,专注力的丧失,都是新的现象。如果记忆完全依赖互联网,依赖百度、谷歌,那记忆就可能沦为技术化,生物记忆变成物理记忆,这对人类的感情、性格、思维的形成会有什么影响?起码可以断定,信息过量,总是来不及过滤、处理,信息流就如同大海波涛一样不断丛集、翻滚、冲击人们,这可能会产生很大问题,包括社会心理问题。所以,语文教学应当关注学生网上的"语文生活",以及可能出现的问题。他建议,语文课可以适当增加"传媒素养"的内容,使学生在鱼龙混杂的互联网世界中学会辨析、过滤。

如何看待网络“造词热”现象*

学校的语文教育，包括高考中考，都要在语言规范化方面发挥作用。

从伤不起、给力、打酱油到男默女泪、喜大普奔，不明觉厉……三日不上网，层出不穷的新词便让人摸不着头脑。造词热，已成为网络的一道奇特风景线。近日，一则“土豪”携手“大妈”或进牛津词典的消息，更振奋无数网民的心。如何看待造词热？新词的广泛流行与强渗透力会对社会心态、汉字传统、文化输出带来哪些影响？井喷的新词会否挤压传统的规范词汇？

其实，从数量看，“新词”或“热词”主要还是在网络流行，网络之外所占比例终究还是少数，所以不会挤压传统语言规范，还可能丰富语言的表现形式。但“新词”和“热词”大多注定是“短命”的，只有一小部分会沉淀下来，进入稳定的词语行列。

近年来新词的涌现，网络显然是起了至关重要的作用。

网络交流这种新形式带有即时性和快捷性，表达比较自由、随意和个性化，年轻的网友又乐于标新立异，在打破语言常规中寻求快感，新语词也就频繁产生。

但也要看到，随意改造通用词语特别是成语，不全是网民的行为，很多广告也通过改造的“陌生化”来吸引眼球，这是很不好的现象。例如，“有痔（志）不在年高”（某治痔疮药广告语），“咳（刻）不容缓”（止咳药广告），等等，都是败

* 本文系笔者接受《广州日报》记者陈小雁访谈的记录，部分内容发表于2013年12月3日《广州日报》。

坏汉语的纯洁性，甚至造成语言混乱，对中小学生也有不良影响。和一般网络语言不同，广告带有公共性，所以广告管理部门应当管一管那些不干净的语言行为。

另外，有人认为，造词热过度“狂欢”也可能造成文化内涵的缺失，助长社会的浮躁心态，如果任这种趋势肆意蔓延，在“轻阅读”和“微文化”之后，厚重的中国文化有可能越来越“轻飘”，甚至可能面临“文化沙漠”的侵袭。这种担忧自有其道理。但社会浮躁不是语言“狂欢”造成的，是社会变化带来整个人心氛围的变化，如果要改变这种趋势，必须治本。但没有必要设立语言警察去清理“热词”，规范网络用词。语言的使用、流行有自身的规律，也自有过滤沉淀的功能，以行政手段去“管理”会徒劳无功。但传媒和出版部门也有责任抵御粗俗，促进语言规范。当然，更重要的还有学校的语文教育，包括高考中考，都要在语言规范化方面发挥作用。

走出信息过量的焦虑*

有些"定力",才不至于完全被信息爆炸的旋流所裹挟,才能在没完没了的各种"现实冲击"面前保持清醒,不"愤青",不抱怨,也不"九斤老太",不随波逐流,沉下心来。

互联网的出现肯定是人类历史上的大事。它给人类太多便利、速度与效能,特别是青年人,已经开始过一种前所未有的网络生活。但也应注意到,它还会带来许多意想不到的新问题,现在仍未尘埃落定。

比如人们的思维方式就可能在悄悄改变。现在大学生研究生写论文大都依靠网络获取资讯,确实方便,不用像过去那样辛苦地收集数据资料了。很多人因此形成习惯,要找什么问题、线索、资料,不假思索地就去打开百度(或其他门户网站的搜索引擎)。这种行为模式太普遍了,我称之为"百度依赖症"。这固然方便,可是网上的信息往往真假参半,不一定可靠,怎么能不加考辨就当作研究的依据呢?

再说,这种只有结果、没有过程的行为,并不利于研究能力的提升,反而可能造成"偷懒"的惯性。拿人文学科来说,接触研究对象,摸索和熟悉研究途径,这一过程中必然有许多感性的体认,是非常重要的积累。如果没有这个过程,过多依赖网上的材料,会形成碎片式、拼贴式思维,写出来的文章也是没有感觉的。因此,还是要多读书,读完整的书,在不断思考、积累中提升研究能力。

互联网海纳百川的信息存储功能,独特的链接方式,以

---

* 本文发表于2014年2月11日《人民日报》。

及信息传播的即时性与便利化，极大地改变着人们的阅读、思考方式，也在改变千百年来形成的印刷文化的阅读思维方式。由此而带来的思维跳跃、碎片化，缺少深度，专注力的丧失等，都是新现象。

沉迷网络，让很多人已不太可能较长时间集中精力去看一本书，写一篇文章，通常都是不断地打开电脑或手机，看看有没有新信息。大家很容易变得心不在焉，注意力不集中。如果记忆完全依赖互联网，依赖百度、谷歌，那记忆就可能沦为技术化，生物记忆变成物理记忆，这对人类的感情、性格、思维的形成会有什么影响？

信息爆炸，信息过量，也可能会对青年人心理产生负面影响。这些年我们生活条件普遍比以前好了，但焦虑也多了。这是为什么？除去我们通常想到或者议论到的那些看得见的原因，比如社会转型、市场化等等，恐怕也有信息过量的原因。起码可以断定，信息过量，总是来不及过滤、处理，信息流就如同大海波涛一样不断丛集、翻滚、冲击人们，这可能会产生很大问题，包括社会心理问题。特别是互联网的信息传播现在很随意，真真假假，鱼龙混杂，某些负面的东西可以无限放大。这些每天都在缠绕冲击人们，极大地影响着社会心态。

面对信息过量现象，年轻人要有自觉，那就是通过学习让自己具备一点信息传媒素养。知道现代信息传播的规律，既要接受它，又要看穿它，不是被动面对，不是被裹挟。要培养自己的“定力”，包括应对和过滤复杂过量信息的能力，实事求是的态度，尊重规律、以不变应万变的眼光，还有平常心。自己有些“定力”，才不至于完全被信息爆炸的旋流所裹挟，才能在没完没了的各种“现实冲击”面前保持清醒，不“愤青”，不抱怨，也不“九斤老太”，不随波逐流，沉下心来。

在今天这个普遍焦虑的环境里，一个人要完全不焦虑很难，但能清醒意识到这点，减少一些困扰与烦躁，也许可以让自己的生活更有质量。以我的经验看，读书和写作也许是一种方法。

母亲的发现*

书中很多道理都是从琐屑的生活中观察得来，并不让人感觉“说教”，也不是常见的“鸡汤”，其中也读得到母亲的无力和无奈。

赵婕一口气写了三本书，即《纯棉母亲》《立木与宝猪》和《四周的亲爱》，书不厚，很可读，我也是一口气读完了。边读边设身处地，想着自己如果是母亲，或者孩子，会怎样来看这本书？这就颇受到一些感动，有些话要说。

对于孩子还在上幼儿园或小学的那些父母，这本书是很“有用”的。

该书记载了一个年轻母亲对孩子成长每一步的呵护和观察，其中有许多欢喜、慰藉、困扰、苦恼，等等，等于是孩子的成长日志，又是母亲对自身角色的思考。

里边许多“母亲的心得”是鲜活感人的，那些从琐碎平凡的生活中悟得的“道理”，每个母亲都有兴趣，因为她们也可能碰到，感同身受，读了很自然会跟着去反思。

比如，多数父母可能都认为教育主要就意味着学业，家里只是辅助，而本书认为孩子是需要父母恒久费心的，不能依赖学校，想想，如果父母二对一都无力或者无心，怎能指望老师一个人对几十个学生还能耐心有加？

又如，现在整个社会好像对学校教育都不满，孩子对学校的态度也会受影响，可是书中认为既然无法逃避学校教

* 本文系笔者为赵婕《纯棉时代：亲爱书系》所写序言。该书系包括《纯棉母亲》《立木与宝猪》和《四周的亲爱》三种，2015 年 4 月由中国发展出版社出版。

育,就要让孩子信任学校,不一知半解地去批评、抵触学校;即使自己所做的和老师的要求有变通,也要尽量让孩子感觉是老师的体系,不让他迷惑。家长要积极去弥补学校教育做不到的那些部分。

现在人们普遍很焦虑,也就常常告诫孩子对于社会要有警惕防范,例如不要和陌生人说话,等等。本书认为这尽管有些必要,但不宜过度,不要让孩子感到压抑,而应当从小给孩子植入“世界欢迎你”的生命密码,让他确信世界的友善。

书中还建议努力培养孩子的阅读爱好,认为这是良性的生活方式,除了可以营造心灵的自由,获得智慧,还能让孩子拥有快乐与尊严。

书中提到,要交给孩子自信,呵护他对生命的感觉,这是随时随地的功夫,是暗中送给孩子的昂贵的礼物,没有价钱标签,只有孩子在生命过程中才能不断体悟。

作者说到,爱、害怕、羞愧、力不从心……所有这些,都要让孩子觉得是人性的“权利”,让他放松自己;而认真做事、善意为人、有主见自立、敢作敢当等等,却要严肃训练,耐心引导。

甚至在一些很具体的问题上,作者也有她的建言。比如,提出不要用“脑筋急转弯”一类的问题来训练儿童智力,这样的问题很多是对人类智力的滥用,是对人类智力的歪曲,等等。

很多人对诸如此类的“道理”未必不知道,但往往不是心不在焉,就是隔岸观火。读这本书,从一个母亲的角度重新去体验这些熟悉的“道理”,可能就有了新的理解,你甚至会突然醒悟:在孩子教育问题上是多么需要智慧。

书中很多“道理”都是从琐屑的生活中观察得来,并不让人感觉“说教”,也不是常见的“鸡汤”,其中会有困扰与问题,也读得到母亲的无力和无奈。书中写到,“过去父母担心孩子撒谎、不勤奋、品质不高尚,从邻居家的果树下捡一个掉下来的果子吃,也许都会挨父母打骂。今天,我们担忧孩子施暴、担忧他们过早的性行为、担忧他们到黄色网页、担忧他们性取向受到误导、担忧他们被毒品侵染……”这些担忧书中也许只是提出,并未能解决,但已经压在读者的心头,促使大家去思考、探寻。合上这本书,也许我们会更加意识到,当代社会的多元和自由是幸事,但对于孩子教育来说,也增加了难度。父母总有某种潜在的恐惧,他们怕这种不成熟的多元和自由会形成价值混乱,对于孩子的精神发育可能构成某种威胁。

书中写得最多的是孩子,包括孩子的心理、孩子的游戏、孩子的健康,以及家庭和学校教育、各种成长的困扰,等等,这些事都是人们司空见惯却又未必留心的,赵婕却细细观察,有她的独特发现,这是“母亲的发现”,可以点亮生活的所有角落,让我们普通的生活突然变得有些陌生,却又那样饶有情趣。

书中除了写孩子,还写作者的双亲。那也是自己“为人母”之后才产生的对于双亲的回忆。这时候所怀念的母爱和父爱,是年轻时期容易忽略而且难于理解的,也就是所谓“养儿才知父母恩”吧。赵婕在叙写中饱蘸着感情,写得那样质朴感人。读完全书,我们体会得到作者把“写孩子”和“写父母”放到一块的特别用心。

这本书用的是随笔体,或者札记体,样式却有些特别。一节一节地记,不连贯,没有小说那样的情节线索,但又有贯穿全篇的人物,就是孩子和父母;断断续续的生活叙事中似乎也有不经意的情节,能吸引人读下去,然而全篇都主要是纪实,是纪实性随笔。阅读的魅力还来自那娓娓道来的亲切感,那略带抒情的书卷气,还有女性的细腻笔致,以及在叙事中不时跳脱出来的哲理思索。这一切都在证明赵婕正在探索一种颇有韵味的纪实性随笔。她已经取得了成功。

赵婕到北大读研究生之前,就喜欢写散文,发表过不少作品。几年重理论的学术训练,没有磨掉她的灵性与悟性,却打开了她的视野,她还是一如既往地热衷于创作。和同学们聚会,人人都高谈阔论时,她总是一旁默默地看着,似乎是局外人,始终在细细地观察和思考。赵婕富于才情,她有特别的敏感和细腻,这也成就了她的作品。这些年她当过互联网白领、出版社编辑、畅销杂志主编,却又频频“跳槽”,原因还是希望能自由地安静地写作。赵婕大概只有在书斋里,在读书和写作时,才最能感受到自己生命的质量。

赵婕已经出版过“纯棉”系列作品,现在再一次用“纯棉”来给新书命名,给人温暖清新的感觉,是母性和女儿性中特有的那种感觉。这位女作家非常享受并持续地表现“女性”,她的风格是温婉典雅的,远远区别于眼下流行的那些做作的“小资”或浅薄的“小清新”,在当下这个过分物质化以致粗鄙泛滥的时代,赵婕式随笔的出现,显得独特而珍贵。

传媒时代的儿童文学生态危机*

在看似繁荣的儿童文学背后，是传播的遇冷和遇阻，儿童文学在大众传媒语境中面临重重考验与挑战。

如今是传媒兴盛的时代，电影、电视、互联网、手机等等，成为日常生活的内容与方式，现代人的生存状况在改变，包括儿童的生活形态也发生了巨大的变化。例如，现在的孩子已经离不开电视，从幼儿阶段开始，还不认字，就先看大量动画片。“读图”为主的卡通电视，对儿童心理成长到底有什么正面和负面的影响？长大一点，孩子们开始看故事片，由于我国还没有影视分级制度，儿童可能过早接触到“儿童不宜”的社会生活内容，这是否可能导致儿童过早的社会化，以及成人阶段的提前？到了青少年时期，多数孩子都会迷恋游戏与网络，诸如暴力、黄色和各种粗俗文化的泛滥，对青少年的人格形成的影响到底有多大？我们知道现在童年的生态已经遭到前所未有的严重的冲击，约略也在担忧当今印刷文化与电子文化相交织的复合型媒介环境，可能对儿童的成长有难于把握的负面影响。但这一切来得太突然，人们正在享用这种突然的变化带来的各种便利，许多东西尚未沉淀下来，所以也很难沉下心来研究这些新出现的问题。

拿儿童文学来说，这些年从事这方面研究的学者多了起来，报刊上常见研究儿童文学的文章，这方面的专著也接

---

* 本文系笔者为王倩《隐形的壁垒：大众传媒语境下儿童文学传播障碍归因研究》一书所写序言，该书2013年由中国社会科学出版社出版。

二连三问世，的确有点繁荣景象。但又感到不太“解渴”，许多研究都陈陈相因，跳不出约定俗成的框框。诸如上面提到的大众传媒背景下的儿童文学所面临的新的问题，就少有人去探究。我们平时也许都会对这些新的现实的问题有感触，但也就说说而已，很少转化为学术问题。我们的学术反应还不够敏感。所以当我接触到王倩女士的博士论文《大众传媒语境下儿童文学传播障碍归因研究》，一看题目就眼前一亮：这是值得去做的新鲜而有价值的课题！

这篇论文提出了这样一个严峻的问题：随着传媒产业的迅猛发展，儿童和儿童文学已经陷入了大众传媒所迅速构筑起来的商业、消费、娱乐的包围圈。儿童为电视、网络、手机等逼真的画面、虚拟的世界与交流的参与性、互动性和形象性等优势所吸引，以纸质媒介为主要载体的儿童文学就必然被冷落。文章抓住一个要点，即在看似繁荣的儿童文学创作与出版的背后，是传播的遇冷和遇阻，儿童文学在大众传媒语境中面临重重考验与挑战。作者想要做的，就是对儿童文学传播中所遭遇的各种障碍进行调查研究和归因分析，看有没有对策，能否找到适应大众传媒时代的儿童文学发展新路。

文章对儿童文学传播障碍的研究，不是停留于一般描述，而首先是弄清楚基本状况。作者依据问卷调查，去发现儿童文学传播过程中“障碍”存在的部位，并分别从传播者与传播内容、传播中介与传播过程、受众的接受与反馈等几方面逐层分析儿童文学传播障碍产生的内因与外因。

文章发现的这个现象值得关注。那就是当前市场导向下的儿童文学出版功能已经发生了位移，从文化、教育媒介转变为商业机构，文化媒体的“把关”权力日益凸显，对作家创作的制导力量越来越突出。而出版资源无序竞争、儿童文学编辑整体素质欠佳、“山寨”现象等出版“大跃进”问题，也都成为儿童文学传播质量提升的阻碍。与此同时，语文教师儿童文学素养的不足、语文教材儿童文学选文的缺失、新课改要求与语文教师现状的矛盾以及作为“意见领袖”的家长的非科学引导等问题也是影响儿童文学传播的重要因素。

这篇论文以问卷调查和深度访谈等实证研究获得的数据和经验为依据，对于儿童文学接受和反馈过程中产生障碍的内因与外因进行了逐层解析，然后有针对性地提出一些减少“障碍”的构想：作为传播起点的作家要关注传媒时代儿童成长特点及需求，追求内容、文体和形式的创新；作为传播中介的出版组织要改变传统出版观念，探求图书营销策略和发掘儿童文学自身市场潜力；作为“意见领袖”的教师和家长要提高自身的儿童文学素养，发挥积极引导作用，等等。

文章值得肯定的是实证调查的方法，这有别于那些夸夸其谈不着边际的论作，让人感到踏实。但这项研究不仅是文学的，也是社会学的，如果能更多地借用社会学的方法，调查问卷就会更科学和可靠，有些个案的分析（例如儿童畅销书的策划、包装、传播等过程的分析）也就更贴近文章的主旨。另外，文章关于突破“障碍”的构想还不够具体，比如在现有体制下,到底应当有哪些政策的改动或设置可用于限制大众传媒对儿童成长的不良影响,以及可以采取哪些措施去保护儿童文学的出版传播,都很关键,还需要更多的讨论。而文中对传媒时代儿童文学乃至儿童教育所面临的许多新问题的描述,也还需要提炼,并从理论上进行细致的探索。但这篇文章已经做得很出色,它的直面现实,强烈的问题意识,以及尝试靠数据实证说话,就已经是儿童文学研究的一个新生面了。

2013 年 1 月 26 日于历下南院

方言与地域文化的式微*

现代汉语一定程度上被欧化“驯服”，表现力日益“沙化”，活力在衰减，有时就捉襟见肘。

王中研究现代文学与方言的关系已经多年，现在终于看到她的专著《方言与20世纪中国文学》问世，真替她高兴。认真拜读，感觉很好，获益匪浅。这是一部专论现代文学的方言资源运用及其得失的著作，扎实、大气、有创见，难得，难得！

该书讨论的是方言，却牵涉诸多理论问题，是“大题目”，要求能深掘到文学“本体”的深处。文学本来就是语言的艺术，研究文学语言是题中应有之义，只不过多年来专注于此者不多，即使以此为题，也往往停留于运动思潮的梳理，即所谓文学的“外部问题”。像王中的研究这样真正切入到语言“内部”的，显得稀罕而且珍贵。

现代文学从古代文学的框架中挣脱出来，是为了适应现代社会发展。这个转型真艰难，到现在还不能说已经完成。要形成适合表现现代人思想情感的文学语言形式与规范，离不开汉语自古以来的源流，又要借助外力适度的欧化，还要对民间语言资源有所吸收。这几方面的吸纳整合难免磕磕碰碰，经过上百年的历练，终于初步形成了以白话文为基础的现代文学语言。这种语言影响和辐射到整个社会的语言生活之中。可是我们享用着现代文学的语言成果，却习焉不察，很少会关注其中的甘苦得失。我们也不见

* 本文系笔者为王中《方言与20世纪中国文学》一书所写序言，该书2015年5月由安徽教育出版社出版。

得意识到，和有几千年积累的古典文学比较，现代文学仍然显得不够成熟；而这种不成熟，相当程度还是体现在语言上，因为现代文学仍然面临难于绕过的壁障——语言的困扰。

就拿普通话（国语）与方言的关系来说，从五四至今一直在创造和规范“普遍的民族共同语”，推广普通话（国语），当然这是民族国家复兴的需要，大势所趋。而文学创作在超越方言、普遍使用普通话（国语）之后，也获得了公共性、广泛性及流通性。这几乎是人人称道的语言变革。然而，和制度性推广的普通话（国语）相比，自然形成的方言可能是更“文学”的。因此现代文学在“获得”语言的公共性、流通性的同时，又可能牺牲了方言所特有的本真、自然和丰韵，以及那种能让特定地域读者享受到的亲切、甜蜜与传神（对于身处外地特别是在都市生活的读者来说，方言的气息、韵味也可能带来陌生化的阅读惊喜）。

这真是两难。

文学创作到底应当如何平衡好这个矛盾，在使用普通话创作时尽量珍惜方言的特质，适度保留这一“大地的馈赠”？“普遍的民族共同语”所带来的方言文学的式微和地域文化的衰落，是否也是民族文化之痛？

王中的书对这些问题是警惕的。

有一个观点在始终支持她全书的论述，即认为受意识形态制约的普通话，无形中会使人的语言生活纳入标准秩序严格编码，具有某种抽象性和一般性。而方言与人类日常感性的或经验的生活形态紧密相连，具有表达的多种可能性和丰富性，也更具体、自然和个体化。方言对于普遍语言规范往往起到破坏作用，它以此彰显人的本真自由，恢复人的生存常态。王中这个论断有点“过”，可能不够准确。语言规律往往不以人的意志为转移。方言和地域文化的衰落是无奈的，几乎不可阻挡。但王中从文学与人文立场出发，是在强调文学中方言存在的重要性，甚至延伸开去，警惕所谓“现代生存状态”问题。这本书有它的深度，多少触及语言哲学，意义远超出一般的文学研究。

当然，读王中的书，我们最关心的可能还不是这些理论问题，而是文学史以及文学创作的问题，是现代文学中的方言现象。

王中花费很多篇幅梳理不同时期作家、评论家有关方言的种种争议和讨论。比如第一章关于方言与白话文运动，第三章关于方言与文艺大众化讨论，等等，历史材料的清理都相当全面，从方言的角度清晰地回顾了现代文学所经历的语言的困惑与焦虑。遗憾的是，历来探讨文学语言包括方言问题，都难免陷入意识形态化，这可能妨碍了对于语言规律以及方言性质、功能的认识。

不过语言探究中还是留下一下可贵的材料，有些学者的观点也给人很深的启示。比如，顾颉刚就曾说过：“我们的精神用在修饰文字的功夫上的既多，我们的言语自然日趋钝拙、日趋平淡无奇，远不及一般不识字的民众滑稽而多风趣。我每回到家乡，到茶馆里听说书，觉得这班评话家在说话中真能移转听者的思虑，操纵听者的感情，他们的说话的技术真是高到了绝顶。所以然者何?只因他们说的是方言,是最道地的方言,所以座上的客人也就因所操方言之相同而感到最亲切的刺激。”

这段话容易让人联想到现代文学中出现过的“新文艺腔”。其实,在当代文坛,乃至普通的文化生活中,这种令人厌恶的“文艺腔”现象一直大量存在。甚至中小学生作文,也充斥着生硬的“文艺腔”。这就难怪粗糙的网络语言有时反而显得鲜活,受到许多青年的欢迎,而掺杂有大量东北方言的赵本山小品能大面积流行。王中对此有她的解释:这证实了方言能表达地域和人物的神韵,甚至能在文化商业大潮中悄悄变成一种噱头,使之因为陌生化、乡土化而成为都市文化的参照物,并由于这两种文化间潜在的互相嘲讽而增添了某种喜剧化效果,于是方言因为“奇货可居”而成为卖点。的确,方言的气息、韵味对于生活在都市中的人们来说,往往是一个“陌生的带着泥浆的梦”。

论评方言创作,是这本书的主要部分,也是最吸引人的部分。王中从方言角度重新观察,有她的不少发现。

比如彭家煌,是文学史家注意不够的小说家,王中评价很高。她看出彭的作品有一种“特别的力”,那是文字的力,来自于他独有的表达方式,以及对于方言的运用。王中说彭家煌的小说像民谣一般充满乡间的谐趣、泥土的风味、自然的情调,又删去了歌谣形式上的简单、直白与粗俗。他撷取了方言中的有效词汇,沿用了当地口语中的部分语法,又在篇章结构上显示了一个受过新文化运动熏陶的现代小说家的匠心。

相对于彭家煌,台静农受到文学史家的关注是较多的,通常都把他当作乡土小说的代表,会格外注意他如何师法鲁迅。王中却有些不同的看法,她认为台静农的小说题材和写作模式接近鲁迅,但在语言上却摆脱了“鲁迅风”,因为他有一种杂糅口语、书面语并吸纳文言文法的简练紧凑的文风。台静农兼用村镇方言和知识分子语言,并填补了两者之间的间隙,文风因之而纾缓、含蓄。王中从台静农的方言运用中,还读出了特别的喜剧味道。

王中不只是讨论语言运用的艺术,她很重视语言背后的思维问题,提出了“方言思维”这个概念。这是她的创造。比如讨论沙汀为代表的川味小说,就指出只有体会其“方言思维”,才能进入作品特殊的艺术世界。她认为四川人性格中似乎天生有一种调侃,以及调侃之中的狡猾气息,而这种思维习惯和四川方言互为表里,密切相关。书中注意到川人交谈时就多用“调笑”的方式,而沙汀等作家干脆把四川人的“调笑”搬进小说,结果就强化了川语“调笑”的场面,甚至呈现出“争吵”的效果。读沙汀小说,的确有这种阴暗而嘈杂的感觉。沙汀的《在其香居茶馆里》就是人物对话贯彻全文,“争吵”成为小说的主体内容,读来那种声音效果特别强烈。而小说借助大量“调笑”“争吵”去写人物对话,展现鲜活生动的日常生活场景以及运用“摆龙门阵”式的川味叙事手法,这些都无一不在体现川味作家特有的“方言思维”。类似这样的从“方言思维”角度的评说,的确是有新见的。

更值得注意的还有对老舍的评论。以往论者都关注老舍语言的功力和创造,而王中的着眼点在其北京土话的运用。她不厌其烦地统计分析《骆驼祥子》中的儿化音,以及遍布全篇的北京土话,看这些语言运用所产生的特别效果。她认为《骆驼祥子》是老舍方言写作的集大成者,是老舍第一次在小说中放开手脚运用北京方言。对一些有音无字的方言词汇,老舍还做了首次"命名",如"出溜""念道"(有的作家用"念叨")等。王中对老舍的语言成就,特别是方言创作的贡献,评价是很高的。她认为以老舍为首的京味小说和以沙汀为代表的川味小说,是新文学成就最高的两类地域文学,同时也是地方土语所诞生的两类风格迥然不同但都能有效地呈现地域特色的小说类别。

王中对现代作家方言写作的评析,并不止于艺术判断,而且还会引发更深度的思考。比如,在讨论老舍创作之后,王中就指出一种倾向——北京话已向四面扩展而逐渐向普通话靠拢。1950 年代中期开展现代汉语规范化运动中所确立的北京话的崇高位置(即普通话以北方话为基础方言,以北京语音为标准音),并未能减少北京方言极速消失的危险。过滤了"土腔土调"的所谓新北京话与普通话已很难区分:一方面土话成分大量减少,如老舍小说中记录下的北京方言大多已不再被使用;另一方面大量的普通话语汇已在北京话中生根。从语汇到语调、语气,北京话都发生了极大的变化。老舍当年"奉将令"提出的两点,其中保障语言的纯洁性,不让方言泛滥成灾如今是做到了,但另一点也是最重要的一点,即希望作家洗练出方言土语中最富有表现力的词汇,丰富我们的语言,恐怕是很难达成了。

读王中的书会隐约感受到某些"忧患意识",她透过创作现象,看到现代文学语言变革所面对的某些"危机"。她对现代汉语的状态有点忧心忡忡,因为她看到现代汉语已经一定程度上被欧化、被"驯服"了,面对鲜活的社会生活,汉语的表达(起码在文学创作上)有了障碍,它的想象力和表现力日益"沙化",活力在衰减,想用语言表达某种微妙的状况,有时就捉襟见肘,非常不够用。像人们说方言时的那种痛快淋漓,已经是某种奢侈。这恐怕不只是作家的困厄,普通人亦有类似的感受。

在方言和地域文化日益式微的当今,我们的作家还能在多大程度上让"大地的语言"继续发声?人们还能在语言的疆土上尽情驰骋吗?

读王中这本有意思的书,我们不得不直面这些问题。

2015 年 1 月 21 日京西褐石园

客家方言的来路与魅力*

方言的气息、韵味对于生活在都市中的我们来说，往往是一个“陌生的带着泥浆的梦”。

出版社把刘锦堂先生所著《有来有路客家话》寄给我，让我写几句话，我很有兴趣。首先书名就让我感到亲切——“有来有路”即是客家话的说法，大意是客家话很“土”，但历史悠久，很多词语的口音和语义都可以从古汉语中找到渊源“来路”。这是一本有趣的书，特别是客家人，随意翻到该书某一页，都会被吸引，有一种熟悉而又陌生的感觉。熟悉，是因为书中列举的1000多个客家方言词语，都是客家话中常见的，客家人从小习得自己族群的母语，对这些词语都是再熟悉不过，但也可能不会写，很多客家话词语或读音很难“落实”到文字上，也可能从来不曾考究过这些词语的来源。现在这本书对这些熟悉的客家方言词语一一进行考证，让你突然发现客家话居然这样“有来有路”，和古汉语有如此密切的关联，就又突然变得“陌生”起来，不禁要重新打量一番，掂掂这些方言土语的文化分量。

例如，客家人称呼母亲，往往叫“阿娭”。这个字读 mí，极少见，我从小就这样称呼妈妈，可是从来都不知道 mí 字怎么写，更不知道为何会这样称呼母亲？据我所知，客家人称呼母亲，还有叫“阿娘”“阿奶”的，不一而足。客家话很多都是有音无字，一些词语要追溯源流，从古书的“密林”中搜寻考证，找出其和古音古义的关联，是件烦琐细致的工

* 本文系笔者为刘锦堂《有来有路客家话》一书所写序言，该书由海天出版社出版。

作。刘锦堂先生就从《广韵》《通雅》等古籍中查到“阿 mí”原来是“齐人呼母也”。原来早在先秦就有这种称呼。还查到一直到宋元，都有诗文记载“阿 mí”这个词语。可见这在古代是个很普通的称呼。读了这些考释，我才恍然大悟，了解自己叫了几十年的“阿 mí”的缘起，更增一份亲切感。对普通读者，特别是客家人来说，读这本书，可以重新温习自己的方言母语，了解我们熟悉的客家话词语的来源，真让人见识增广，能触摸到母语中的文化脉动，对母语的体验更有某种“质感”了。

其实不只是客家人，其他方言区的读者或者从来不说方言的读者读这本书，也会有兴趣，不觉得枯燥，因为它能唤起语言历史的感觉。

众所周知，客家人的祖先最早是居住在北方中原地区，因为战乱等原因，历经千年，数次南迁，多定居在南岭山脉一带。因是外来的侨居者，当地的土著称之为“客家人”。客家人多居山区，世代过着相对封闭的生活，也就较多地保持了古代中原的生活形态。又由于客家人是外来的族群，格外注重族群的维系，特别在意语言的传承，客家话等于是维系族群世代繁衍的纽带，也是客家族群最显著的表征。客家人始终恪守“宁卖祖宗田，不忘祖宗言”的族训，客家话也就得以保留许多先秦的词语和音韵，甚至可以称之为语言“化石”。

学界认为客家人可能是汉族“血统”最纯的一支民系，晚清以来众多著名的学者，包括梁启超、章太炎、罗香林等，都特别关注过客家人和客家话的研究。北大教授、著名的语言学家王力先生，在法国留学时所做的博士论文就专题研究广西博白的客家方言。博白客家话又叫新民话，源出商周官话，在唐末宋初从中原汉语分出，至今仍保留着大量的先秦语言的成分，我想肯定也有许多是和紫金客家话相通的。

刘锦堂这本书主要是做客家话词语探源，读者拿起这本书，就仿佛走进语言博物馆，透过那些语言的“化石”去观察古代汉语的依稀原貌。这是美妙的汉语史的巡视，是通过语言“自我审视”的精神还乡，无论是否客家人，都会是非常有意思的事情。

这本能引起普通读者兴趣的书，又是一本有学术价值的著作。对研究汉语史、现代汉语、方言学及语言学的学者来说，书中提供了大量有关客家话词语和音韵的语料，将引发一些新的研究题目，方便做更深入的专题研究。

我特别还要说说方言的问题。我指导的博士后王中，写过一本专著《方言与 20 世纪中国文学》。我在评论她这本书时，有感于方言和地域文化的日益式微，专门转引了著名历史学家顾颉刚的一段话，来说明方言的魅力与意味。就用这段话来做这篇序言的结束吧：

> 我们的精神用在修饰文字的功夫上的既多，我们的言语自然日趋钝拙、日趋平淡无奇，远不及一般不识字的民众滑稽而多风趣。我每回到家乡，到茶馆里听说书，觉得这班评话家在说话中真能移转听者的思虑，操纵听者的感情，他们的说话的技术真

是高到了绝顶。所以然者何？只因他们说的是方言，是最道地的方言，所以座上的客人也就因所操方言之相同而感到最亲切的刺激。

的确，方言的气息、韵味对于生活在都市中的我们来说，往往是一个“陌生的带着泥浆的梦”。读刘锦堂这本书，我们也许就在领略这样的“梦”，约略找回一点“亲切的刺激”。

2015年10月29日于褐石园

《语文素养读本》前言*

在浮躁的时期孩子们能读到这套高尚而又妙趣横生的书，也许会让他们终生难忘。

按照国家“语文课程标准”要求，语文课要突出“语文素养”的培育，除了课内教学，必须尽量引导学生课外阅读，扩大阅读面，养成阅读习惯，提升阅读口味。课标规定小学初中课外阅读量400万字以上。为此，北京大学语文教育研究所牵头，组织编写了这套《语文素养读本》。这套读本由原“义务教育语文课程标准”修订组长温儒敏教授担任主编，由北大、人大、首都师大和相关研究单位及中小学的十多位专家、作家、诗人和教师组成编写组。这套读本的定位是：课外读物，分级编写，与各个学段年级的语文教学呼应，重点是引发阅读兴趣，全面提升“语文素养”。

《语文素养读本》从小学到高中，每学年2册，共24册。其内容安排与编写方式充分照顾到各年级学生语文水平和课标的学段目标，但又大体上略高于这个标准。

选文充分体现经典性、可读性和语文性。小学阶段主要以童话、故事、寓言、童谣、儿童诗、科幻作品等为主；初中阶段仍以文学作品为主，包括散文、小说、诗歌、传记、科幻作品，以及议论文、说明文等。高中的选文范围更广，涉及中外文学作品、历史、哲学、政治、经济、科技等领域。整套读本比较注重古典传统，古诗文所占比重较大，从小学低年

---

* 《语文素养读本》是供中小学生分级阅读的文章选本，由北京大学语文教育研究所组编，温儒敏主编，人民教育出版社出版。从小学到高中，每年级2册，共24册。

级开始就有古诗文。

选文安排照顾到学习的梯度,尽量不和课标建议书目——同时也是主流教材必选书目——重复。

每册分若干个单元,便于按类型(主题或其他)组合选文。每单元三五篇作品。单元开头有简短的导语,说明本单元内容主题。每篇选文附设"阅读提示",指明作品特色,引导阅读,有的偏重人文性解释,也有的偏于艺术或者语文性分析,贴近学生接受心理,要言不烦。和一般教材有所不同,读本主要是学生自读,激发阅读兴趣,注重情感教育、审美教育与思维训练,注重读写能力培养,每文一得,可与主流教材及教学计划配合使用。

小学低、中年级有较多的"亲子阅读"的内容,建议父母陪伴子女阅读,大人小孩同读一本书,可以交流和增进感情,又能借助阅读形成两代人对话的氛围与习惯,这会让孩子终身受益。

目前坊间流行的同类读本有多种,各有特色,但普遍偏重人文性,选文量大面宽,或者就是人文读本,与语文教学有些脱节。这套《语文素养读本》吸收了既有读本的编写经验,又形成了自己的特色,那就是往"语文素养"靠拢,与正式教材及教学计划有所呼应。如写作、阅读训练、口语交际,都有适当关注,有所体现。

中考与高考是所有学生必须面对的巨大的现实,我们编写这套读本也考虑到学生参与中考、高考的需要,但主要是在引导阅读和拓展思维方面提示,力求从根本上整体上提升素养包括能力,不重复应试教育的方法。让我们的中小学生既考得好,又不陷于"题海战术",不把脑子搞死,兴趣搞无,这好像有点难。其实"鱼"和"熊掌"是可以兼得的,关键在于提升教学水平,包括能让学生有较多自由的课外阅读。

在应试教育的大环境中,语文课常受到挤压,很多学生和家长并不重视语文。这是极其短视的行为。许多人上了大学还没有阅读的习惯,要读也就是读一些流行的娱乐搞笑的东西,他们的思维和表达能力必然受到限制。这是语文课的失败!学语文不能只考虑应对考试,更重要的是提升语文素养。语文素养包括语言文字运用能力,以及其所体现的学识、文风、情趣等人格涵养。这是现代社会公民必须具备的综合素养。语文课的重要,在于它能打好"三个基础":为提升综合素养,学好其他课程打下基础;为形成正确的世界观、人生观、价值观,形成良好个性和健全人格打下基础;为全面发展和终身发展打下基础。而要学好语文,光靠做题是不行的,局限于课内也学不好,办法只有一个,就是把课内学习与课外阅读结合起来,多读书,好读书,读好书,读整本的书。

这套书的阅读或许是个契机,就此带动我们,所有的家长、孩子和老师们,大家都能把读书的习惯与爱好当作一种人生方式,让孩子们从小就喜欢读书,有纯正的阅读品味,让读书伴随和滋养他们的一生。

这比任何物质财富的赐给或拥有都更重要。

在浮躁的时期孩子们能读到这套高尚而又妙趣横生的书,也许会让他们终生难忘。

2013 年 1 月 25 日

《温儒敏序跋集》前记*

这些文章其实“意思”不大，但毕竟是学术生命的存留，或有一孔之见，那就不病荒陋，作野芹之献吧。

收在这个集子的，是从1982年到现在，三十多年来笔者陆续写下的序、跋。能找到并收到集子中的一共74篇，其中26篇是“自序”，是为自己编著的书而写的；另外48篇“他序”，则是为学界同仁的书或者其他的书写的。

这些不同时期写下的序跋，文字有些芜杂，但都在围绕书来说话，叙说和评判各种书的内容。个别篇札长一些，大部分都是短制。“说书”之余难免信马由缰，或批评现实，或品藻学界，或议论人生，多少带点杂感的味道。其实，我是更乐意把这些序跋看作杂感，而不是一本正经的文章的。

我这几十年在北大主要工作是教书和写书，当过讲师、副教授、教授和系主任，其间还做过一段北大出版社的总编辑，总要与书打交道；近年又去“敲边鼓”，参与课改，主持中小学语文教材的编制，主编《中国现代文学研究丛刊》，以及受聘山大教职，与书全都脱不了干系。可以说，每一天我都以书为伴，一日无书便浑身不自在，读书已成为我顽固的生活方式。内子文英开我的玩笑曰，“书虫”啃过那么多书，何不回头列个清单，也可见几十年“蛀书”（著书）的踪迹？这玩笑居然就引发我来编这本序跋集了。

编法简单，就是缀录旧稿，仍依原钞，添加题目，然后大致按所评说的书之内容分为四辑。第一辑包括现当代文

---

* 《温儒敏序跋集》，2014年由江苏凤凰教育出版社出版。

学、文学史研究;第二辑包括比较文学、文学理论与文学教育;第三辑为语文教育,亦涉及基础教育、课程改革等方面;第四辑论及大学传统,包括北大及北大中文系的历史与现状,等等。

每辑大致按各篇写作的年份先后排序。排在前边发表较早的那些“少作”,现在看是有些幼稚的,也不失年轻时的天真,就照鲁迅所说,对那些“出屁股,衔手指的照相”,愧则有之,悔却不必。这也是我不改“少作”,将自己写的所有序跋和盘托出的原因。

编这集子是在马年春节假期。北京苦于雾霾,春节鞭炮放得少了,有了短信,登门拜年也不多了,喧闹的城市难得有几天闲静。大过节的,我翻箱倒柜,拣寻旧稿,缀录成集。我自知这些文章其实“意思”不大,但毕竟是学术生命的存留,或有一孔之见,那就不病荒陋,作野芹之献吧。

若哪些读者花时间省览拙集,有所郢正,略有会心,那我在此预先作揖吉拜,深表谢忱了。

2014年2月10日夜记于京西褐石园。8月29日改定。

六　辑

大学本义

北大、清华与人大比较论*

可惜几个大学都多病缠身,互相竞争,又互相克隆,越来越失去个性,也越来越失去价值。

我今天要讲“大学文化与大学传统”,是很大的题目,不妨大题小做,比较一下清华、北大和人大三个学校的不同校风。三个大学都在海淀区中关村一带,几乎毗邻而居,北大、清华更是一墙之隔,可是彼此“性格”明显差异。我来妄加评论,也算是有些“条件”的,我和三所大学都有密切的关联。本人是人大的校友,1964 年入学,1970 年分配离校,在人大待了六年(那时大学本科五年制)。我的青春岁月是在人大度过的。从 1978 年到现在,我在北大先读研究生,然后留校当老师,迄今三十三年,是很地道的“北大人”了。而清华呢？也有关系。清华中文系建立之前,我被清华校方聘去教过两年的课,是面向全校的选修课。我还在清华南边的蓝旗营住了十年,买菜散步都去清华。我的导师王瑶先生,和导师的导师朱自清先生,原来都是清华的,我也等于是“师出”清华。我是人大的校友、北大的老师和清华的居民,对三所大学还是比较了解的。那么就说说自己的印象吧。

可以从校训说起。校训往往凝结了一个学校的历史,反映一个学校的文化背景和创建历程,体现一个学校的办学宗旨和精神追求。人大的校训是“实事求是”。这句话出自《汉书·河间献王德传》,其中提到了“修学好古,实事求

---

* 本文系笔者 2010 年在中国人民大学的演讲。

是”。这句话因为毛泽东的引申,变为现代非常流行的成语。在《改造我们的学习》中,毛泽东说到“实事求是的态度”。他解释:“实事”就是客观存在的事物;“是”就是客观事物的内在联系;“求”就是研究。不凭主观想象,或一时热情,不凭书本,而是凭借客观存在的事实和详细的真实的材料,在马克思列宁主义思想的指导下,从材料中引出正确的结论。“实事求是”已经成为我们党和国家一个非常重要的指导精神。党中央的机关刊物就是《求是》嘛。人大把“实事求是”作为校训,体现了一种办学的理想。人民大学的传统大致也可以说是追求“实事求是”的。

人民大学是中国共产党一手创办起来的学校,从延安大学、陕北公学、华北联合大学,到1950年代建立的人大,一直是党的“嫡系”学府,一个致力于培养干部的机构。现在的人大附中很有名,大家不一定知道,其前身是“工农干部补习学校”,高玉宝、郝建秀和当时很多有名的干部,都曾在这个学校学习过。五六十年代的人民大学,有点类似党校,主要就是培训干部。我考大学的时候是1964年,报考的时候,招生简章中人大是放在北大前面的,位置很高。人大是1960年代初才开始招收应届毕业生的。人大办学,与社会、政治、党的需要紧密联系。在我上学时,人大最好的系就是党史系、马列哲学系、政治经济系、计统系、工业经济系、农业经济系等。人大的政治风气浓,当时每个星期都有政治报告,由一些部长和政要来讲,校园里时时刻刻都能够感受到时代的脉动,学生总是被告诫不要脱离实际,不要忘记社会的责任,要关注现实,有责任感和务实精神。老实说,我的大学时期是很压抑的,动不动就要被批评个人主义,或者“白专”道路。

说人大比较务实,是从好的方面讲,这确实也是人大的一个传统。现在对人大的办学传统好像有很多微词,连毕业生也每每抱怨母校。大家不满,是这个学校过于“政治化”。现在处在“去政治化”的时代,对人大的传统就更加反感。大学办得很“政治化”固然不好,但政治是“去”不掉的,所谓“去”也只是一个相对的说法,是要矫正以前过于政治化,以伸张个人空间。人大的确是政治性很强的学校,对它这个传统要分析地看。五六十年代,新中国刚刚建立,处于冷战时代,那时候不仅中国非常政治化,美国也十分政治化,苏联也是非常政治化,整个世界政治上都很敏感。当时毛泽东、共产党虽然有“左”的错误,但也不能因此全盘颠覆历史。看人大的传统,也要用这样一种历史的观点客观地评价。我看到一些从人大毕业的学生,把人大的传统说得一钱不值,心里不是滋味。

人大有人大的特点,不要拿清华、北大做标准来衡量人大,每个大学各有千秋。幸亏三个大学都还有点个性,各自有所不同,如果都变成了北大或者清华,那会很糟糕;都变成人大,更是不可想象的。现在各个大学趋同的“平面化”现象似乎越来越严重,也令人忧虑。人大的校风倾向于务实。这所大学历来重视社会科学,重头戏是社会科学,强调服务于政治斗争与经济建设。务实,是它的优势,当然,有时又可能趋向庸俗化。不仅是人大如此,当年整个社会都是这样,就是趋时,紧跟,要求步调一致,容不得独立思考。部分原因是时代使然,也有部分原因在于学校的风尚。一个大学跟时代跟得太紧,缺少必要的距离,也就缺少必要的培养自由思想的土壤,缺少独立性。这也是人大的遗憾吧。

另外,作为文科大学,人大历来对社会科学特别是应用性的学科很重视,对人文学科就比较轻视,不太愿意在这些方面投入。以前语文系在人大是无足轻重的,历史系因为有党史,稍微受到重视,哲学系则几乎成了马克思主义哲学的天下。这都显得比较偏狭。没有厚重的人文学科,整个文科包括社会科学也就难于支撑起来。好在这些年人文学科特别是传统学科得到发展。不可否认,关注社会,紧密联系社会,服务于时代,这是人大的一个特点,现在还是。“研究无禁区,发表有纪律”这话有矛盾,不让发表就等于禁止研究嘛。能不能开放一点,让人大这样的学校多做现实问题研究,也包括某些禁区研究,实事求是发现问题(包括有争议的敏感的问题),从内部提供给相关决策部门参考。应当容许不同的声音,而不是舆论一律。人大有它的优势,有清华大学、北京大学及其他大学所没有的优势,但也有它某些方面的缺陷。它过于趋时、过于紧跟,这对于一个大学的人才培养、科学研究,是有不良影响的。

再说说清华。清华的校训是“自强不息,厚德载物”。这句话来自《周易》的乾坤两卦:“天行健,君子以自强不息;地势坤,君子以厚德载物。”乾坤代表天地,用这两句话来阐释符合天地的德行,来激励师生不断努力,奋发向上。用现在的话说,是既符合规律,又有良好的内涵修养。我觉得清华的校训非常好,内涵丰富,本身给人一种很阔大的感觉。据说这是梁启超给清华定下的。

说到清华传统,人们马上会想起 1920 年代的清华国学院,还有王国维、梁启超、陈寅恪、赵元任“四大国学导师”。老清华是综合性大学,文、理、工科并重,文科的影响更大一些,和当时的北大不相上下。老清华的传统是中西合璧,放达而自由。清华本来就是用庚子赔款建立起来的留美预备学校,很开放的,所以如果讲传统,这就是清华的传统。但后来就有问题了,老清华的传统断了。其实有两个传统。二三十年代老清华是一个传统,1952 院校调整后,这个传统断了。它的文科和部分理科都移到北大等校,清华没有文科,完全成了一个工科的学校了。现在讲得很多的清华传统,是老清华的传统,1950 年代完全断了。

不过五六十年代清华又形成了另外一个新的传统,那是在蒋南翔校长的领导下形成的。这个传统可以概括为四个字:“务实、纪律”。清华流传甚广的一句话是培养“听话出活”的人才,所谓纪律也就是“听话”,懂规矩。清华强调的是“行胜于言”,你们看校园里现在还到处插有这句口号的标语。记得 1981 年中日女排比赛,中国队大胜,全民欢腾。北大学生当晚点起扫帚当火把游行,喊出的口号是“振兴中华”;而清华学生的口号则是“从我做起”,也可见两校之不同。

院系调整以后,清华以工科为主,清华的“务实”主要是和工程建设有关的。五六十年代，每年在新生入学时，清华校园里挂起来的标语就是“清华——工程师的摇篮”。清华的培养目标是很明确的，就是工程建设人才。清华的学生很苦，做实验，做工程，参与老师的项目，扎扎实实干，动手能力比较强。老师就是“领导”和“老板”，令行禁止，对团队精神格外看重。清华也看重素质培养，比如重视体育，但目的还是很明确：为祖国健康工作五十年！清华的学生比较受社会用人单位喜欢，跟他们比较务实、听招呼，是有关系的。

除了务实，清华也是一个非常政治化的学校，是一个很有章法、讲效率、讲纪律的学校。上面有什么动静，清华总是立马跟进，往往出经验，出典型。清华的工会、党组织都是很强的，工作做得井井有条，在全国都有名。清华不仅培养工程实业人才，搞汽车、搞水利、搞建筑，还很注重培养干部。清华果然也培养了很多干部，很多高层官员。省部级以上的大官，清华出身的占了相当大比例。难怪有一句话说：“大清天下”。有些人否认从政的必要，但从国际上看，名校毕业生从政并不稀罕。这当然也是一种贡献。清华有它的优势，它的校风是务实的、纪律的，是强势的，甚至有点傲气和霸气的，但对比一下老清华，会发现现今的清华缺少某种东西，那是一流大学必需的自由的空气和独立的精神。清华的工科很强，但文科比较弱，这些年凭着清华这块招牌，不愁罗致人才，包括许多文科的拔尖人才。我认识的不少北大的著名学者，为清华的条件吸引，都奔向清华去了。清华正在恢复为完全的综合性大学。但转去清华的一些学者又都抱怨，说清华受拘谨的工科思维统治，很难伸展个性。如果要发展文科，恢复老清华那种气度，恐怕还得费相当大功夫。

现在就要讲讲北大。北大很奇怪，它没有校训。以前大饭厅（现在是大讲堂）东侧写着“勤奋严谨，求实创新”八个大字，一般人以为这就是北大校训，其实不是；有时学校开会打出大标语“爱国进步，民主科学”，也不是校训。倒是有一个大家都知道，场面上又不被承认的说法，那就是：“思想自由，兼容并包”。为什么这不能堂堂正正当做北大的校训呢？可能有人担心“兼容并包”把什么都包进来了，立场不是很鲜明，政治性不够明确。其实这个不必担心，因为这是北大的历史嘛。历史上的北大的确就是兼容并包的。如果当初没有兼容并包，社会主义思想能够进入北大吗？共产党的组织能够在北大最先发难吗？不可能。所以这个“兼容并包”也未必是件坏事。

北大这个学校的确是比较自由，对于各种思潮学派都很兼容。如果没有这种校风传统，就没有北大了；没有这个就没有新文化运动了；没有它，马克思主义也无法立足。这样来看，就不要一提到“兼容并包”就觉得很可怕。北大是个多故事的地方，所以它的传统相对比较深厚。校风传统就积淀下来，形成了一种力量。在这种环境下，人们就比较宽容，它尽可能地给老师和学生提供更大的自由空间。不要以为北大没有矛盾，北大矛盾多着呢，来自社会、来自政治经济各方面的矛盾，也有很多外界的压力。但是比较多的人还是一心问学，还有比较多的人容易给他人空间。缝隙比较多，一般不会把人逼到墙角。就是说，化解压力的可能性比较大，使人们能够专注于学问，能够抵御很多物质的诱惑。

我觉得北大自由也有另一面,就是管理薄弱,甚至有些混乱。这跟清华、人大一比就更突出了。清华、人大都很注重管理有序,弄出许多规矩,不惜牺牲自由。清华、人大的管理层比较官僚,但令行禁止,能管得住。北大人不屑于当官,管理层的地位比不上教授,有的教授有意见拿校长是问,校长也无奈。听说前北大校长吴树青就曾抱怨,有一回在西门碰到一位教授,指着吴的鼻子就是劈头盖脸一顿批评。自由的北大管理薄弱,也没有什么规矩。我讲一个例子,大家看北大"乱"到什么程度。几年前,北大有一个很有名的学院,大二的一个班级来了个新的班主任。一年以后,才发现这个班主任居然是假的,是个流浪汉,做北大学生的班主任过过瘾。可见北大有多么的乱。但北大相对又是比较自由的,禁区较少,把人逼到墙角的情况也比较少。加上北大比较国际化,中外各种学派名家乐意在北大亮相,学生在这种环境中开阔眼界,活跃思维,比较能激发创新。北大的学生往往心气很高,张扬个性,乐于批判性思维,容易被看作不合群,不"听话"。北大的毕业生在社会上往往被另眼看待。北大是个奇妙的地方,这里的学术空气适合天才的发展,因为提供了较多自由的空间。但是对于一般实用人才的培养就不见得很适合,如果学生没有足够的自制力,在北大就学不到什么东西。北大如鲁迅所说,是"常为新"的,这是优点。北大人的主意很多,实行起来就比较难。北大人往往起得早,赶上的可能是"晚集"。

关于北大,人们已经说得太多,我在另外几篇博客文章中也有专门评说,这里就不再饶舌了。

对北大,没有必要吹到天上,也不应该贬到地上。对清华、人大亦如此。

北大有优良传统,是有个性有品位的大学,可是这些年也感染上商业化、官场化、项目化、平面化和多动症等疾患,越来越丢失传统,办学质量每况愈下。其实清华、人大也彼此彼此,都多病缠身,你我互相竞争,又互相克隆,越来越失去个性,也就越来越失去价值。这才是令人忧虑的。

中文学科的历史、现状与前景*

"中文学科"是社会影响面很广的传统学科,也是对大学人文教育起着"引擎"作用的基础学科。

提到"中国语言文学"学科(常简称"中文学科"),一般人并不陌生,甚至还多少"插得上嘴"。因为无论"语言",还是"文学",都和我们的生活紧密联系,"中文学科"是社会影响面很广的传统学科,也是对大学人文教育起着"引擎"作用的基础学科。当今几乎所有综合性大学、师范大学以及部分专科性大学,都设有"中文学科"。如果说数学是自然科学之母,那么"语言文学"在整个文科中也处于类似的"领头羊"地位。

学科的源流与现状

"中文学科"渊源悠久,从先秦到晚清,传统教育基本上就以语言文学为主要内容,除了熟读经史子集,就是学习诗赋或文章技巧,培养的主要是文人。传统的学术并不像现在这样细分学科,文史哲各自分科,是现代教育的产物。清末始建现代的大学,设立"中国文学门"(后来又称"国文系"),"中文学科"独立成为一门学科。从1920年代到1940年代,"中文学科"逐渐成型,整体上仍承袭传统朴学,注重考据、校勘、注疏,稍后又引入科学实证方法,力求昌明国粹,融化新知,传统学术与现代学术在矛盾纠结中日趋交

* 本文发表于2014年11月18日《光明日报》"名家谈学科"专栏,原题《中文学科:传统深厚路向开阔》。

融变通，“中文学科”的研究和教学水平大幅提升。教学则强调“博学而知文学源流”，文学史研究成为重头戏。这时期的“中文学科”偏于精英教育，培养出许多文科和教育方面的杰出人才。

1950年代之后，受苏联影响，强调专业化教育，文史哲分科愈加明显，中文系内部也逐步形成了“文学”“语言”和“古典文献”三足鼎立的局面；虽然强调厚今薄古，但“古”字号的语言文学研究仍为主轴，而又增添了一些新兴的学科分支，如文艺学、现当代文学、外国文学、语言学、现代汉语，等等，研究领域拓宽，与现实的联系加强了，学科的体制也得以完善。经“文革”劫难之后，1980年代学科复苏，“中文学科”异常活跃，一时几成“显学”；各学科分支的研究也逐步深入，成绩斐然，但研究和教学的基本格局仍不脱原有框架。

比较显著的变化发生在最近这十多年。面对新形势和时代要求，“中文学科”的人才培养模式、课程设置以及科研方面，都有大的调整。本科培养由专业化往通识方面转，多数大学的中文系不再分专业，有的就融合成一个“汉语言文学专业”，教学目标的定位则转向培养有较高语言、文学素养，有一定写作能力的“综合型人才”。只有少数综合性大学（如北大、复旦）仍然保持有三个专业的分野，但也力图打通彼此界限；本科侧重通识，加一点专业训练；到了硕士、博士阶段再细分专业方向，招生甚至要落实到二级学科下属的某个分支。无论研究生培养还是学术研究，仍然呈现分工越来越细的趋向，其中利弊尚待厘析。

学科的研究范围、分支与课程设置

“中文学科”是涉及面很宽的一级学科，通常下设7个二级学科。由于各个大学的办学定位和条件不同，学科设置的情况会有些差别，但课程安排则大同小异，主要“异”在二级学科。这里略作介绍。

“文学”专业方向有3个二级学科，即文艺学、中国古代文学、中国现当代文学，主要研习古今文学理论和文学源流，评论重要的作家作品与文学现象，梳理文学发展的历史脉络，跟踪当代文学现状；当然，也会涉及文学批评、外国文学、比较文学、民间文学、影视文学、通俗文学及少数民族文学，等等。文学总是植根于特定的文化土壤，因此通过文化现象分析去研究文学，或者从文学的角度观察社会文化，与当代社会文化“对话”，也越来越受到文学研究的重视。

“语言”专业方向也有3个二级学科，即古代汉语、现代汉语和语言学。因为语言学研究对象不限于汉语，涉及面又很广，现在已经从“中文学科”中独立出来，“升格”为一级学科，叫“语言学与应用语言学”。有的大学专门成立了语言学系。不过考虑到学科的历史状况以及教学的便利，多数大学的中文系仍然维持文学和语言“不分家”，因此语言专业就改为下设1个二级学科“汉语语言学”(包括古代汉语和现代汉语)和1个一级学科“语言学与应用语言学”。“语言”专业方向致力于探索汉语古今演变过程,梳理语音、语法、语用等现象,以及以语言本体作为研究对象,探索语言规律。随着中外文化交流的日益密切,这些年对外汉语也逐渐成为一个学科分支。另外,和数学及计算机科学结合的计算语言学也成为“新宠”。

“古典文献”专业方向只有1个二级学科,就是古典文献,主要研习古籍整理方法,通常要涉及版本、目录、音韵、训诂等学科分支。古代典籍校勘、古代经典阐释、古文字、中国文化史、国外汉学等方面的研究,也是题中应有之义。“古典文献”学科的人才紧缺,一些大学中文系开不出这方面的课,或者只开“中文工具书”等普及性的课。如今“国学”很热,一些大学专门成立国学研究院,或开设国学班,好处是打通,但研习的范围过于广泛,也可能专深不足。

如今多数大学的“中文学科”都依照二级学科开设7门基础课,要求一二年级本科生必修。到了二三年级,逐步增加专业选修课。还有些学校(通常是没有新闻传播专业的学校)会开设某些跨学科或者应用性的课程,诸如新闻出版、影视、文秘、写作等。学生也就在修课、读书和研究中发现各自的兴趣或所长,在高年级选读文学、语言或文献的专业课程,为毕业论文或者读研究生做准备。到硕士、博士培养阶段,多数大学的“中文学科”都依照几个二级学科来招生和分科教学。教师和研究人员的研究方向,也大都归属某个二级学科。

从三个“需要”看中文学科的功能与前景

最近十多年,“中文学科”的课程设置、人才培养和学术研究都在变革,总的趋向是要适应和满足新的时代需要,提升学科发展的活力。我们可以从满足三个“需要”的角度,去理解“中文学科”所追求的功能、价值和意义。

一是继承传统的需要。母语是民族文化的主要载体和重要组成部分,学习和研究母语,是继承优秀文化传统的前提。而一般常说的“国学”,即传统之学,其一部分核心内容,就是现在“中文学科”研习的对象。比如古代汉语、古代文学、古典文献学,都是了解和承续优秀传统文化所必需的学问。现在强调重视继承优秀传统文化,首先要把传统文化有哪些“宝藏”弄清楚。但现在有能力做这方面工作的人才非常短缺。开展《儒藏》等大型古籍整理,要招收博士生,生源都很困难。“中文学科”是培养“读书种子”的,在承续中华民族优秀传统、建设社会精神文化方面负有重要使命。

二是“语言生活”和“文学生活”发展的需要。当今世界,经济全球化趋势日渐增强,现代科学和信息技术迅猛发展,新的交流媒介不断出现,促进了社会“语言生活”和“文学生活”的巨大变化,对人们的语言文字运用能力和文化、文学选择能力也提出了更高的要求。以汉语研究为中心的语言规范、语言战略、语言经济、对外汉语以及计算机语言学,等等,许多前沿课题也都陆续进入“中文学科”的视野。

三是语文教育的需要。语言文字的运用,包括生活、工作和学习中的听说读写活动以及文学活动,存在于生活的各个领域。语言文字运用的能力以及文学审美的能力,都是现代公民基本的能力。所以从小学到大学,都有“语文”学习持续的要求,一些大学仍然开设“大学语文”,在中小学,“语文”则始终是一门主课。当前中小学语文教育饱受诟病,也的确存在许多问题,往往都归咎于应试教育,其实教师的素质与普遍的业务水平也堪忧。大学(尤其是师范院校)必须有一部分人专门从事语文教育研究,社会也期待有更多优秀的人才投身语文教育。

从三个“满足需要”来看,“中文学科”的确是学术资源丰厚、潜力巨大、前景可观的学科。

现状:正走出“低谷”,回复常态

“中文学科”有过“辉煌”的时期,尤其是 1980 年代,改革开放之初,思想解放闸门开启,人文学科迎来生机勃勃的春天,那时胸怀理想的“文青”特别多,考大学读中文系成为不少人的首选。但时过境迁,社会转入以经济建设为中心,更多学生希望学习经世致用的学问,或者追求可能更有“实利”的专业。特别是随着市场化浪潮到来,人文学科包括“中文学科”一度风光不再,甚至陷入窘迫,门庭冷落。学科的命运难免受时代潮流的左右,而学科的生命力也往往取决于其满足社会需求的程度。从近几年的情况看,“中文学科”已明显从“低谷”中走出,正峰回路转,回复常态。

“中文学科”回复常态,是可喜的变化。社会开始质疑和告别单纯的“GDP 崇拜”,在发展经济的同时,越来越强烈意识到精神文明重建的迫切与紧要,对以文化传承为己任的“中文学科”,自然也就有更多的期待与投入。如今有很多行业都期盼接纳中文人才。比如文学、影视、文化、新闻、出版、教育、管理,等等,凡是需要“笔杆子”的行业,都很欢迎学中文的毕业生。即使从找工作的角度考虑,中文系毕业生就业机会也越来越多。在不少师范大学,“中文学科”又成为生源最稳定的“吃香”的学科。

“中文学科”回复常态的背后,还隐藏着某种悄悄的变化。很多家庭“温饱”问题解决之后,更加注重精神层面的需求,选择专业也更加看重个性、爱好,希望所选的专业最好能成为自己将来的“志业”,而不只是为稻粱谋的“职业”。一般来说,对语言(特别是书面)表达比较敏感,比较有才情、有个性的人,不特别在乎物质享受的人,可能更愿意选择“中文学科”。我们欣喜地看到,有越来越多的年轻人真正从“志趣”出发,选择了这个学科。

澄清几种对中文学科的“误读”

尽管这样，社会上对“中文学科”仍然存在某些“误读”，每年高考后选择志愿时，对报考中文系也可能有模糊认识，需要澄清。

有人可能认为学中文“不实用”，不像某些专业有很实在的技艺。的确，因为是基础性的人文学科，知识覆盖面广，又特别讲究熏陶感受，所研习的东西不见得全都那么“实用”。比如研究李白、杜甫，感受唐诗独有的魅力，并没有什么“实用价值”；研究语言变化的规律，考证古文字，也很难转化为“银子”。“中文学科”的许多学问表面上看“不实用”，不一定能直接创造价值，但从国家民族的文化传承与发展来看，从精神涵养所得来看，就不能不承认“中文学科”又是“无用之用，乃大用也”。

还有些人想当然认为，学中文的就是舞文弄墨、摇头晃脑吟哦“四书”“五经”及古诗文，有点儿寒酸味，与现实隔离。这也是对这个学科的不了解。“中文学科”很重视传统，固然要读古书，学古代文学、古代汉语，但这是学问，在研习过程中使用现代的眼光与方法，能获得许多知识理趣，还可以丰富内心生活。这是很充实的事情，哪来“寒酸味”？“中文学科”本身就是“化育人”的学科，能边研习边涵养自己，一举两得，在当今浮躁的环境中，难得有这种精神“修炼”。何况除了古典，“中文学科”所研习的还有现当代文学、外国文学以及当代文化，等等，是中西古今汇通，与社会并不隔膜。“中文学科”并非一个脱离现实、暮气沉沉的地方，相反，中文系（文学院）往往是许多大学校园里思想最活跃的院系。中文系的通选课，也大都在大学里产生辐射性影响。

“中文学科”最引人瞩目的常常是“文学”，那种认为中文系的课程“不实用”、比较“虚”的误解，也多指“文学”。其实“中文学科”可谓有虚有实，虚实兼济，不只有“文学”（且不说研究文学也并不能说就是“虚”的），还有很实在的“语言”和“古典文献”。“文献学”训练古籍阅读整理的能力，是要下“死功夫”的。能说这学问不“实”？语言学研究虽然归入人文学科，但它有一部分是讲求实证调查和科学分析的，比较接近理科。和传统的中文系不同，现今“中文学科”的研究领域拓展了，有一部分是跨学科或者文理结合的，往往处于科学研究的前沿，也能直接创造实用价值。目前有些大学的中文系部分学科招生，已经文理兼收了。喜欢理科的学生，在中文系也能发挥自己的潜能。

还有些报考“中文学科”的学生，想象中文系就是作家的摇篮，往往带着“作家梦”来选择这一学科。这也有失偏颇。的确，中文系出过不少作家，但“中文学科”一般不把培养作家设定为教学目标。作家要有天赋，有生活，可遇不可求，不是学校能够刻意培养出来的。“中文学科”的定位是把语言文学作为研究对象，培养这方面有较高素养与能力的人才。社会需要的作家毕竟是极少数，但却需要大量“笔杆子”。进中文系即使当不成作家，起码应当也可以成为“笔杆子”。学中文的学生受过语言文学的基本训练,文字能力较强,从事各行各业以及学术研究的适应性也较强,“后劲”较大。中文系培养的人才众多,发展的路向宽广,不只是学术圈子,做各行业的都有,而且都可以做得不错。

当然,在当前比较实利化、浮泛的风气中,“中文学科”也还有困境,有弊病。比如学科分工过细,各自为营,产生许多学术泡沫;学生读书不多,写作不过关,缺少“文气”,没有文化传承的自觉,等等。这些都是需要改进的。

记得多年前我写过一段话:“中文系魅力何在?在传统深厚,在思想活跃,在学风纯正,更在于其办学理念:不搞急功近利的职业培训,而是力图让学生学会寻找最适合自己的人生之路,打下厚实的基础,使整体素质包括人格精神都有健全的发展。”这也许就是我们理想中的“中文学科”吧。

大学应回归其本义*

如果不坚持大学的“本义”，不在本科教育上下功夫，只想投点钱立竿见影就出成果，所谓“创新”也只是泡影。

曾有一度，我们为大学固守“象牙塔”而忧虑，然而今天，当大学向社会张开怀抱，不再脱离现实生活的时候，一些社会风气的侵扰又让我们对大学的应有之义进行再度探寻。温儒敏教授用朴实生动的语言，从大学学术和人才培养的角度对大学应回归其本义的思考，值得我们深思。

一

大学的本义是培养人才，本科生的培养，是整个大学教育的基础。这个年龄段学生正在迈入成年，处于人生的黄金时段，他们的人生观、世界观，学业兴趣、知识结构和未来的发展方向，主要都在这个时期确立。一个受过系统教育的人能否形成健全的人格心理，能否养成良好的学习习惯和不断完善自我的行为模式，能否具备日后事业发展或者进入科学研究所需要的基本知识和能力，很大程度上取决于本科阶段。所以从人才培养的角度看，在各个阶段教育中，本科无疑是最重要的。相对于以专业性为主的研究生教育，本科教育更具基础性，是全人教育、通识教育基础上的专业教育，学科规模要求要更完善，师资和其他方面教育投资也要更多，需要各方面工作配合，需要相当的学术积累和“小环境气候”，整体而言其教育成本更高，而“成效”显

* 本文发表于2013年6月12日《光明日报》。

现的难度也更大。一个专业如果有一两个学术实力强的老师,有相应的教学条件,又招到潜质好的硕士或博士生,几年工夫写出好的论文,或者争取到重要的项目,是不难办到的。但要把某个本科院系办好,学生中能培养出一些优秀的人才,需要很多学术积累,短期内就很难做到。某个杰出的人才出自哪所大学,人们一般更注重其本科,而不是研究生。一所大学得到过哪些奖励,有多少论文,有过什么项目,人们也许并不记得,但哪个杰出人才出自哪所大学哪个院系,大家还是一目了然。所以,本科教学应当是衡量一个大学水平的核心标准。

问题是这个道理现在被普遍忽视了。浮躁的好大喜功的心理,让许多大学管理者眼睛全都朝上看,他们全都希望得到更多的博士点、重点学科和项目,争来争去,多数大学都可以培养研究生甚至有博士点了,大学的精力几乎都放到博士点和科研项目上,本科教学就越来越不被重视,结果博士硕士越招越多,“萝卜快了不洗泥”,以数量对质量,培养水平下降是不争的事实。本科呢,说是通识教育,其实老师的心思大都在争取科研数据上,很少有人关心大学生的培养。大学的“本义”就这样被放弃了。现在总在喊“创新人才”培养,如果不正确认识和坚持大学的“本义”,不在本科教育这个“大盘子”上下功夫,只想投点钱立竿见影就出成果出人才,那么所谓“创新人才”也只是泡影罢了。

怎么才能让大学急功近利的风气有所转变,来重视本科教育呢?关键是教育管理和学术管理部门必须改革现有评价体系,不以论文、项目数量定高下,不搞“一刀切”,让重视本科教育、有特色的学校和院系有前景,有成就感,得到好处。这个问题已经吵了多年,我们有必要认真反省,下决心推进改革。

二

二十年前,硕士或博士论文评审是非常认真的,那时评审制度并不像现在这样严格,主要靠老师们的自觉。那时多数教授对学术的尊严都还有敬畏之心,不敢轻易“放水”。记得 1981 年我在北大中文系硕士毕业,全系 19 位同学,答辩没有通过的就有 3 位。答辩会上真刀真枪的批评和争辩,是正常的。那时期的学位论文整体水平都很高,原因之一是有严格的评审把关。

而现在虽然都有评审制度,例如博士论文匿名评审,但往往形同虚设。有些学校的博士论文提供外审,评审者的名单可能就是指导教师自己指定,都是请一些“好说话”的同道者,而被邀请的评审专家也全明白是谁指导的论文,心照不宣,只能说些恭维的话,极少会有论文因质量太差而被卡住的。这一关就虚设了。到了第二关,进入论文答辩,这回是和导师面对面了,更是客客气气,即使有批评,也是“小骂大帮忙”,很少有人敢坚持原则,给不合格论文投反对票的。一些老师认为答辩其实是给人帮忙,如果你坚持原则,对不合格论文投了反对票,或者批评意见太厉害,怕是以后自己学生的答辩也就会“吃亏”,只好使学术评价顺乎“人情”,你好我好大家好。结果呢,极少有博士论文在评审和答辩时不予通过的。评审制度就摆在那里,参加评审的专家也可能是有学问的,可是大家都受这种顺乎“人情”的风气制约,即使面对很差的论文,最终也还是让它通过。专家只能随大流,如果在学问上较劲,反而显得不合时宜,以至于谁在学问上认真,邀请他评审的也就越少。而学生呢,看到所谓评审答辩就那么回事,对学术的尊严感也就荡然无存。这就是所谓“评审文化”吧。

其实不只是学位论文评审,在其他方面如教学评审、项目评审、职称评审,等等,大同小异,都被这种“评审文化”裹挟。

在这种充满调和折中的“评审文化”氛围中,再好的制度也是虚设的。有没有办法从制度上抑制一下这种不良风气呢?你好我好大家好,过日子是不错的,可是做学问就会觉得没有意思了。不久前读到北大何怀宏先生的文章《知识分子,以独立为第一义》,呼唤对知识的探寻与守护,类似的提醒已经很多,现在读来仍然颇有感触。这些年许多读书人都很推崇陈寅恪式的“独立精神”,可是独立性在哪里?只在反叛现实权势话语的想象中吗?或者只在“愤青式”的痛快文章里?在本来自己完全可以“独立”的空间里,我们是否又都放弃了必需的“独立”?

三

和五六十年代比,甚至和改革开放之初的大学生比,现在的大学生都显得过于世故、精明。可以说现今有“四大主义”流行,包括个人主义、拜金主义、享乐主义和庸俗的现实主义,充斥着许多大学校园。为什么?当然跟整个大气候大环境有关,但从学校教育方面检讨,也有直接的原因。

为什么上大学?入学教育可能也把一些大道理讲得头头是道,可实际上办学的理念却是实用主义的,这不能不影响到学生的成长。我到南方一所大学讲学,一位大一的学生就向我抱怨:他们进大学第一堂课,竟然是“就业办”的老师给上的,讲的就是如何准备找工作。这个同学说,天呀,在中学被高考逼得喘不过气来,好容易上了大学,马上又有就业的压力!这位同学的抱怨,值得我们大学的管理者深思。尽管大学生就业也的确是大问题,学校不能不管,但大学教育全都受控于“就业”的指标与需求,也就失去了大学教育的本义。在这种完全讲实用讲实利的气氛之下,理想主义哪有存身之地?

还有,我们多年所注重的思想政治教育内容陈旧,方法生硬,不能针对现实问题回答学生的疑惑,更难以帮助学生树立远大理想。课上学的,课下可能马上就给低俗的空气所解构颠覆了。要求学生了解国家民族的历史与现状,进行爱国主义的教育,是必需的。在我们这个社会主义国家,向学生进行核心价值观教育,也是必需的。但不能是生硬的、强制的“灌输”,不能是高头讲章、脱离现实的,必须充分考虑新一代学生接受的可行性。

更重要的是,教育还需增加世界观、人生观、价值观的分量和内容,为人的全面发展提供精神滋养。人生观和世界观,决定人对整个人生意义和世界价值的基本看法,包括人生的意义、真善美、生与死的本质、人与自然、人性与社会性、社会公平的准则、伦理道德的底线,等等,这些问题都是本源性的,牵涉到对人生社会的基本看法,有的还富于哲学含义,涉及终极关怀。对这些本源性问题的探讨与摸索,也就导向人生观、世界观的确立,可能从根本上决定人一生的追求及其思想行为模式。这种人生观、世界观的培养,本来是大学教育的题中应有之义,甚至比知识获取更加重要。我们应当好好反省我们的思想教育,想办法增加思想教育的实效,大力加强学生人生观世界观的教育。也许我们不能改变整个社会风尚,但起码大学应当有些理想,有些追求,能多少承担精神高地的责任。

教育，须以价值观铸魂*

一股低俗、粗鄙的思潮正暗流汹涌，不少自信满满的大学生其实很迷惘。

异地高考、教育公平、学前教育……刚刚结束的“两会”，教育是一个热点议题。大家都关注教育，是中华民族的好事。今天，当教育投入进入“后4%时代”，教育事业迫切需要解决哪些问题？我以为，除了教育公平与均衡发展之外，如何提升育人质量也很值得研究。

党的“十八大”提出，把立德树人作为教育的根本任务。“两会”上，代表委员们也纷纷讨论如何涵养核心价值观，形成良好社会风尚。这其中，中南大学校长张尧学委员的一番话令人印象深刻：“建设一流大学，短板主要在价值观的判断和标准上。如果把大学作为一个挣钱的地方，一流大学是建不成的。”其实，不只是建设一流大学，办好人民满意的教育，同样离不开价值观的熔铸。

有一年，我到南方一所大学讲学，一位大一的学生抱怨：进大学第一堂课，竟然是“就业办”的老师给上的，讲的就是如何准备找工作。这个同学说，在中学被高考逼得喘不过气来，好容易上了大学，马上又有就业的压力！学生的抱怨，值得深思。尽管大学生就业的确是大问题，学校不能不管，但如果大学教育全都听命于就业指挥棒，让实用实利的气氛笼罩校园，也就迷失了教育方向。

入学教育可能也把一些大道理讲得头头是道，可实际

---

* 本文发表于2013年3月19日《人民日报》“名家笔谈”。

上办学的理念却是实用主义的，这就会影响学生的成长。总体上看，高校思想政治教育成效显著，求实创新的氛围是主流。但也不可忽视，在一些院校，个人主义、拜金主义、享乐主义和庸俗现实主义确实存在。

比如，一些教授喜欢当“老板”，不愿上讲台，不想坐冷板凳。而一些学生心浮气躁、急功近利，对学业、兴趣、理想等避而远之。在一些学校，问问同学们每晚的“卧谈会”都聊些什么，看看同学们课外读物都读些什么，就会知道，一股低俗、粗鄙的思潮正暗流汹涌，不少自信满满的大学生其实很迷惘。这固然跟转型期的社会环境、思想困惑很有关系，但从教育自身反思，需要改进的地方不少。

首先，思想教育需要与时俱进，对接学生成长的实际情况、现实需求。不少学校在思想教育上不是不重视，也很下功夫，但为什么还是费力不讨好？一个重要原因，在于思想教育内容陈旧、思维僵化、方式生硬，不能针对现实问题回答学生的疑惑，更难以帮助学生树立远大理想。这说明，思想教育再也不能走照本宣科、强制灌输的老路，需要充分考虑这一代学生的心理和接受情况，进行有针对性、实效性的教育探索。

更重要的是，教育还需增加世界观、人生观、价值观的分量和内容，为人的全面发展提供精神滋养。人生观和世界观，决定人对整个人生意义和世界价值的基本看法，包括真善美、人与自然、人性与社会性、公平的准则、道德的底线，等等，这些问题都是本源性的，牵涉到对人生社会的基本态度。对这些本源性问题的探讨与摸索，会引导价值观的确立，决定人生追求及思想行为模式。只有通过这些问题的解决，正确认识个人与世界、个体与社会的关系，才能从思想深处拔掉功利主义、个人主义的根子，重塑积极向上的价值观念。

爱因斯坦有句名言：想象力比知识更重要。从人的成长来看，世界观、人生观、价值观的培养，是大学教育的题中应有之义，同样比知识获取更加重要。教育只有以核心价值观凝神铸魂，才能真正立德树人，培养一批又一批身心健康、品质高尚的有用之才。

关于中文系学习问题的答问*

什么样的人适合学中文？对语言（特别是书面）表达比较敏感，甚至比较有才情、有个性的人，不特别在乎物质享受的人。

颜同学（美国麻省理工学院本科2012级）和孙同学（北京大学中文系2011级）要编一本向中学生介绍大学专业的书，提出一些问题要我作答。我答问如下。

选择中文专业

· 您上大学时，为何选择学中文/语文？

因为喜欢。

· 和哲学、历史相比，中文有哪些特质？

更有灵性，也更需要个性化的学习。

· 什么样的人适合学中文？

对语言（特别是书面）表达比较敏感，甚至比较有才情、有个性的人，不特别在乎物质享受的人。

中文专业的学习

· 大学的中文专业的学习，和高中语文有哪些主要的不同？

高中语文主要学习语言文字运用，大学中文专业则以语言文学现象作为研究对象。

---

* 本文系笔者与学生的笔谈。

·中文的学习,会给学生带来些什么?学中文,学生有哪些方面的收获?

带来较深厚的语言文学素养,对文化传承的自觉。学生的写作能力会有较大提高,比较有"文气"。

·学习中文会培养学生怎样的看问题的视角?是否会改变一些价值观、世界观?

会有语言或者文学的敏感,对自由的迷恋,甚至有些批判意识。但也可能很平庸,或者眼高手低,难于融入社会。

·学习中文,学生会有哪些实际的提升,能锻炼哪些能力?在毕业后从事的工作中,是否会运用到这些能力?

写作能力,以及写作背后的思维能力,审美感受能力。这些在社会上有些实用价值。但幸运的是作为一种素养,对自己的人生亦有滋养的益处。

·学中文的同学是否对社会有一些特别的责任?

少数学生养成文明批评和文化批评意识,有可贵的责任感。

·社会上有哪些对中文专业的误解?

认为中文就是培养作家的,或者认为中文不需要学,也学不到什么有用的技能。

·学生进入中文系,应该抱一种什么样的心态?

中文是基础学科,又是化育人的学科,不要急功近利,要磨性子,涵养自己,整体提升。

·您对中文系学生有什么样的期望?一个中文系的毕业生,你觉得最基本应该达到哪些要求?

在这个浮泛的功利的时代,能沉下心来,认真读一些基本的书,学会思考与写作,养成健全的人格与人生观,对国家民族有一份责任心,就会超越平庸,拥有美好的未来。

关于阅读

·阅读的时候情感和理性应该怎样配合?

书的形式内容不同,方法亦有不同,不必刻意追求配合。文学作品阅读要尊重第一感受。理论阅读要有质疑与思考。

·您觉得人们为什么能享受阅读的过程?

书籍是朝世界开放的窗户,能拓展眼界,放飞心灵。阅读符合人的天性。

关于教育

·您觉得现在的中学语文教育有哪些地方是可以改善的?

从教学内容到方式都需要改变,我主持编制的课标就体现了改进的目标与途径。但社会竞争日益加剧,给教育改革带来难于克服的障碍。

·您觉得现在的大学中文专业的教育有哪些地方可以改善?

改进课程设置分工过细的弊病,让学生多读原典,多思考讨论,多练笔。

建 议

·您觉得现在的中文专业的学生有哪些普遍存在的问题?

不读书或少读书,只学会一些理论概念和操作手段,没有文化与文学的感觉。写作不过关。

·您对高中生选专业有什么建议?

主要考虑自己是否喜欢,是否适合个性,有没有这方面的潜力。当然,最好还与自己的志业结合起来,考虑一下国家社会发展的需要。其他实际的因素不必过多考虑,起码不是第一位的。

2013 年 9 月 3 日

大学语文讲成“高四语文”，能不被边缘化？*

目前大学语文这门课的确困难很大，状况堪忧。

中国人民大学的大学语文从必修课改为选修课，引发媒体广泛关注。就此，记者采访了山东大学文科一级教授温儒敏。

温教授2004年至今任北京大学语文教育研究所所长。这两年很多时间住在济南，也为本科生上课。同时接受教育部委托，出任小学初中语文统编教材总主编，邀集60多位专家做这项工作。

温教授表示，这年头关于语文的炒作太多了，对语文教学也不见得有帮助。就说所谓“从必修到选修”吧，早就不是新闻，多年来许多大学都是把大学语文当作选修课的。关键是大学语文这门课的定位不能太高、太实，应当想办法激发读书的兴趣，把中学阶段被应试教育败坏了的胃口调试过来，只要喜欢读书，逐步养成读书的生活方式就好办，语文素养就可以在学生今后长期的自学过程中得到提升。

是否意味着母语教育边缘化

记者：大学汉语从必修到选修，是否意味着大学语文甚至是母语教育的边缘化？

温儒敏：大学语文在大学里面地位尴尬，是有多方面

* 本文系笔者接受《中国教育报》记者唐景丽采访的报道，发表于2013年11月25日《中国教育报》，原题《对话温儒敏教授：大学语文重在语文素养的培育》。

原因的。

一是学校比较浮躁,有功利思想,不太愿意在这类“长线”的课程上多投入。而且本科低年级英语、政治课占去大半课时,剩下的还有许多通识课,于是最容易被挤掉的就是语文课,它“沦为”选修一点也不奇怪。现在的大学生很实际,他们选课大都在考虑就业需要,除了专业课和必选课,多数学生都只选那些技能性、应用性强的课。

二是这门课定位不明确,内容和教法都很随意,常见的都是采用类似中学的那种文选精讲的办法,等于是“高四语文”,学生本来在中学就被应试教育那一套搞累了,谁还会喜欢这样的课?所以选修的人数越来越少也不奇怪,即使规定必修,也不会好好学的。

三是这门课位置很低,教师不愿意教,上大学语文课的一般都是刚毕业的年轻教师,或者是那些在专业没有多少发展可能的、水平较低的教师。现在风气浮躁,所有大学老师全都在奔科研成果的指标,教学好坏无关紧要,谁还在大学语文上下功夫?所以所谓边缘化是必然的。

必须兼顾人文性与工具性

记者:大学语文的根本功能是提高汉语写作能力,还是增强思考、阅读等基本素养?

温儒敏:大学语文课时少,一般就是一个学期(还不到英语课的五分之一),又不属于专业课,学好学坏似乎不打紧,想靠这样一门课短期内来迅速提高读写能力,是很难的。大学语文到底主要解决什么问题?能够解决什么问题?有必要认真考虑其定位。几年前我和南京大学、北京师范大学等校一些学者合作编过一种大学语文教材,叫《高等语文》,就提出这样的定位:

> 大学语文应当是一门适合当代大学生的、偏重语文素养培育的基础性课程。这门课必须兼顾人文性与工具性。人文的熏陶是贯穿整个课程教学的,但又不等于一般的素质教育通识课,还是要立足“语文”,科学地整合语言、文学与文化诸方面的知识。尤其注意发挥学生对语文学习的兴趣与潜能,让他们更加主动地学习,学会欣赏文化精品,学会去不断丰富自己的想象力、感悟力与思考力,让高品位的阅读和写作,逐渐成为一种良好的习惯,一种终生受用的生活方式。

这样来定位大学语文,就不是停留于补课,而是着重于语文素养的培育,力求在较高的层次上让学生对语文和中国文化有更系统的了解,而读写能力的提高也就和这种学习了解很自然地结合起来。这样的大学语文不仅是基础语文的延伸,更是基础语文的更高一级的提升。

这门课不能讲成“高四语文”

记者：您如何看待此前的大学语文改革？您认为大学语文该怎样改才更有效果？您对今后的大学语文改革有何期待？

温儒敏：应当承认，长期以来，特别是新时期以来，大学语文成为全国各类高校普遍开设的公共课，而且还是高等教育自学考试各个专业(中文专业除外)必考的一门课程，许多老师都付出了巨大的劳动。这门课程的建设凝聚着成千上万老师的心血，他们真是功德无量。但大家又看到，目前这门课的确困难很大，状况堪忧。若要改变这种状况，我认为要做好三点。

一是学校要重视，要把大学语文纳入本科通识教育课程的系列。在目前的风气下，如果完全放任，没有一定约束，这类需要积累的“长线”的课程是不会被多数学生选修的。也可以参照一些学校的做法，规定文理科本科生各自都要从几个学科“板块”中必修和选修一定数量课程，那么大学语文可以归入“语言类”板块。

二是这门课不能讲成“高四语文”。可以打破惯有的文选讲解的模式(这种模式与中学语文大同小异)，而采用分专题讲授语文知识(包括文化史、文学史等方面知识)，并引导阅读、思考和写作的“拼盘”模式，让老师讲解和学生学习都有了更大的选择空间。

三是鼓励大学中文系各个学科的教授带头教大学语文，不一定全力以赴，只要有这方面的用心即可。当然，需要学校重视，有配套的鼓励措施。

四是现在大学语文教材很多，据说有数百种，其实互相“克隆”甚至抄袭，有特色的极少，即使有，也往往“劣币驱逐良币”。建议教育主管部门正视这种乱象，鼓励大学语文教材的良性生产。

七　辑

文学生活

“文学生活”概念与文学史写作*

提倡“文学生活”研究，就是提倡文学研究关注“民生”——普通民众生活中的文学消费情况。

今天讲演的题目是《“文学生活”概念与文学史写作》。为什么讲这样一个题目呢？前年我在山东大学和那里的老师们一起，申请了一个国家重大课题，叫《当前社会“文学生活”调查研究》，大家一听这个题目，都能大致猜到它的内容，就是调查社会上与文学有关的情况吧。但如果仔细琢磨：为何叫“文学生活”？这似乎又有点陌生。的确，过去学术界很少提到这样一个概念，也几乎从来未曾以“文学生活”为题做专门研究。所以今天我想向同学们介绍一下关于“文学生活”这一概念提出的意义，及其与文学研究和批评的关系。也想就此引发讨论，让更多的人来关注这种研究。

提到“文学生活”，大家都能意会，但作为一个学术性的概念，主要是指社会生活中的文学阅读、文学接受、文学消费等活动，也牵涉到文学生产、传播、读者群、阅读风尚，等等，甚至还包括文学在社会生活各个方面的影响、渗透情况，范围是很广的。专业的文学创作、批评、研究等活动，如作家写小说，诗人作诗，评论家发表批评的文字，还有文学史家进行文学历史的写作，甚至还有中文系许多涉及文学的教学活动，等等，广义而言，也是文学生活。但专门提出“文学生活”这个概念，不是关注这些专业性的活动，而是关

* 本文系笔者 2014 年 4 月 27 日在南开大学的演讲稿。

注以往少有关注的方面,即“普通国民的文学生活”,或者说,是与文学有关的普通民众的生活。提倡“文学生活”研究,就是提倡文学研究关注“民生”——普通民众生活中的文学消费情况。

“文学生活”是很普遍的生活,只是我们没有怎么关注,缺少对这方面的“自觉”罢了。事实上,每一个当代普通人,都有各自的文学生活。每天接触报纸、互联网、电视或者其他媒体,其中可能会有文学作品,或者涉及文学,甚至对孩子的学习辅导,等等,自觉不自觉都可能以某种方式参与了“文学生活”。我在2009年9月武汉召开的一次会上,就提出过研究“文学生活”,主张走向“田野调查”,了解普通读者的文学诉求与文学活动。但没有引起注意,我也没有在这方面多下功夫。前年我到山东大学任教,和文学院同事讨论学科发展,大家都认为“文学生活”这个提法有新意,可以作为调查研究的一个题目,推广开去,可能是学科的一个生长点,为沉闷的现当代文学研究开启一个窗口。我们的兴趣就起来了。

这个概念的提出,也源于对现有的研究状况的不满足。

现下的文学研究有点陈陈相因,缺少活力。同学们如果要找论文题目,也会感到这种沉闷。为什么会这样?可以从研究自身找原因。现在的很多文学评论或者文学史研究,当然也还有理论研究,大都是“兜圈子”,在作家作品、批评家、文学史家这个圈子里打转,很少关注圈子之外普通读者的反应,可称之为“内循环”式研究。

就拿最近获得诺贝尔文学奖的莫言来说,研究评论他的文章、专著不少,或探讨其作品特色,或评说其创作的渊源,或论证其文学史地位,等等,大都是围绕莫言的创作而发生的各种论述,极少有人关注普通读者是如何阅读与“消费”莫言,以及莫言在当代国民的“文学生活”中构成了怎样的影响。不是说重在作家作品评价的研究不重要,这也许始终是研究的“主体”;而是说几乎所有研究全都落脚于此,未免单调。忽略了普通读者的接受情况,对一个作家的评价来说,肯定是不全面的。其实,所谓“理想读者”,并非专业评论家,而是普通的读者。在许多情况下,最能反映某个作家作品的实际效应的,还是普通读者。正是众多普通读者的反应,构成了真实的社会“文学生活”,这理所当然要进入文学研究的视野。

我们设想从“文学生活”的调查研究入手,把作品的生产、传播,特别是把普通读者的反应纳入研究范围,让文学研究更完整、全面,也更有活力。这样的研究做好了,可以为文化政策的实施提供参照,又为学科建设拓展了新生面。

以前也有过“文学接受”的研究,比如“接受美学”,探讨某些作家作品的“接受”情况。其所考察的“接受主体”,还是离不开批评家与学者,所谓“接受现象”也就是一些评论和争议之类,很少能兼顾到普通读者的反应,以及相关的社会接受情况。这样的“接受”研究,只是“半截子”的。现在提出“文学生活”的研究,可以适当吸收“接受美学”的精义与方法,但眼界要拓宽,不只是关注批评家与学者的"接受",更应包括普通读者的"接受",这是更完整的"文学接受"研究。

"文学生活"的提出还将丰富文学史写作。迄今为止的各种文学史,绝大多数就是作家作品加上思潮流派的历史,很少能看出各个时期普通读者的阅读、"消费"以及反应等状况。举例说,如我们写的《中国现代文学三十年》,其体例是以重大的文学思潮、代表性作家和文体这"三维"来结构,但"三维"大都是围绕作品、评论进行。讨论一位重要作家,就是分析鉴赏这位作家的代表作,说明其在文学史上的地位与贡献,使用最多的材料还是评论家的言说,极少顾及一般读者的反应。古代文学史的写作也大体如此。如关于鲁迅一章,其中有一节是关于《阿Q正传》的接受的,其实也就是不同阶段研究者、评论家的反应,并非一般读者的反应。又如,郁达夫曾拥有巨大的读者群,是他那个时代的流行作者,但谈到郁达夫时,对于当时的"郁达夫热"的状况也还是缺少描述的。

"文学生活"的提出将为文学史写作开启新生面,这种新的文学史研究,将不再局限于作家与评论家、文学史家的"对话",还会关注大量"匿名读者"的阅读行为,以及这些行为所流露出来的普遍的趣味、审美与判断,不但要写评论家的阐释史,也要写出隐藏的群体性的文学活动史。

近年来有些学者主张研究"日常的美学"或审美潮流,和我们说的"文学生活"有些关联,但不是一回事。"日常的美学"主要还是属于社会学或文化学的研究,对文学和精神层面的兼顾可能较少。而"文学生活"研究的着眼点还是文学,是与文学相关的社会精神生活。

不过,"文学生活"研究必然带有跨学科的特点。这种研究既是文学的,又是社会学的,二合一,就是"文学社会学"。这种研究所关心的并非个别人的阅读个性,而是众多读者的"自然反应"。既然是社会对文学的"自然反应",当然也就要关注文学的生产、传播与消费,关注那些"匿名集体"(既包括普通读者,也包括某些文学的生产、传播者)从事文学活动的"社会化过程",分析某些作品或文学现象在社会精神生活中起到的结构性作用。这对我们来说的确是新的学问。"文学生活"研究有赖于运用访谈、问卷、个案调查等方式,通过大量数据收集、统计分析,来论证文学的社会"事实"。这和传统的文本分析或者"现象"的归纳是有不同的,要求的是更实事求是的扎实学风。这样说来,"文学生活"研究还是有难度的,需要具备某些跨学科的知识与能力,超越以往文学界人们习惯了的那些研究模式。我们也意识到这种难度,中文系出身的学者不太擅长做社会调查,而"文学生活"研究是必须靠数据说话的。我们还得补课,学点社会学、文化研究,等等。比如如何设计调查问卷,都是有讲究的。还有一个办法是邀请社会学、传播学等学科的专家加入"文学生活"的研究。

"文学生活"研究所关注的是文学生产、传播、阅读、消费、接受、影响等等,是作为社会文化生活或精神结构的某些部分,在这样的视野下,有可能生发许多新的课题,文学研究将展示新生面。

举例来说吧,上世纪五六十年代的《青春之歌》《红岩》等作品,曾有过巨大的社会影响,满足了一代人的审美需求,并对一代人的精神成长起到关键的作用。记得我上中学时,阅读的物质条件很差,读书的风气却很浓,没有钱买书,学校就把《青春之歌》撕下来每天贴几张到布告栏上,同学们类似看连续剧,每天簇拥在布告栏前读小说,一两个月才把《青春之歌》读完。这种文学阅读的热情,以及这种文学的社会影响,现在是很难想象了。但无论如何,那一代人也有他们的审美追求,有他们的文学生活。这种特殊的文学接受现象,也是文学史现象。可是现在的相关研究,对这些现象缺少必要的关注,也难以做出深入的解释。光是"意识形态灌输"或者"体制的控制"并不能说明当年那种文学生活与复杂的社会精神现象。现在不少研究现当代文学的论作,所做的工作无非就是用某种现成理论去阐释文本,即使对当时的读者接受(其实很多仍然是评论家的言论)有所顾及,那也是为了证说某种预定理论,极少把目光投向当时的阅读状态与精神转化,并不顾及那种鲜活的"文学生活"。这类研究比较空洞,不解渴。我们有理由期待那种知人论世的文学史,能真实显示曾经有过的"文学生活"图景。

引入"文学生活"的视野,文学研究的天地就会陡然开阔。比如对当下文学的跟进考察,也可以从"文学生活"切入,关注社会反应,而不只是盯着作家作品转圈。中国现在每年生产3000多部小说,世界上很少国家有这种"生产力",可是我们弄不清楚这些小说的生产、销售、传播、阅读情况。那些畅销小说是怎样出炉并引发效应的?如何看待"策划"在文学生产中所起的作用?这些小说(包括那些发行量极大的小说)主要在哪些方面引起当代读者的兴趣或关注?普通读者的"反应"和批评家的评说之间可能存在哪些差异?小说在普通读者的精神生活中有什么影响?以及畅销书、通俗文学产出与"出版工作室"及"图书销售二渠道"的关系,等等,都值得去研究。

再举些例子。诸如社会各阶层文学阅读状况,"韩寒"现象,"郭敬明现象""杨红樱现象",网络文学的生产传播,《故事会》《收获》《知音》的读者群,中小学语文中的文学教育,电视、广告中的文学渗透,甚至四大名著、古代诗词对当代精神的影响,等等,都可以做专题调查研究,也很有学术价值。还有当前社会各阶层群体包括农民、城市"白领"、普通市民、大中小学生等的文学阅读调查,一些重要文学类型如诗歌、武侠小说、打工文学等的接受情况,文学经典在当前社会传播、阐释、变异的状况,等等,都可以作为"文学生活"研究的课题。

《知音》1985年创刊以来畅销不衰,月发行量号称达到600余万份,居世界综合性期刊第五位、全国各类杂志第二位,仅次于《读者》。2012年,《知音(普通版)》更是超越了《读者》,占文摘类市场份额的21%,位居第一。受访者年龄层次以21—30岁居多,女性居多,公司职员居多,受教育水平则以大专本科毕业为主(66.7%)。

93%的中学生知道郭敬明。了解郭敬明的主要渠道是阅读郭敬明的作品及其编辑的书刊,其次是通过电视、网络、同学朋友介绍等,只有不到3%的中学生经由老师介绍和推荐开始阅读郭敬明。有受访者谈到,中学时代,郭敬明的作品非常流行,几乎人人都在看郭敬明的作品,谈论郭敬明几乎成为校园里的一种时尚和流行,自己对郭敬明的大红大紫难以理解,但也在从众心理和好奇心的推动下买过不少郭敬明的作品。郭敬明是个会讲故事的人,其作品更多地涉及了青春校园,曲折离奇而又与校园现实生活有一定距离感的故事使得处于青春期的中学生读者颇为向往。而其“一半明媚,一半忧伤”的文字,对于中学生来说是很美很独特的文字,颇有被模仿的力量。郭敬明作品的华丽辞藻和特殊谋篇吸引了许多中学生在行文风格上效仿,他们热衷于写作华美而忧伤的文章。甚至有许多中学生受到郭敬明个人经历的影响,纷纷开始进行文学创作,一定程度上调动了中学生参与“文学生活”的积极性,但是过度注重形式而忽略思想和内容、过度模仿使得他们的创作难有新意。

不只是现当代文学,古代文学也可以引入“文学生活”的视野。比如研究“词”的形式演变。最初的“词”是伶工之作,相当于古代的“流行歌曲”,与温柔敦厚的“诗教”是相悖的,自然不登大雅之堂。后来由伶工之作转为士大夫之作,形式不断更新和雅化,读者“接受”也随之变化,其“地位”才逐步提升。如果结合文学生产、传播与“接受行为”来探究“词”,就会对其形式变迁看得比较清楚,同时对古人的审美心理也会有更多细腻的了解。

最近看到首都师范大学博士吴淑玲《唐诗传播与唐诗发展之关系》一书,讨论了唐诗传播的物质载体——纸张、诗板、诗碑和诗屏,非物质载体——音乐,唐诗传播的制度凭藉——驿传,唐诗传播的社会风气——传抄;讨论了唐手写本诗文的版式、装帧,及其与宋代印本诗文版式、装帧之关系;讨论了唐代的诗歌传播渠道,包括官署与官员的汇集和播散,士人之间的互相交流,唐代书肆经营的唐人诗集,民间的传写、诵读和传唱;讨论了唐人的诗歌传播趣尚,包括从唐人选唐诗、唐人诗序、敦煌诗文写卷几方面看唐诗传播趣尚;还讨论了唐诗如何“诗化”唐人的生活。全书全面地再现唐诗传播世界,也就呈现了唐代“文学生活”的一个重要方面。这样的研究显然走出了历来只注重文本文献考索或者源流梳理的路数。据我所知,如此研究唐诗的并不多见。

古代文学在当代仍然有巨大的影响,到底在哪些方面、什么程度上进入当代文化生活?当代读者又是如何“消费”古典文学的?这些重要的现象和问题,至今尚未得到研究者的重视。大家都基本上按照某种既定的路数方法去不断做挖井式的研究,就是前面说过的陈陈相因,为什么不能把眼光移向大有可为的“文学生活”,去观察古典文学在当代的诸多鲜活的课题呢?其实,人们对有些“接受”现象是存在问号的。比如现下为何家长都要让三五岁的孩子读李白、王维、白居易,而一定不会让他们读郭沫若、艾青或穆旦?到底其中有什么心理积淀？“四大名著”精华糟粕并存，可是在现实中传播、阅读极广，到底对当代道德观念有何影响？这些都是“文学生活”研究的题中应有之义。

现在处于信息量极大的时期，文学作为人们社会生活的一部分发生了很多变化，也给研究者提出许多新的课题。网上创作与网上阅读越来越成为日常生活。2013 年 6 月底，我国网民 5.91 亿，手机网民 4.64 亿，占 78.5%。网民平均每周上网时长达 21.7 个小时；79.9% 的手机网民每天至少使用手机上网一次。2011 年网络文学用户就达到 2 亿多，而智能手机等硬件的发展更是创造了新的文学样式。网络文学已经成为当代“文学生活”的重要组成部分。参与网络文学创作的作者数量巨大，门槛低，谁都可以发表，因此，创作量也巨大，远远超过纸质媒体发表的作品总量；创作模式、创作格局、网络写手的竞争激励机制、文学网站的运作模式、网络读者的阅读与消费模式等方面也日趋成熟。这些都应当进入研究视野，因为它们毫无疑问已经构成当代“文学生活”的一部分。

以网络为载体的新的“文学生活”方式，明显区别于传统的以印刷为载体的“文学生活”方式，现在的读者不再是被动的受众，他们有更多机会也更主动地参与到创作活动当中，直接影响文学的生产传播。在网络文学的“生活”中，以往传统文学那种强调创作主体个性化的特征在消退，创作主体与受众客体越来越融合。网络文学的生产很大程度上受制于市场，总的看良莠不齐，但确实也有好作品。这都是新的课题，可以纳入“文学生活”研究的范围。

值得注意，网络读书和评论也是当下“文学生活”的一种。很多网络作者与读者同在网络上，他们的写作动态以及对读者意见的反馈等信息，读者随时可以看到。一些网络文学作者更是通过 QQ（QQ 群）、微博（微群）、微信（微信群）与自己的“粉丝”/读者保持着密切的联系。另外，很多门户网站和一些专题网站都有读书的频道，并拥有大量读者。只不过我们的专业研究者还不重视罢了。举例说，被认为“文青”气最浓的豆瓣网，汇集了大批的“纯文学网络移民”，他们聚集在那里读书，谈论，探讨，一种经典或者一本好书，可能同时有众多的普通用户发表大量的评论。如对钱锺书《围城》的评论就有 139251 人参与，余华的《活着》有 88201 人评价，路遥《平凡的世界》有 68025 人评价，这些来自非专业人士的读书感受和评价也许没有专业评论家深邃，却最贴近普通的受众，因而也更为真实。从这里是可以窥见普通的和普遍的阅读趣味、风尚和社会心理的。这是多么鲜活有趣的研究对象！

批评和创作的即时互动性是网络文学区别于传统印刷文学的一大特点。商业化、市场化与文学审美特性之间的矛盾是网络文学发展必然发生的矛盾。文学网站由文化产业资本掌控，网络文学的发展过程本身就是一个艺术与商业资本接轨与磨合的过程。没有幕后的金融资本与传媒市场的成功运营，网站无法生存，网络文学也将无从依傍。但网络作品的许多积弊也与文学市场营销、有偿写作、付费阅读、网站商业经营、希求出版典藏、程序霸权与技术至上等文化资本的利润追求有着关联,使网络文学应有的艺术品格难以确立。因此,网络文学需要严谨的文学批评的介入。但传统的文学批评,无论是其批评方式,如社会学批评、形式主义批评、心理学批评等,还是其有意渗入民族和国家意识,借文学来抒发对社会历史和生活的感受的立场和批评内容,在肆意挥洒的网络文学面前都失去了用武之地。文学批评必须积极探索建立一种适应于网络文学的新批评模式。从“文学生活”切入,可能是一种有效的角度。

网络文学并不能取代传统的文学,但传统的文学创作和读者接受也在发生大的变化。现在的读者分类比以前更多样复杂,“文学生活”也呈现前所未有的多元分野现象。文学生产越来越受制于市场,出版社的“策划”很大程度上控制了作者,甚至可以“制造”和左右社会审美趋向。这些都是新的“文学生活”。不断听到有人说“文学正在消失”,似乎有点根据。且看人们如此依赖网络,变得越来越烦躁,没有耐性,只读微博与标题了,哪还有心思读文学?还不是文学在走向没落?可是认真调查又会发现“反证”。比如现今每年长篇小说的出版就有三四千部,各式各样的散文作品散布在各种媒体上,创作的门槛低了,队伍却大大扩张了;电视、电影很多都在依靠文学,什么“法制”节目、婚介节目等等,都搞得很“文学”,文学对各种媒体的渗透比任何时期都要广大与深入。如果看到这一切,恐怕就不会认为文学在“没落”或者“消亡”。这些现象,也都可以纳入“文学生活”的研究范围。

“文学生活”研究必然涉及文化研究,这个新的研究方向应当也可能从文化研究的理论中获取某些启示,或采用文化研究的某些方法,但也应当防止陷于“泛文化”研究的困境。数年前,我曾经写过文章,对“泛文化”研究有批评。我说的“泛文化”研究,是指那种粗制滥造的学术泡沫,是赶浪潮的学风。当时不少所谓“文化研究”的文章目的就是理论“炫耀”,舍本逐末,文学分析反倒成了证明理论成立的材料。我认为这类研究多半是僵化的、机械的、没有感觉的,类似我们以前所厌弃的“庸俗社会学”的研究,完全远离了文学;而把它放到文化研究的专业领域,也未必能得到真正在行的社会学、文化研究的学者的认可。现在提出“文学生活”研究,会涉及社会学、文化研究理论等方法,但本义还在文学,也不会脱离文学。这和我以前的批评意见并不矛盾。文学研究其实包括很多方面,除了艺术分析、文本解读等“内部研究”,还有很多属于“外部研究”,比如思潮研究、传播研究、读者接受研究,等等,适当引入社会学、传播学、文化研究的眼光与方法,有可能取得突破。比如,在通俗文学的生产传播方式,特别是关于“文学与读书市场关系”的研究中,引入文化研究的模式,也能别开生面。当然,“文学生活”研究本身也有局限,它在有些重要的方面可能派不上用场。比如关于作家作品的审美个性、形式创新、情感、想象等等,都不是“文学生活”研究所能解决的。提倡“文学生活”研究,要有一份清醒。

现在的文学研究仿佛“人多地少”,很“拥挤”,每年那么多文学的硕士生博士生毕业要找论文题目，按照旧有思路会感到题目几乎做尽了，很难找。如果目光挪移一下，看看普通国民的“文学生活”，就会有许多新的题目。这的确是个拓展，研究的角度方法也肯定会随之变化。这可能就有学术的更新与推进吧。自然不能要求所有学者、评论家都改弦更张来研究“文学生活”，但鼓励一部分人进入这块领域，启用不同于传统的研究方法，起码会活化被“学院派”禁锢了的研究思路，让我们的学术研究和文学评论更“接地气”。

“文学生活”概念的提出，的确带来许多新的思考，可以肯定，这将成为文学研究的“生长点”。

把国民的"文学生活"纳入研究的视野*

——采访中国现代文学研究会会长温儒敏教授

从关注"语文教育"到"文学生活",我都是一个思路:希望自己从事的学术工作更贴近社会。

最近,山东大学文学院发起国民"文学生活"调查,试图突破现当代文学研究陈陈相因的"内循环"格局,把普通国民的文学阅读及文学消费纳入研究的视野。此举引起学界评论界的关注。本报为此专门采访山东大学特聘文科一级教授、北大语文教育研究所所长温儒敏先生。

记者:《人民日报》曾发表您的专论《关注我们的"文学生活"》(2012 年 1 月 17 日),呼吁文学研究要关注"文学生活"。不久前,您又发表长文《中国国民的"文学生活"》(载 2012 年 8 月 24 日《中华读书报》)。关于"文学生活",您能具体阐释其含义吗?

温儒敏:通常说"文学生活",大家都会有自己的理会,但作为一个学术性的概念,"文学生活"主要是指普通国民的文学阅读、文学消费、文学接受等活动,也牵涉到文学生产、传播、读者群、阅读风尚,以及社会生活各个领域文学渗透的现象,等等。所谓"普通国民的文学生活",是相对专业的文学创作、批评等活动而言。我们的研究主要关注普通国民的"文学生活",或者与文学有关的社会生活。"文学

---

* 本文为记者访谈,发表于 2012 年 10 月 29 日上海《文学报》。

生活”这概念既是文学的,又是社会学的,二合一,就是文学社会学。

记者:年初,您所任教的山东大学开展了关于“文学阅读与当代生活”的大型调查,这与您呼吁重视“文学生活”有什么联系?

温儒敏:2009年9月在武汉召开的“现当代文学研究六十年研讨会”上,我就提出过研究“文学生活”,主张走向“田野调查”,了解一般读者的文学诉求。去年我到山东大学任教,和文学院同事黄万华、郑春、贺仲明等讨论学科发展,大家都认为对当前社会“文学生活”的调查研究,可能是一个学科生长点,也是现当代文学研究一个突破口。山大的文科原来很强的,这些年有些平面化了,学科建设如何突破原来的格局,发挥新一代学者的潜力?那就要寻求新路,有一部分课题可以和社会生活联系更紧密一点。大家对现有的文学史及现当代文学研究有些不满,主要是陈陈相因,只在作家作品、批评家、文学史家这个圈子打转,很少关注社会上普通读者的反应,我称之为“内循环”式研究。其实普通读者的接受最能反映作品的实际效应,构成了真实的社会文学生活,理所当然要进入文学研究的视野。我们设想从“文学生活”的调查研究入手,把作品的生产、传播,特别是普通读者的反应纳入研究视野,让文学研究和教学更完整、全面,更有活力,这既可以为文化政策实施提供参照,又为学科建设拓展一个新生面。

记者:能具体介绍一下山大这次关于“文学生活”调查的成果吗?

温儒敏:上学期山大文学院组织过一次“文学生活”的调查,除了现当代文学研究所的10位教师,还动员全院数百名同学参加,利用寒假到十多个省市进行问卷调查。第一批调查报告包括9个选题:《农民工当代文学阅读情况调查》(贺仲明)、《学校教育背景下的大学生文学阅读状况的调查》(黄万华)、《近年来长篇小说生产与传播的调查报告》(马兵)、《网络文学生态的调研报告》(史建国)、《茅盾文学奖获奖作品接收情况调查报告》(张学军)、《当下文化语境中鲁迅作品的阅读与接受》(郑春、叶诚生)、《金庸武侠小说读者群调查》(刘方政)、《城市白领文学阅读情况调查》(程鸿彬)、《影视互动及观众接受情况调查》(丛新桥)。这9项调查已大致完成,前7项以“文学生活”专题研究形式,集束发表于《中国现代文学研究丛刊》2012年第8期。这些成果还只是探路子的,下一步我们准备扩大调查的面,收集足够的数据,使调查更扎实可靠。这项工作需要一些物质支持,我们正在申报国家社科基金的重大课题,也希望学术界、评论界有更多同好者参加。

记者:你们这次调查显示出一个非常有意思的状况:农民工的文学阅读好于普通国民的阅读状况,而且年阅读作品较多的读者更倾向于阅读网络作品,被当代文学所历史化和经典化的作家作品阅读状况并不理想。这样看来,农民工与当代文学似乎既亲近又遥远,您如何看待这一状况?这对我们的当代文学研究有什么启示?

温儒敏:那是贺仲明教授主持的调查。他在大型企业、建筑业和城市摊贩等行业的2000多农民工之中进行问卷调查,结果“每年文学作品阅读量”是:读1—4本的占46.3%,读

5—10 本的占 19.5%。这明显高于一般国民人均读书 4.53 本的阅读量。而且农民工的数据单指“文学阅读”。另一项调查(黄万华教授主持)也表明:业余时间较多用于阅读文学作品的农民工比例为 14%,高于职员阶层的 12% 和学生的 10%。什么原因?农民工的业余文化生活比一般城市居民单调,缺少选择性,阅读便成了主要的选择之一。但调查又表明,农民工读的文学主要是网络文学,居然占全部阅读的 84%,纯文学(特别是纸质作品)的比例是很少的。除了上网,农民工“读过的文学期刊”范围很小,《故事会》占 68.8%,《读者》占 53.2%,其他也是《知音》一类通俗刊物,当代文学在农民工的阅读中只占极少量。调查之后的研究认为,农民工的文学阅读大都停留在中学语文曾涉及的范围,当代文学对农民读者是缺少吸引力的,他们与当代文学的关系相当疏远。以往人们对农民工的文学阅读可能有这样那样的想象,有了调查的数据材料,就有比较实在的看法了。对其他阶层的“文学生活”也是如此,只有先靠调查,摸清状况,然后才谈得上研究。

记者:调查中还显示出这么一个结论:中小学生和大学生的文学阅读存在纵向上的偏至与下滑,大学生的文学阅读状况可能不如中学生,中学生的文学阅读状况可能不如小学生。您如何看待这一纵向上的差异?

温儒敏:很明显,全都是由于应试教育的负面影响。小学相对影响轻一点,课外阅读的情况就好一点。阅读量一般到初中二年级就开始下滑,因为初三就要中考,接着高中要全面应对高考,家长和老师都不让学生读“闲书”了,学生几乎就只读教材教辅。中学语文课也是老师讲得多,讨论多,唯独学生自己的阅读少。阅读对于人的成长太重要了,说得极端一点,宁可不上语文课,也不能不读书。可是现在的中小学受制于中考和高考,多做题,少读书,学生中学毕业了,读书的习惯和爱好并没有培养起来,这是语文教育的悲剧,离天天挂在口上的“素质教育”远着呢,对千百万青少年一生的发展都会有负面影响。这些调查也坚定了我对课改的认识。所以我提出“让语文教学贴近学生的生活实际,让课堂阅读教学往课外阅读伸展,让课堂内外的阅读教学相互交叉、渗透和整合,联成一体”;“在应试教育还不可能完全取消的情况下,学生最好还是要兼顾一些,除了‘为高考而读书’,适当保留一点自由阅读的空间,让自己的爱好与潜力在相对宽松的个性化阅读中发展”(《温儒敏论语文教育二集》)。

记者:近十多年来,您一直非常关心中学语文教育和大学语文教育,参与基础教育的语文课程改革,主持义务教育语文课程标准的修订,还编写多套语文教材,也接连出了三本谈教育的集子。您从文学史研究转向教育的初衷是什么?

温儒敏:我在大学教书,常常给本科生上课,看到大学生的读写能力每况愈下,更严重的问题是没有读书的习惯,即使读,也就是一些流行读物,所谓素质教育只是空谈。大学教学的很多问题,其实是和中小学连带的,所以大学的老师也要多少关心一下基础教育。再说,我所从事的现当代文学史研究,和语文教育有密切的联系,我们有责任考虑自己的研究对于中小学语文教育的影响。所有大学中文系,包括像北大这样的综合大学的中文系,都应当适当关注中小学语文课程改革,这是我们学科的题中应有之义。事实上,过去的大学中文系许多著名的前辈学者,都曾涉足中小学语文,为中小学编教材,参与语文教学的讨论,在这个领域有过不可替代的贡献。但是现在大学学科分工越来越细,每个学者都抱着一块做文章,加上高校的学术管理体制鼓励偏向所谓"研究型",教授们哪里还有精力放在中小学或者大学的语文上?即使在一些师范大学中文系,与中小学有关的学科(比如"教学论")也被看作学术"含金量"低,是被边缘化的。这很不正常,是我们的学术脱离实际的病象之一。有感于此,最近十多年我就用部分精力关注语文教育,鼓励和带动北大部分老师投入这方面,培养语文教育的博士生硕士生。语文教育的改革,主力还得靠师范院校和一线语文教师,我并没有"转行",只是兼顾,为社会尽点责,敲敲边鼓就是了。

记者:您主政北大中文系时,提出"守正创新"的观点,把"守正"放在"创新"的前面。在很多场合您也提到教育的一大问题在于"多动症",这引起了一些误解,您能为此多说几句吗?

温儒敏:现在教育界到处都搞各种各样的"改革",还有各种各样的"项目""课题""工程",名堂极多,目不暇接,说是繁荣吧,可是效果不见得好,反而搞得人心浮动,沉不下心来教学研究。教育有滞后性,不能老变动。即使做些改革试验,也要有个过程,跟踪多年才能下结论。可是上级主管部门往往为了显示政绩,搞"教育的GDP",于是便上上下下都"多动"。学校领导自己有主心骨,才能意识到"多动症"的祸害,尽量去抑制。我担任北大中文系主任九年,针对"多动",提倡"守正创新",在比较艰难的条件下,教学科研以及课程建设还是维持在较好的水平。这也得益于北大的宽容,校方没有逼着我们"多动"。全国大学的中文系几乎全都"升级"为学院了,我说不必去跟风,不必在"名堂"上下功夫。办教育和办工厂不一样,需要积累,不宜变动频繁。我把"守正"放在"创新"前面,是想说明继承优良学术传统的重要性、基础性,不赞成浮躁的教育"大跃进"。我们能做的不过是坚守最基本的人文道德精神,并且将之付诸积极的建设。

记者:作为与您同时代人的钱理群,在基础教育中挣扎了很多年之后,忽然"告别教育",对于从教育内部改革教育失去了信心。这么多年对教育关注关心,您最大的感受是什么?

温儒敏:我和老钱是同门同学,了解他是理想主义者,是很有热情和激情的学者。多年来他为教育事业包括基础教育奔走呼号,做了很多事情。他提出要"告别教育",我想只是愤激之词,他在推行一些新的教育理念时,碰到巨大的阻力,想退而从外部来"攻打"。这份心思很可以理解,我想他并没有失去信心。课改十年,阻力巨大,成效不见得那么大,但很多新的教学理念开始为公众所了解了。这一点还是要肯定。用一句俗话来说,教育改革是个"系统工程",得整个社会多方面入手来做,内外的工作都要有耐心,步步为营,稳步挺进。有时恐怕还要有些平衡,进两步,退一步。具体到个人,则尽量少抱怨,从我做起,能做一点就是一点。我曾经在《温儒敏论语文教育》一书的封底写过这样一句话:“在中国喊喊口号或者写些痛快文章容易,要改革就比想象难得多,在教育领域哪怕是一寸的改革,都要付出巨大的代价。我们光是批评抱怨不行,还要了解社会,多做建设性工作。”

从关注“语文教育”到“文学生活”,我都是一个思路:希望自己从事的学术工作更贴近社会。

打破文学研究“兜圈子”的局面*

——中国现代文学研究会第十一届年会开幕词

现代文学研究会比较“持重”，较少见到学霸的权威，较少争权夺利，大家彼此交流、取暖、通融、帮扶。

各位理事、各位会员代表，各位老师：

大家好。中国现代文学研究会第十一届年会现在开幕了，请容许我代表学会，感谢晓庄学院作为承办单位，以及南京大学新文学中心和南京师大现当代文学学科作为协办单位，为这次大会的召开所做的贡献。特别是，感谢秦林芳教授和会议筹备团队所付出的辛劳。这次年会规模空前，有300多名代表，感谢大家不辞劳苦，从全国各省市来到南京，参加这场学术聚会。

学会这一届理事会是2010年8月在四川成都会议上组成的。四年来，在全体会员和理事的支持与参与下，学会的工作得以稳健开展，现在应当向各位代表交卷了。学会这些年做的事情，概括起来，主要是四个方面。一是扶持年轻的学者，发展了一批新会员，为现代文学研究队伍增添了新鲜血液；二是召开多次专题学术研讨会，支持许多学校组织学术活动，活跃了研究氛围，推进了学术的发展；三是组织了王瑶学术奖、唐弢学术奖等多个评奖活动，鼓励良好的学风；四是在中国作协与现代文学馆的支持下，努力办好会刊《中国现代文学研究丛刊》，由原来的季刊改为双月刊，随

---

* 本文系笔者在中国现代文学研究会第十一届年会（南京，2014年10月）上的开幕词。

后又升格为月刊，现当代打通，扩大了发稿的范围，发行量也提升到13000份。学会是学者的家园，也是交流的平台，主要起到联络感情、推动学术的作用。不过，和八九十年代相比，现在是互联网时代，学术联络的渠道多了，学会原有的学术组织功能也就相对减少了，而且需要面对许多新的困扰。但值得欣慰的是，这些年来，现代文学研究会始终比较清醒地坚持她的传统——"持重而且团结"，为学术坚守与学术推进做点滴积累，尽绵薄之力。我这里只是很概括地提到学会这些年的工作，更加具体的总结，有待秘书长张中良先生来专门报告。

在座有很多年轻的代表，我想借这个场合，和大家一起简单回顾一下学会的历史。现代文学研究会成立于1979年。那一年春天，在北京和西安先后召开的两次教材编写会议上，由陆耀东、吴奔星、黄曼君等几位老师倡议，成立"全国高校中国现代文学研究会"。大家推举王瑶先生为会长，田仲济、任访秋为副会长，严家炎为秘书长，并决定出版学术刊物《中国现代文学研究丛刊》。不久，因高校之外的一些研究者也加入这一团体，学会就改名为"中国现代文学研究会"。这就是学会的发端。学会成立当年，我们还在读研究生，没有"资格"去参加会议。老师开会回来，在教研室"传达"会议的精神，是非常重要的事情，我们都很在意。一转眼，三十五年过去了，这中间时代以及学术界都发生了巨大的变化，现代文学研究会也成为学界老牌的机构了。前面提到的那些学会的前驱者，学会第一届会长、副会长，全都过世了，八九十年代现代文学最活跃那一时期曾经倾力支持这个学科建设的那些前辈学者，也大都退居二线了。今天在这里召开学会的第十一届年会，借此场合，我们对那些在前面为我们开路、已经离开我们的学术先贤表示深切的怀念和崇高的敬意，我们还要向几十年来几代现代文学从业的学人和前辈学者献上最诚挚和美好的祝福。

现代文学研究会在文学界有很高的声望。这是一个团结的学会，持重的学会。说"持重"，是指咱们学会的学风比较扎实，比较看重学术标准，和当下的市场大潮基本上不发生联系，较少受外界浮泛风气的干扰。说"团结"，大家也都有感受，现代文学研究会较少见到那种学霸的权威，极少争权夺利，大家参与学会就是为了彼此交流、取暖、通融、帮扶。在当前实利化的风气中，现代文学研究会自有她的独立品格，作为成员，我们为此感到骄傲。现代文学研究会今后应当继续努力，传承前辈学者奠定的这个"持重""团结"的好的传统。

作为一个相对独立的学科，现代文学形成于五六十年代，在"文革"中遭受重创，后来借改革开放的大趋势得以复苏。半个多世纪以来，学科的发展历经波折，非常艰难而又顽强地生长。特别是改革开放三十五年来，学科先后经历了拨乱反正与重新评价、人道主义回归、"重写文学史"、"20世纪中国文学"设想的提出、西方现代主义及后现代等理论的引入、文化研究的新潮，以及市场化和全球化的冲击，等等，可以说是一波接一波，不断产生足以辐射整个学界的影响，现代文学研究始终和时代的变革息息相关。另一方面，这个学科又在借助于社会需求作为自身发展的驱动力，不断调整步伐，走过半个多世纪不平坦的路。特别是经过新时期以来三十五年的努力，现代文学奠定了现有的学科格局，同时对大学的文学教育和整个中文学科的建设也做出了突出的贡献。现代文学在众多人文学科之中，所取得的成果是丰硕的，表现是突出的。尽管这些年对这个学科有许多反思，有这样那样的不满、抱怨和批评，但毋庸置疑，我们对这个学科仍然充满信心。我们都曾受惠于这个学科，受惠于前辈学者，我们不会也不应该忘记，曾经为这个学科的建设清扫地基、砌砖盖瓦、付出心血的几代学者，那些曾经引领我们的老师。

当然，在回顾与感恩的同时，我们会清醒地看到，现代文学学科现在碰到许多前所未有的问题与困扰，迫切希望得到解决或者缓解。我最近曾撰文谈到现在人文学科研究包括现当代文学研究出现许多不尽如人意的状况，并分析其原因。这里我愿意重复一下我的看法。

这些年社会肯定在进步，变得多元化，但还很不成熟，价值危机、信仰危机在严重冲击着学界，很多偏激、片面的观点左右着研究者特别是青年学者的好恶和判断。在人文学科的一些领域，历史唯物论被放逐，价值评判标准被颠覆，虚无主义和相对主义大行其肆，加上媒体、网络等空间所形成的一波又一波颠覆性“潮动”，都在向现代文学研究提出许多严峻的课题，而我们学者对此缺少必要的回应。有的研究似乎要保持中立，“搁置”价值评判，但在复杂的历史面前表现出很多迷惑、游弋与无奈。在当今浮泛的风气之下，重新强调文学研究的“当代责任”，思考如何通过历史研究参与价值重建，是必要而紧迫的。

我们越来越意识到那些并不利于治学的现象与趋向：学科分工越来越细，视野越来越窄，壁垒越来越厚，学问越来越琐碎；很多人都把自己局限在某个小的研究范围，用类似打井的办法轮番发掘和榨取“成果”，重复动作太多；有的人挖掘很多早已被历史掩埋的其实不见得有多少价值的史料，满足于琐碎的史事追寻；文学评论则被市场和人情所牵制，失去个性、眼光与判断力；以论带史的空论流行，理论和概念的使用不是为了发现新问题，而是为了显示“理论操练”本身；文学研究的“文学性”越来越淡，等等。

对于学界存在的这些问题，有人解释为学科的拥挤，“人多地少”，好像天下题目都做完了，难免要“精耕细作”，也难免要“同义反复”，有泡沫并不奇怪。科研竞争几乎变为论文的多少之争，“十年磨一剑”的治学方式已难以适应，研究者谁能“独善其身”？这些的确是事实。

要改变目前学术生产泡沫化的状况，最终还得从学术管理体制上去解决。但不能全都归咎于体制或者环境，也应当从我们自身去找原因，调整自己的心态与步伐。人文学科是需要个性投入的，每一代学人总是可以找到自己的空间、自己的题目。这次会议我提交的论文建议开展“文学生活”的研究，也是想打破现下文学研究陈陈相因“兜圈子”的局面，让文学研究更完整、全面，也更有活力。期待得到大家的批评指导。

这次理事会的任务有四项:一是讨论本届理事会成立以来所做的工作,二是选举新一届理事会及学会的会长、副会长,三是提出下一届理事会工作的设想与计划。此外,是第四项,就是围绕会议拟定的几个专题开展学术讨论。这几个专题是:"文学生活"研究,文学史宏观研究,1920—1940 年代作家及文学史研究,鲁迅研究。除了"文学生活"研究,都不是新课题,但我们仍然期待有比较认真而深入的成果,在观念更新、方法更新上有积极的推进。

各位理事,老师们,这次年会在晓庄学院举办,具有特别的意义。晓庄学院是中国乡村师范教育的摇篮之一,现代中国教育的先驱陶行知、蔡元培、赵叔愚、陈鹤琴等先生都曾在此执教,教育史上著名的"生活教育"理论也是最早在这里提出和试验的。我们大都是在学校教书的老师,来到这里大概也有"朝圣"的感觉,希望晓庄学院的传统也给我们的教学与研究带来养分。

最后,顺便说说,我得到大家的信任,从 2006 年担任现代文学研究会会长,至今八年了。八年来,鄙人虽不才,但还算尽力,和陈思和、丁帆、凌宇、张中良、刘勇五位副会长合作,为学会的正常运转做事。很多实际工作其实都是中良、刘勇他们在推动,秘书长萨支山也兢兢业业承担许多。我非常感谢他们,也感谢全体理事和会员对我的支持。学会工作存在某些拖沓、低效的问题,主要责任在我。特别是近两年,我到山东大学任教,北京、济南两地跑,对于学会以及《丛刊》的工作有所懈怠。对此我向大家表示歉意。这次会议将举行换届选举。一代有一代之学术,我相信新一届理事会以及新的会长、副会长,一定会让学会展现新面貌,现代文学研究也一定会更上层楼。

衷心祝愿大家与会期间身体健康,心情愉悦。祝愿会议顺利成功。

谢谢大家。

20 世纪具有标志性的学者王瑶*

王瑶一生坎坷，做学问的时间不是很多，但他达人大观，在学术和教学方面做出了巨大贡献，成为标志性的学者。

王瑶先生学术上的建树，已经有很多学者做过归纳，相信今日会上还会有详尽的阐说。高山仰止，在这个场合，作为学生，我乐意对先生的业绩再做一番温习与回顾。

王瑶先生 75 岁时突然离我们而去，在当代而言，不算高寿，而且他一生历经坎坷，有无休止的各种打压与束缚，真正留给做学问的时间不是很多。但王先生达人大观，才华焕发，在学术和教学方面做出了巨大贡献，成为 20 世纪学术史上标志性的学者。王瑶先生业绩丰厚，概括起来，主要有三大贡献。

第一大贡献，是“中古文学三论”。先生在上个世纪四五十年代出版的《中古文人生活》《中古文学思想》《中古文学风貌》三部书，在魏晋汉魏六朝文学研究领域，具有里程碑意义。古代文学界对此是有公论的。最近我又读了一遍“三论”，连带读了刘师培的《中国中古文学史讲义》和鲁迅的《魏晋风度及文章与药及酒之关系》。比较之下，更发现了各自的精彩。如果说刘师培的讲义是中古文学断代史研究的奠基性著述，鲁迅的经典论述为这方面研究树立了方法论的高度，王瑶的“中古三论”则又推进一步，论述范围更广、更具体，材料更翔实，对魏晋文人及文学风貌的把握更

* 本文系笔者 2014 年 5 月 7 日在北大中文系召开的王瑶先生百年诞辰学术研讨会上的发言。

确切。王瑶的“中古三论”足以和刘师培、鲁迅的相关论著构成“三足鼎立”，对后世的学术影响是巨大的。

记得我上中学时，第一次见到王瑶这个名字，是读《陶渊明集》，那是王先生的选注本。那时就知道先生是古典文学名家。因为在新文学研究方面的巨大影响，可能把先生在古典文学方面的成就掩盖了。1949 年还在清华时，先生开始写《中国新文学史稿》，但是他说自己本想“好好埋头做一个中国古典文学方面的第一流的专家”，对转向研究新文学，是有些遗憾的。我又觉得先生不用遗憾。从学术史看，先生就凭“中古三论”，足以奠定最杰出的古典文学家的地位了，何况他又在现代文学领域领了“头功”呢。

第二大贡献，就是《中国新文学史稿》（以下简称《史稿》）。这本书命运多舛，“体制内”和“体制外”都有很多批评。直到现今，仍然有学者认为王瑶先生在新文学史方面多费功夫是种“浪费”，对这部《史稿》不以为然。有些海外学者对王瑶的评价也是偏低的，也是因为他们看不到这部《史稿》独有的价值。批评《史稿》有“主义障”，其实批评者未见得就没有自己的“主义”。当然，王先生自己也谦虚地说过《史稿》是类似“唐人选唐诗”的“急就章”。其实，如果对这部著作的出现及其时代特征有一种了解的同情，就会承认这是一部非常大气的著作。《史稿》虽然受到特定时代学术生产体制的制约，毕竟又有属于自己的学术追求与文学史构想，既满足了时代的要求，又不是简单地执行意识形态的指令，在试图对自己充满矛盾的历史感受与文学体验进行整合表述的过程中，尽可能体现出历史的多元复杂性。在历史急转弯的阶段，在充满了各种可能性和不确定因素的学科创建时期，《史稿》的种种纰漏或可议之处，它的明显的时代性缺陷，与它那些极富才华的可贵的探求一起，昭显着现代文学学科往后发展的多样途径。《史稿》在学科史上的突出地位，是其他同类著作不可代替的。

当然，王瑶先生在现代文学方面的贡献不限于《史稿》，他在鲁迅研究、现代文学思潮研究等方面的精彩论著，以及他强调史料、史识与史论结合的治学方法，对“文革”后现代文学学科的复苏与建设，都起到了先导的决定性的作用。今天还会有学者就此专论，这里我就不多说了。

第三大贡献，是人才培养。通常评价王瑶先生都只是关注学术，而作为教师，王瑶先生也是最杰出的。王先生不只是在学术上传道授业，还在人格和精神上给学生极大的影响与熏陶。王先生先在清华，后到北大，从教四十多年，按说当年北大中文系藏龙卧虎，王先生资历不算深，级别也不算高（1950 年代定为三级教授），但是在学生中和社会上的影响都远远超过一般教授，真正是“著名教授”，甚至官方也要格外注意的。王瑶先生培养了很多硕士生、博士生，还有本科生、进修教师等等，无论及门或是私淑，在各类弟子中如果做个调查，学生们大概都会异口同声感叹先生的人格魅力。学界有所谓“王门弟子”一说，也许不一定确切，但那种由王瑶先生人格精神所感染而形成的人际氛围和学术风尚，的确存在而且是突出的。我们在充分赞赏王瑶先生作为大学者成就的同时,不会忘了他又是非常杰出的教育家。

前几天我在博客上写到了王瑶先生,随后新浪微博头条推荐广为转发,有数十万点击。其中有一句话就是对王先生作为教育家的"点赞":"先生是有些魏晋风度的,把学问做活了,可以知人论世,可贵的是那种犀利的批判眼光。先生的名言是不说白不说,说了也白说,白说也要说,其意是知识分子总要有独特的功能。这种入世的和批判的精神,对我们做人做学问都有潜移默化的影响。"

中古文学和新文学研究都有奠基之作,加上独特而光辉的人格操守、精神气度,王瑶先生留给我们的遗产实在是太丰富太宝贵了。在这个浮躁的世界,我们一定会倍加珍惜。

最后,特别要说说王瑶先生与现代文学学会以及《中国现代文学研究丛刊》。

1979 年初,在教育部一次教材审稿会上,与会代表倡议成立"全国高校现代文学研究会",选举王瑶先生任会长,后来他当了三届会长。1980 年学会更名为"中国现代文学研究会"。与此同时,决定创办学术刊物《中国现代文学研究丛刊》,主编是王瑶先生。王先生以身作则,和唐弢、严家炎、樊骏等众多前辈学者一起,倡导实事求是的优良学风,坚守认真、严正而稳健的"持重"风格,开展多元开放的学术交流,使现代文学这个学科始终具有比较团结、纯正的风气。

如今学会和《丛刊》都已进入而立之年。由于时代的变化,整个学术生态因功利化、技术化而失衡,学风浮泛,学会与《丛刊》也受到很大冲击。我们一定会发扬王瑶先生那一辈学者创建的优良传统,尽力维护学术的尊严,促进学术的健康发展。

文学研究也要“接地气”*

现在大多数文学研究只在“内循环”式研究的一条道上走，不考虑普通读者的接受情况，割裂了作品与社会群体之间的联系。

当下，不少文学评论和文学史研究在“兜圈子”：只在作家作品、批评家、文学史家这个圈子里打转，很少有人把目光放到圈子之外的普通读者身上。当然，并不是说这种重在作家作品评价的研究不好、不重要。相反，文学研究在作家作品的一亩三分地上深耕细作，是很有必要的。我们所要强调的是，现在大多数文学研究只在“内循环”式研究的一条道上走，不考虑普通读者的接受情况，割裂了作品与社会群体之间的联系。今天的文学研究之所以单调乏味、缺少活力，恐怕与这种做法有很大关系。

文学研究离不开“理想读者”。所谓“理想读者”，并不是大众眼里高不可及的专业评论家，而是被很多人忽视的普通读者。很多情况下，能够最直接、最真实地反映作家作品实际效果的，首推普通读者。他们自觉不自觉地都在“参与”文学活动。所以，普通读者进入文学研究的视野，不仅理所当然，而且很有必要。同样，作为文学研究的“大头”，文学历史研究也不能仅仅局限于作家与评论家的“对话”，而应当把注意力放到大量普通读者身上，看他们所传递出的普遍的趣味、审美与判断。因为普通读者才是更准确、更真实、更富有价值的研究对象。也就是说，不但要重视专业

---

* 本文发表于《求是》杂志 2013 年第 23 期。

评论家写的文学史,还要关注并写出大众的、群体性的文学活动史。

文学研究一旦走进普通读者中,就会豁然开朗、别有天地。我国现在每年有3000多部小说问世,但生产、销售、传播、阅读等情况我们并不是很清楚。比如,那些畅销小说是怎样出炉并引发轰动效应的?它们主要在哪些方面引起当代读者的兴趣或关注?怎么看"策划"在文学创作中的作用?普通读者的"反应"和批评家的评论之间有什么不同?小说如何影响普通读者的精神生活?这一系列问题,都值得下功夫琢磨,研究透了,弄明白了,是很有意义的。再比如,社会各阶层文学阅读状况,网络文学的生产传播,中小学语文中的文学教育,电视、广告中的文学渗透,甚至四大名著、古代诗词对当代精神的影响,等等,都可以做专题调查研究,也同样有很高的学术价值。还有,当前社会各阶层包括农民、城市白领、普通市民、大中小学生等的文学阅读调查,一些重要文学类型如诗歌、武侠小说、打工文学等的接受情况,文学经典在社会传播、阐释、变异的状况等,都大有文章可做。

因此,走出"象牙塔",走进生活的广阔天地,走进社会大众,是文学研究的当务之急。做到这一点,既要关注不同领域、不同层次读者的"反应",又要分析文学作品和文学现象在社会精神生活中所起的作用,创造性地运用访谈、问卷、个案调查等方式,通过大量数据收集、统计分析,充分论证文学的社会"事实"。只有进入粗粝但丰富的现实生活,文学研究才能"接地气",把最真实、最生机勃勃的一面还原给作家和研究者,从而打开束缚创作灵感的"绳扣",激活被"学院派"禁锢的研究思路和方法。

如何看待鲁迅的“骂人”*

鲁迅憎恶中国人的奴性性格，更憎恶他们以瞒和骗造出奇妙的逃路。

我们讨论一下鲁迅对“国民性”的批判是不是丑化了中国人，以及如何看待鲁迅的“骂人”。

现在有些人似乎很“爱国”，说鲁迅批判国民性把中国人说得太丑了。他们可能并不了解鲁迅所批判的国民性的具体内涵，也不了解鲁迅是在什么背景下进行这种批判，只是直观地对鲁迅的批判方式表示反感，不能接受，甚至担心会丑化了中国人，伤害民族的自尊与自信。鲁迅的确毕生致力于批判国民性，这也是他所理解的实现文化转型的切要工作。他写小说、杂文，时时不忘揭露批判我们中国人的劣根性，说得最多的有奴性、面子观念、看客心态、马虎作风，以及麻木、卑怯、自私、狭隘、保守、愚昧，等等。鲁迅对国民性的批判，谈得最多的一是“看客”，二是“奴性”。例如他在《娜拉走后怎样》中说：“群众，——尤其是中国的，——永远是戏剧的看客。牺牲上场，如果显得慷慨，他们就看了悲壮剧；如果显得觳觫，他们就看了滑稽剧。北京的羊肉铺前常有几个人张着嘴看剥羊，仿佛颇愉快，人的牺牲能给予他们的益处，也不过如此。”在《经验》中说：“在中国，尤其是在都市里，倘使路上有暴病倒地，或翻车摔伤的人，路人围观或甚至于高兴的人尽有，肯伸手来扶助一下的人却是极少的。这便是牺牲所换来的坏处。”

---

* 本文系笔者2011年在北京大学研究生院主办的“才斋讲坛”演讲的部分整理稿。

还有“奴性”,也被鲁迅认为是国民性中最严重的病态。大家回想一下,在鲁迅的小说中,将儿子的命运寄寓在人血馒头上的懦弱的华老栓(《药》),一心想跻身于长衫客行列的落魄的孔乙己(《孔乙己》),因丢了辫子被女人当众辱骂的忧愁的七斤(《风波》),在多子、饥荒、苛税等压榨下苦得像个木偶人的闰土(《故乡》),都是乡土社会中的卑怯者,他们对于身受的压迫忍辱受屈逆来顺受。《祝福》中到土地庙捐门槛赎罪的祥林嫂,《在酒楼上》中敷敷衍衍模模糊糊无聊地生活着的吕纬甫,《孤独者》中亲手选了独头茧将自己裹在里面的魏连殳,《离婚》中慑于七大人威光的爱姑,也都是社会生活中的卑怯者,虽然他们面对坎坷的命运和人生也有过不平和抗争,但最终都屈服于文化传统和社会环境,这些都是奴性思想的体现。

鲁迅憎恶中国人的奴性性格,更憎恶他们以瞒和骗造出奇妙的逃路。他说:“中国人的不敢正视各方面,用瞒和骗,造出奇妙的逃路来,而自以为正路。在这路上,就证明着国民性的怯弱,懒惰,而又巧滑。一天天的满足着,即一天一天的堕落着,但却又觉得日见其光荣。”(《论睁了眼看》)鲁迅憎恶他们能以瞒和骗从奴隶生活中寻出“美”来。鲁迅深深地憎恶国民的奴性性格。黑格尔说中国没有哲学,而冯友兰说每个中国人都是哲学家,三种不同的思想方式,让中国人无论遇到什么都能在内心挺过去,那就是忍,忍的结果就是妥协,被奴役而心安理得。

鲁迅声称他“论时事不留面子,砭锢蔽常取类型”。这对于凡事都比较讲面子、讲中庸的传统社会心理来说,的确不合,又特别有悖于“家丑不可外扬”的古训。但作为一个清醒而深刻的文学家,一个以其批判性而为社会与文明发展提供清醒的思想参照的知识分子,鲁迅对国民性的批判真是我们民族更新改造的苦口良药。因此,重要的是理解鲁迅的用心。如果承认鲁迅的批评是出于启蒙主义的目的,而启蒙又是我们民族进入现代化必经的“凤凰涅槃”的需要,那么就不会再担心批判国民性会丧失民族的自尊,相反,会认为这种批判正是难能可贵的民族自省,是文化转型的前提和动力。

我们读《阿Q正传》,看小说中那些“丑陋的中国人”的处世行为与心理表现,会感到不舒服,甚至恶心,这真是给我们的同胞揭了短,露了丑。但仔细一想,这又是何等真实的刻画,是一种毫无伪饰的真实。我们也就理解了鲁迅所说,其目的就是要写出“国民沉默的魂灵”来。中国人的一些共同的精神疾患久矣,我们司空见惯了,见怪不怪,也都麻木了,鲁迅却要真实地说出来。通过鲁迅的创作我们重新发现了自己,发现我们周遭的许多落后的行为习惯,乃至心理模式、民风民性。比如“以祖业骄人”,总是向后看,摆“先前阔”;比如“比丑”心理,癞疮疤也可以作为骄傲的资本;比如自欺欺人的健忘症,不能正视失败和衰落的精神胜利法;比如那想睡上秀才娘子宁式床的狭隘的“革命”理想,等等。这些是鲁迅笔下阿Q等角色的表现,又何尝不是我们社会生活中习焉不察的精神弊病?鲁迅是深刻的,但他又并非居高临下。他总是带着自己深切的生命体验,带着无限的悲悯和无奈，去表现和批判他所置身的那个病态社会。鲁迅痛切地感到中国社会、中国文化存在着这种严重的病，所以他要批判中国的国民性，“哀其不幸，怒其不争”。鲁迅没有开什么药方，药方不是文学家能开的，鲁迅只是看病。他把中国人这个老病根给看出来了，这就是非常伟大的地方。我们今天读鲁迅的小说、杂文，还是能看到许多国民性弊病的揭示，感到这些病现在也还有些严重，这就是鲁迅的深刻，鲁迅的厉害。

鲁迅为何那么执着地批判国民性？这和他对中国传统文化及中国现实的深刻认识有关。他在1907年前后就已经有过立国必须立人的思想。“人立而后凡事举；若其道术，乃必尊个性而张精神”（《坟·文化偏至论》），即只有尊重和发扬人的个性，才能够使“国民”真正走向觉醒。可以说，“立人”思想贯穿鲁迅的一生。在鲁迅那里，“人的个体精神自由”是“做人”还是“为奴”的最后一条线。鲁迅对“精神胜利法”等国民劣根性的批判，目的并不指向经济和政治操作，而是指向个体人格的现代化，即“个人”的自觉、自主与自决。也就是说，鲁迅想要解决的，是一个古老民族的现代生存方式和精神基础问题。

其实，对国民性的关注并非鲁迅所独有。晚清以降，像梁启超、严复这些先驱者，都提倡过类似的口号。严复编《天演论》引入社会达尔文主义，推崇优胜劣汰的新价值观，其衡量种族优劣的指标中就包括“民力、民智、民德”。严复从进化论演绎出“鼓民力”之说，在急于适应和满足社会达尔文主义的生存需求时，中国过去的观念以及相应的国民性格都成了民族生存的障碍。在严复的时论中，“国民性改造”的愿望迅速清晰起来，虽然他还没有使用这个词语。

梁启超1900年在给康有为的一封信中提出：“中国数千年之腐败，其祸极于今日，推其大原，皆必自奴隶性而来，不除此性，中国万不能立于世界万国之间。而自由云者，正使人自知其本性，而不受钳制于他人。今日非施此药，万不能愈此病。”梁启超没有直接用“改造国民性”这个概念，而是提出“开民智”。1902年梁启超开办《新民丛报》，从刊名可猜测梁启超还是把国民性改造视为“第一急务”了。孙中山在对中国国民性的检讨上，与严复、梁启超并无大别，而且他们一致将原因都归于千年专制所造成的积习。但严复持中国民智未开不适于共和的立场，被孙中山讥为“曲学之士”，孙中山质问的是：“俟河之清，人寿几何。”这是政治家和思想家不同的立场。改造国民性其实是晚清以降思想家和先驱者思考中国之命运的一种趋势，鲁迅接续了这种思潮，并付诸实践。改造国民性并非给中国人丢脸，并非全盘抛弃传统，而是很实在的一种精神建设工作。

鲁迅对国民性的认识是清醒的，但也常常感到无力。他说自己的文章如同一箭之入大海。我们对鲁迅的苦心是缺少理解的。几十年来，不断听到这样的说法，诸如“国民性”是个伪问题，这一问题太玄虚，不易把握；有的批评鲁迅“文化至上”，是唯心主义。对鲁迅前期思想的评价一直很谨慎。

这些年又有人认为，随着经济的发展和中国的强盛，当代中国人的文化生存条件会好起来,国民素质自然也会提高。但是事实却是,经济发展了,精神生活却空前枯竭,国民素质并未得到提高。这也说明鲁迅改造国民性的工作还是有现实意义的。

有一点值得注意,鲁迅和百年以来众多知识分子不同,他对国民性的思考与批判,不只是给别人动手术,往往也是给自己开刀。鲁迅对国民性的批判建立在严峻的自审意识和痛苦的自我剖析基础之上,所谓抉心自食,鲁迅的文章与作品中常常可以看到,伴随着国民性批判的,是对自我深层人性和阴暗面的探索和挖掘。当前,我们不缺乏"批判",缺乏的就是鲁迅那样的自审意识和忏悔意识。今天学习鲁迅,就是要像鲁迅那样对民族性格的改造和民族历史的现代化进程进行认真的自我反省和历史忏悔。

鲁迅的作品是富于批判性的,是民族的自我批判,是刮骨疗疮,很痛苦的。我们看鲁迅的作品,有时候会觉得很闷,很沉重、难受。他写的那些沉重悲哀的东西,老是缠绕着你,甚至让人不得安宁。你们读鲁迅如果有了这种感觉,就是读懂了一点鲁迅,慢慢接近了鲁迅。鲁迅不是给十七八岁的少男少女预备的,读鲁迅要有一定的生活经验,有较多的人生历练。现在的年轻人包括大学生,可能不那么喜欢鲁迅的作品,主要因为他们还缺少人生的历练。

关于鲁迅"骂人",也是现今有些人常常不满意鲁迅的一个"理由"。怎么看?鲁迅杂文里确实有很多"骂"。譬如他骂梁实秋,骂学衡派,很厉害,他骂谁,谁就倒霉。现在梁实秋呀、学衡派呀,都有了比较深入的研究,正面评价比较多了,有人反过来就认为鲁迅当年"骂"他们似乎太过分了。这也是简单化。鲁迅和许多历史人物论争的"公案"可能有复杂的历史背景,不宜简单地从道德层面来"平反",应当有更细致的辨析。

例如鲁迅与梁实秋的那场论战。梁实秋在《答鲁迅先生》和《"资本家的走狗"》两文中写出了暗指"左联"和鲁迅的三件事:电杆上写"武装保护苏联";敲碎报馆玻璃;到××党去领卢布。梁实秋说:"革命我是不敢乱来的,在电灯杆子上写'武装保护苏联'我是不干的,到报馆门前敲碎一两块值五六百元的大块玻璃我也是不干的,现时我只能看看书写写文章。"

在白色恐怖时代,"捕房正在捉得非常起劲"的时候,鲁迅认为梁实秋这种借刀杀人的影射"比起刽子手来更下贱"。鲁迅说:"将自己的论敌指为'拥护苏联'或'××党',自然也就髦得合时,或者还许会得到主子的'一点恩惠'了。"

鲁迅明骂梁实秋,实际上是在帮左翼解套,特别是最后两句用意非常明显:"但倘说梁先生意在要得'恩惠'或'金镑',是冤枉的,绝没有这回事,不过想借此助一臂之力,以济其'文艺批评'之穷罢了。所以从'文艺批评'方面看来,就还得在'走狗'之上,加上一个形容字:'乏'。"言外之意是说,我们还是在文艺批评的范围内进行论战,你梁实秋不要把这件事情政治化,不要把国民党当局引进来。从这个意义上讲,关于"乏走狗"的文章是一篇政治檄文。

据冯雪峰回忆,鲁迅写好这篇杂文交给《萌芽月刊》时,“他自己高兴得笑了起来说:你看,比起乃超来,我真要‘刻薄’得多了”。接着又说:“可是,对付梁实秋这类人,就得这样……我帮乃超一手,以助他之不足。”

这里我们也没有时间展开讨论。但是有一点是肯定的,鲁迅“骂”过很多人,给这些人画像,三笔两笔,这些人就脱不掉了。比如梁实秋被描画为“资本家的乏走狗”,鲁迅还骂什么“媚态的猫”“洋场恶少”“革命小贩”“奴隶总管”,等等,当然他都有所指,会联系到具体的人事,但是我们不要理解为他“骂”的就是某一个人,其实他是描画某种社会现象。鲁迅没有私仇,只有公敌。所以我们读鲁迅这些所谓“骂人”的文章,要尽可能了解一下时代背景,不能只是从字面上对所谓“骂人”做评价。

《新青年》并未造成文化的断裂*

过早商业化、世俗化的教育对青少年很不好，那些泛滥成灾的粗鄙文化、搞笑文化，在影响着他们人格的成长。

中国社会在晚清发生了大变局，近代史通常会把1911年推翻帝制和中华民国的建立，当作“告别”古代的分水岭。但以总体性的社会变革而言，比民国建立稍晚几年的《新青年》的诞生和新文化运动的开展，更应当看作中国进入现代社会的界碑。

《新青年》的诞生是中国进入现代社会的界碑

现在我们对“现代”这个词耳熟能详，“现代性”“现代化”等说法常挂在嘴边，这个“现代”的源头，就可以追溯到《新青年》及其所代表的五四新文化运动。因为有《新青年》，才有五四新文化运动，也才有思想启蒙的大潮掀起。这个举动唤醒了沉睡的中国人，使之打破阿Q式夜郎自大的心理，人们头一次清醒地打量自己国家在世界的位置，希望通过彻底的变革去避免亡国灭种的危险。

《新青年》是激进的，它提出“重新估价一切”，看穿传统文化并非全是那么光辉灿烂，里头也有很多迂腐黑暗的糟粕阻碍现代社会发展，竭力要铲除旧的伦理道德观念以及封建专制主义之害，引进外国先进思潮，促成了旷古未有的思想解放运动。《新青年》那一代先驱者完成了他们的使

* 本文发表于2015年5月18日《中国青年报》。

命,促成了整个中国的文化、道德、政治、文学等诸多方面的转型。这个巨大的历史功劳,无论如何也不能轻视。

在学界,常见到对五四的颠覆言论。这些言论认为《新青年》及五四新文化运动最大的问题是激进主义,指责那一代人对传统文化的全盘否定造成近百年的文化“断裂”与“困局”;他们甚至把后来“文革”的荒唐以及当今人文精神的缺失也一股脑儿算到五四的账上。这种“事后诸葛亮”的指责缺少对历史的“同情之理解”,既不符合历史事实,也很不负责任。

当今是开放的年代,对历史的理解各式各样,没有必要也不可能求得统一。但有一点不能含糊,就是要尊重历史,不要虚无主义。那种对五四的颠覆,就是历史虚无主义。有些人脱离了历史语境来讨论问题,认为 20 世纪中国文化出现“断裂”,起头就是新文化运动的“激进”。

《新青年》为代表的五四先驱者对传统文化的批判确实是态度决绝的。当传统仍然作为一个整体在阻碍着社会进步时,要冲破“铁屋子”,只好采取断然的姿态,大声呐喊,甚至矫枉过正。《新青年》那一代先驱者对传统文化的现代转型,是有怀疑、有焦虑的。所以他们要猛烈攻打,对传统文化中封建性、落后性的东西批判得非常厉害,是那样不留余地。他们有意要通过这种偏激,来打破禁锢,激活思想。放到从“旧垒”中突破这样一个历史背景中去考察,对《新青年》那一代的“偏激”就可以有所理解,那是一种战略性的积极效应。

不能把传统“断裂”的账算到《新青年》头上

那种认为《新青年》和五四一代造成了中国文化“断裂”的观点,是肤浅的,完全属于危言耸听。

现代文化的建设,包括其中应有的传统文化的某些转换,很大程度上又是五四反传统的那一代人所参与和实现的。拿鲁迅来说,他的确非常激烈地攻打传统。他在《新青年》发表《狂人日记》,诅咒中国历史上写满了“吃人”二字;他曾声称对于传统“无论是古是今,是人是鬼,是《三坟》《五典》,百宋千元,天球河图,金人玉佛,祖传丸散,秘制膏丹”,统统要踏倒;他甚至主张青年多读外国书,不读中国书。这些特定语境中发出的带有文学性的言论,的确偏激。鲁迅自己也不否定这种偏激。但偏激不是鲁迅的目的,他是有意矫枉过正,直指传统弊病的痛处。

那些诟病鲁迅反传统太偏激的人不该忘了,鲁迅在反传统的同时,又积极地致力于传统文化的整理研究,做传承的工作。鲁迅用他一生几乎一半的时间从事古籍整理,鲁迅所奠定的古典文学研究方法至今仍称典范。

其实《新青年》的先驱者中很多人也都在反传统的同时,做传统文化的整理、研究工作，他们在所谓“国学”方面都有建树，甚至起到过“开山”的作用。如钱玄同的古文字研究，刘半农的音韵研究，胡适的《红楼梦》《水经注》等方面的研究，在现代学术史上都曾处于先导的地位。现今研究“国学”者使用的方法、材料和框架，往往也都从五四那一代最早的探索里获益。怎么能说《新青年》和五四一代造成传统文化的“断裂”呢？

一面享用五四前驱者的成果，一面埋怨先人“偏激”与“断裂”，这有些不负责任吧。其实《新青年》更大的功绩在于探求中国文化的转型与发展，探索“立国”与“立人”。反对专制，张扬个性，提倡人道主义、科学民主，致力于改造国民性，等等，都是五四那一代的功劳。

当然，五四之后半个多世纪，中国饱受日本帝国主义侵略，又连续发生战乱，后来还经过“文革”等“左”的祸害，整个国家伤痕累累，传统文化的承续乃至整个文化生态也屡遭破坏。特别是现今社会精神道德方面出现很多问题，人文精神衰落，这跟近百年来整个中国社会转型所产生的诸多矛盾是密切相关的，特别是进入商品经济社会之后，拜金主义与庸俗科学主义盛行，人心焦虑，大家不约而同想到传统文化，希望重新从古代精神遗存中获取有益的资源，这是完全可以理解的；但不能笼统地夸大传统的“断裂”，并把这笔账算到《新青年》和新文化运动的头上。

《新青年》留下了哪些“新传统”

毫无疑问，我们应当继承优秀的传统文化。在继承优秀的传统文化的同时，也要尊重和继承近百年来形成的“新传统”，包括五四传统和革命传统，或者可以称之为“小传统”。

这“新”，是相对于通常我们讲的古代文化那个“大传统”而言。“新传统”虽然形成时间较短，但和古代传统一样，已经作为民族语言想象“共同体”而存在，不断影响、渗透到社会生活的许多方面。人们对“新传统”总是习焉不察，身在“庐山”而“不识庐山真面目”，其实它作为当今社会结构的一个向度，发挥着规范性影响。且看以白话文为基础的现代文学语言的确定，和古代文学形成最明显的区别，现今我们所享用的汉语文学语言变革的成果，其实就是“新传统”中稳定的核心部分。人们总是不太在意那些“常识性”的东西，无视其在身边所起的作用，在享用“新传统”的时候往往不能明确意识到它的存在。而这些年出现的那些颠覆五四新文学的思潮，更是全然否认“新传统”的。在纪念《新青年》和新文化运动一百周年之际，我们需要重新思考和彰显“新传统”的价值。

作为“新传统”，五四新文化运动留下了哪些最可宝贵的东西？是“德先生”和“赛先生”。这两位“先生”促进了中国思想的大解放，也促进了整个社会的现代转型。现在我们很多社会问题有待解决，包括制度革新、科学发展、重视民生、提升公民素质，等等，其实都还是要请教两位“先生”的。纪念《新青年》和新文化运动一百周年，要重新强调尊重“德先生”和“赛先生”,张扬民主、科学的精神。

《新青年》和五四新文化运动主要都是青年人的作为,是青春文化的表现。纪念《新青年》一百周年,我们特别怀念和向往那种朝气蓬勃的青春气概。

我曾说过:现在有些青年太功利,又太老成,好像缺少一点青春气息;过早功利化、商业化、世俗化的教育对青少年特别是中小学生很不好,那些泛滥成灾的粗鄙文化、搞笑文化,在影响着青少年人格的健康成长——我很为此担忧。

五四那种理想、朝气与活力,能否再给我们一些召唤呢?

附录一　语文课改要“守正创新”*

2012年11月，初冬的南京非常寒冷，但在下关区39中大礼堂，场面却是异常的火爆。下关区300多名小学语文教师齐聚于此，共同聆听北京大学中文系温儒敏教授的精彩报告。“一线教师要尊重语文教学规律，注意教学梯度，力求每课一得”，“我们的课堂教学不能太琐碎，太技术化，要多默读，多涵泳”，“写作教学要避免把‘文笔’当作第一要求，不教或者少教‘套路作文’”，当这样的话从一位大学教授口中讲出，很多一线老师的感觉是“非常惊奇”——大学教授对中小学的教学能如此了解？

这样的质疑不是第一次，温儒敏的回答照例非常简单：“如果说我的意见符合实际，那主要是按照‘常理’来讨论的。”他所说的“常理”不是高高在上的宏大叙事，而是直接深入语文教学中的一些“老问题”“旧问题”，体察语文教学的现状、语文教师的内心，从而给出建设性的“温式”答案。

在基础教育界，温儒敏“出名”了：北大语文教育研究所所长，国家基础教育课程教材专家工作委员会委员，人教版新课标《高中语文》教材执行主编。曾经，他的名字与中国现代文学史研究连接在一起，而今，语文教育似乎也成了他的“正业”。

“怎么关注起中小学课改了？老温，你也开始‘跨界’了。”老友们见面戏称。毕竟，作为北京大学中文系原系主任，曾出版《新文学现实主义的流变》《中国现代文学批评史》《中国现代文学三十年》（与钱理群、吴福辉合著）等著作，曾担任中国现代文学研究会会长，作为国家社科基金重大项目《当前社会文学生活调研》首席专家，他这样一位著名的文学史家，怎么会半路出家，“介入”语文教育这样深？

但在温儒敏看来，这不是什么“跨界”，而是题中应有之义，且早有渊源。大学教育与中小学语文教育之间的距离其实并没有人们想的那么远。

介入语文教育是一种责任

“对语文教育的关注，其实是‘五四’的传统，也是北大的传统。”温儒敏说。

---

* 笔者很荣幸被推荐为《语文教学通讯》2013年4A期的封面人物。本文为康丽撰写，在同一期刊出，原题《温儒敏：语文课改要“守正创新”》。

事实是，从胡适的《文学改良刍议》提出文章“须言之有物”“不摹仿古人”“须讲求文法”“不作无病之呻吟”“务去滥调套话”“不用典”“不讲对仗”“不避俗字俗语”，这样一场文学革命运动发端起，其所倡导的文化启蒙就与文学启蒙、文字启蒙无法分开，也正是基于此，很多五四时期的大家异常关注国文教育，从鲁迅到胡适，从蔡元培到梁漱溟，从叶圣陶到朱自清，他们或亲去中小学宣讲授课，或编写国文教材，或参与中学语文教学的讨论，在这个领域有过不可替代的贡献。

“这些老先生自然不用靠这些来提高‘学术分量’，主要就是出于一种责任心。”因此，也就无所谓大学与中小学的隔阂、高等教育与基础教育的鸿沟。

让温儒敏感到庆幸的是，自己进入北大，感受到的就是这种浓浓的教育情怀。

“我是1978年考上北大中文系研究生的，那是一个学科自觉的时期，是富于理想、自信和激情的时期。时代突变带来的那种‘精神松绑’的快感，知识分子的使命感、事业心，以及对久违了的学术的向往与尊崇，都在现代文学学科的重建上得以痛快淋漓的表现。”

更重要的是，从考上研究生、留校任教到攻读博士，温儒敏和他的同辈人不仅仅看重自身作为研究者的角色，还尤为看重作为教师所承担的“教书育人”的使命。

正是在这种背景下，温儒敏从来没有远离过讲台，即便在担任北大出版社总编辑、北大中文系主任时，他也依然坚持给本科生上基础课。他的很多种著作，比如《中国现代文学三十年》《中国现代文学批评史》《中国现当代文学学科概要》，也都是在讲义的基础上修缮完成的，与教学关系紧密。

“教师的主要职责是教学，不能为了研究忽略了教学。”温儒敏不止一次这样说。而让他近年来极为忧心的是，“现在几乎多数学校都奔着‘研究型’方向发展，老师晋升和考评都主要看发表文章，很少有精力放在教学上了。这是很大的问题”。

更大的问题在于，学生越来越不会写文章了。温儒敏发现，一些学生读了几年中文系，知道一些文学史知识，也学会用一些理论套式分析文学，但没有文学的感悟力，没有文学的爱好，甚至连写作都不过关。

中文系学生如此，其他系的学生情况更是可想而知。最明显的证明，是大学语文这门公共课程在大学里面临的尴尬境遇：教师不太愿意教，学生也没有兴趣学。再看看毕业生们语无伦次的习作，满篇的错别字，只能说明中国的语文教育已经到了不能不改的境地。

语文教育萎缩，根子在哪里？还是在中小学。为此，温儒敏提出，在大学教中文的老师应当关注中小学的语文教学，中文系在整个社会的语文生活方面应当承担重要的责任。

1999年，温儒敏接掌北京大学中文系主任，这让他有了更大的空间、更多的机会去为语文教育做一点事情。他就任系主任之后召开的第一个学术会议，就是有关语文教育的。当时，他邀请了北京市的许多语文特级教师，和北大的教授一起讨论如何改进语文教学。当时有些人不太理解，说这是不务正业，语文的事情还是交给师范大学做更好。但温儒敏却认为,师范大学现在都一窝蜂奔着“研究型”大学跑了,可能没法在语文教育方面多花力气,那综合大学就来敲敲边鼓吧,这样可能会反过来促进师范大学更用心做“师范”。

“我们就是‘敲边鼓’。如同观看比赛,看运动员竞跑,旁边来些鼓噪,以为可助一臂之力。这是责任使然,也是北大传统使然。可能在别人看来,很多时候‘说了也白说’,但‘白说还要说’,一点一点推进,相信终究会有些效果。”温儒敏说。

改革要“守正创新”

关注语文教育,温儒敏始终是身体力行的。

2001 年,第八次基础教育新课程改革启动,语文作为改革的重中之重,自然受到各方的高度关注。尤其是教育部于 2003 年颁布“普通高中语文课程标准(实验)”之后,语文教材的编写成为头等大事。当时,有些地方已经组织编写和出版了几套新的高中语文教材,并在部分省区试验,推动了中学语文教学的改革,但也碰到一些新的问题。

就在此时,人民教育出版社要编写新课程《高中语文》教材,找到了温儒敏。他不仅答应下来,还专程邀请著名学者、北京大学中文系教授袁行霈担任主编,同时动员 16 位北大教授(涉及中文、哲学、新闻等院系),包括曹文轩、何怀宏、陈平原、何九盈、周先慎、苏培成等,投入教材编写。

这件事不管在教育界还是在文学研究界,当时都引起了震动。这套教材编写历时三年,反复修改,成为新课程《高中语文》6 套教材中影响最大的一套。

当然,人教版《高中语文》之所以比较受欢迎,不仅因为前期准备工作充分,专家教授介入,更因为包括温儒敏(执行主编)在内的骨干编写人员指导思想明确,并非一味逐新,而是尊重国情,重视继承语文教育优秀的传统及经验,在这个基础上再大胆创新。比如,这套教材的必修部分编写还是强调阅读、写作以及口语交际能力的基本训练,保证学生共同的语文基础;而选修课则比较开放,包括中外小说、诗歌、散文和戏剧等各种文体的名作欣赏、中外文化名著选读、新闻与传媒素养、影视文化、传记选读、汉语知识,以及写作,等等,在保证大多数学生达到基本的语文能力的前提下,为老师教学和学生学习拓展了更大的空间,却又始终不脱离语文素养这个指向。

“改革不是完全推倒重来,不是完全颠覆,而是改进和更新。当初我们给这套新的教材定位,就是‘守正出新’。这本来是北大中文系的一个口号,即在坚持过去好的经验基础上进行改革。”温儒敏介绍说。

何谓“守正创新”,还有一个例子最能说明问题:在当时很多教材为了“创新”,大幅抛弃传统选文,并在习题设计等方面“掏空语文”的情况下,人教版教材却相对比较沉稳,并没有做颠覆性的大变动,既选收一些文质兼美的新的课文,又保留了较多传统的经典选文,习题设计也仍然往语文素养上靠。

理性和务实是温儒敏一贯坚持的态度。在他看来,教材编写要考虑如何与长期形成的好的教学传统衔接,考虑如何有利于唤起广大教员的主动性与创新思维,努力寻求达到最好教学效果的途径。

"有些新出的教材,现在都往人文素质教育靠拢,有的靠拢并没有脱离语文教学规律,有的可能就走得过远,多少就把语文的含量稀释了,甚至把语文教学秩序打乱了。这反而不利于课改,不利于学生的发展。"

这样的做法,在当时也引起了一些质疑,有的人认为这样过于保守,不够革新,甚至认为温儒敏对课改持反对态度。但实践证明,在高中语文新课改遇到质疑和反对的声音之时,温儒敏是众多的专家学者中第一时间站出来支持的。2005 年 9 月 23 日,在宁夏"中学语文新课程讨论会"上,温儒敏特别强调,课改的大方向没有错,是大趋势,应当积极推进;但步子不妨稳一些为好,与教材编写一样,语文新课改同样要"守正创新"。

"那种鼓吹要'对抗语文'的颠覆一切的思路,以及'翻烧饼'的做法,是不可行的,也不能解决问题。我们能做的,就是面对现实,务实一点,回到朴素的立场,因为改革毕竟不是目标,而只是手段和过程。"温儒敏说。

为语文课改搭建研究平台

2003 年 12 月 25 日,在温儒敏的努力下,北京大学语文教育研究所正式挂牌成立,林焘、袁行霈、徐中玉、陆俭明、刘中树、巢宗祺、蒋绍愚、王宁、钱理群等一批著名语文教育专家加盟研究所。

这个研究所要做什么?作为所长的温儒敏非常恳切地说,要建立一个平台,打破大学与中学、教育界的隔绝状态,推进一线教师和语文专业研究学者在语文教育改革方面多学科的通力合作。

面对社会上对语文新课改的"高度关注",温儒敏呼吁道:"重要的不是再去争论,而是让一部分学者和一线的教师专家坐下来,认真做一些调查研究,真正是在科学研究的基础上,而不只是在印象的、情绪的层面提出批评与设想。"

之所以发出这样的呼声,是因为这位资深文学教授深深地感受到这样一种倾向:在教育界、学术界,破坏性、批判性、颠覆性的思维比较流行,建设性、补台的、前瞻性的思维缺乏。事实是,痛快的批判和颠覆都容易,但审慎地推进改革,认真研究一些问题,却是难而又难。

做点细致的调查,做一些积累性的工作,出于这个目的,北京大学语文教育研究所成立之后的一件事,就是针对目前语文课改中最重要、最实际的那些问题,开展调查研究,动用社会资源,设定10个语文教育科研课题向全国公开招标。这10个课题包括西部农村中小学语文教师生活状况、农村中学语文课改效果、选修课实施情况、城市中学生课外阅读状况、高考命题与阅卷方式的改革等,要求不预设观点,尽可能较大面积调查,取得第一手数据材料,然后做出分析。

"语文课有很强的社会性,人人都可以对语文教育提出各种批评意见。这就需要专家通过严谨、科学、细致的研究,去引导大家理解。"教育部基础教育二司课程处调研员沈白榆如此评价北大语文教育研究所的"语文课改调查研究"。

曾经主编过多种语文教材的人民教育出版社中语室编审顾之川也认为,需要在调查研究的基础上,分析目前中学语文教学的现状,找出问题,确定中学语文课程教材改革的主要方向。为此,他专门承担了这10个课题中的"中学语文教材编写研究"课题。

"我们应该深入研究一系列问题:中学语文要不要知识?需要什么样的知识?现代文和古诗文作品在不同的学段应各自占多大的比例?如何将现代信息技术手段引入语文教学?虽然一些教材已经编写出版并投入使用,但对这些具体问题应该说还是比较模糊的。"顾之川说。

从某种意义上说,这是一种"纠正"和"回归"。正如温儒敏所说:"语文教学其实是学术性很强的学科,需要的是扎实的调查和科学细致的跟踪研究,而不只是经验性的印象式的东西。语文课改应当有一些很实在的东西,让老师和学生知道哪些是'基本口粮',做到'手中有粮,心中不慌'。"温儒敏说。

在这种理性、务实的态度影响之下,语文教育界的浮躁之风稍稍得到遏制。与此同时,在北大的影响下,全国多所师范大学也相继成立类似机构,重新重视语文教育研究。

我们能做些什么

2007年,温儒敏有了一个新的身份——受命担任义务教育语文课程标准修订组的召集人。那时社会上对课改的评价有很嘈杂的声音,而他和巢宗祺等组成的修订组十余人,有官员、教授、专家、作家和一线老师,彼此对课改的观点也不见得一致。怎么开展工作?怎么求得相对一致的看法?要做的第一件事,还是调查研究:在试行课改的29个省市区对7000多名教师和教研员做问卷调查,尤其是征询西部和乡镇教师对课标的内容及试验结果的各种意见。然后修订组用了近四年的时间,开过数十次讨论会,反复调研、学习、修改,数易其稿,最终形成定稿。

正是因为有了扎实的调研,这次课标修订比较正视新课程试验过程中出现的各种问题,格外注重实事求是、科学求证的态度,增加了新课程实施的可操作性,在很多方面受到了一线教师的好评。比如在听说读写中格外突出"读";适当降低难度,特别是小学的识字量规定有所减少;提出阅读教学中应当防止“以教师的分析代替学生的阅读实践”等。

有了科学的、可行的课标,怎么样让更多的教师了解课标,认识课标?温儒敏不仅仅是课标修订组的召集人,更成为新课标的宣讲人和推广人。

2010年,北京大学语文教育研究所与北大继续教育部(网络学院)承担起“国培”项目,温儒敏任首席专家。几年的时间,他的脚步从城市到农村,从重点学校到一般学校,目的只有一个,让新课标的执行者——教师真正从内心接受课标,实施课标,从而真正改变教育。

教师面对着高考的巨大压力,他提出,教师应当在“应试”与“兴趣”培养之间找平衡,语文高考就是戴着镣铐跳舞。课改举步维艰,一线教师对课改冷暖自知,从长计议,还是要坚持改革的大方向,不要拆台,要补台。

教师在语文的工具性和人文性之间徘徊犹豫,他提出,要为语文课“减负”,减轻语文老师和学生的“心理负担”,不要把什么东西都交给语文课来承担。如果把人文性搞得很玄乎,工具性又不明确,不敢理直气壮抓基本训练,那么情况会很糟。

教师出现了职业倦怠,他建议,教师不妨保留一块“自己的园地”,最好有某一方面的专业爱好,同时也可以不断接触学科前沿,让自己保持思想活力,或许可以克服职业性疲倦。

教师们普遍对作文教学感到头痛,他却说,高考作文应侧重考文字表达能力,文笔、文采并不是主要的,不应当侧重考这些。现在的语文教学过于偏重文学性,很在意文笔,所培养的学生思考力、分析力可能偏弱。以为文笔好就是语文好,这是误解。

在他的理解中,语文课不等于文学课,人文精神不等于文人精神。语文教学不能以培养文人、培养作家为目标,连大学中文系都不能以此为目标。学语文主要是要学会表达,学会熟练、准确、得体地使用汉语。而语文就是母语学习的课程。语文课要解决读写能力,是一门实践性很强的课程。同时,不能把语文功能无限制地扩大,这样看似重视语文了,到头来却可能“掏空”了语文。

在学风空泛的当下,这些真话、实话不矫饰,不虚伪,不绕弯,真正让一线教师感受到一种同行的温暖和前进的力量。

“所谓大道至简至朴,就是如此。”一位普通中学语文教师如此评价。

当然,也有教师发出这样的怀疑:“好话谁不会说,课改是看着好,做着难,体制不改,我们没法办。”

这样的话温儒敏不知听过多少次,但他并不指责,只是这样反问:“老师们很辛苦,但我希望,每一位老师也最好问问自己,如果一时间‘体制’未改,大局未动,我们是否就随波逐流,或束手待毙?面对当下应试教育的巨大压力,我们能做些什么?”

“我们能做些什么?”这个反问不仅针对普通一线教师,温儒敏也是在问自己。不过,在许多认识他的人看来,他为语文教育做了很多。

辽宁师范大学教授王卫平目睹温儒敏从现代文学专家到语文教育研究者的“华丽转身”,很有感触地说,“他在中国现代文学的教学和研究领域驾车就熟,成就斐然。可是,近些年来他却拿出相当的时间和精力从事起语文教育研究来,这让人敬佩。面对体制变革的艰难,从自己做起,这才是一种积极的建构。”

作为温儒敏的同事,北京大学中文系教授孔庆东甚至将温儒敏不盲动、不冷漠、稳健务实的语文教育理念称为“恒温”主义。“他为语文教育付出了大量的心血和智慧,搞调研、抓课题、编教材、促教学,全方位地参与了中国语文的改革事业。这是一个艰苦而漫长的工作。”

但,温儒敏似乎对这个艰苦而漫长的工作甘之如饴。年逾花甲的他又开始写博客,发微博,为的是与更多普通教师进行交流,了解他们在语文课改中的真实想法。

年纪大了,该歇歇了,但温儒敏淡然一笑,依然忙得不亦乐乎。

精神动力在哪里,答案或许就在他经常说的一句话:“我深感在中国喊喊口号或者写些痛快文章容易,要推进改革就比想象难得多,在教育领域哪怕是一寸的改革,往往都要付出巨大的代价。我们这些读书人受惠于社会,现在有些地位,有些发言权,更应当回馈社会。光是批评抱怨不行,还是要了解社会,多做建设性工作。”

而语文教育,就是他为自己定义的那点“建设性工作”。

附录二　从文学史家到语文教育家*

——读《温儒敏论语文教育》及其他

在很多人的印象里，温儒敏先生是一代文学史家。然而通读他的《温儒敏论语文教育》《温儒敏论语文教育二集》《语文课改与文学教育》等论著，笔者感到扑面而来的是一位教育家的胸怀、志趣和学识，也从中窥探出温儒敏语文教育观的若干特征。笔者认为，温儒敏先生以其对语文教育的关切、深思和实践，奠定了他作为文学史家之外的另一个语文教育家的形象。

一、温儒敏语文教育观的四个基础

温儒敏先生经历丰富、经验多元，他秉承北大传统积极介入我国当下的语文教育研究和课程改革，这使他的语文教育观建立在一个极为开阔、开放和学养深厚的基础上，从而呈现出思想自由、兼容并包和守正创新的万千气象。概括而言，其语文教育观的基础有四个方面：

1. 民族传统。温儒敏先生研究语文教育和课程改革，很重视继承我国语文教学的历史经验，认为这是语文教育工作的“家底”，弄清这个“家底”是语文教育界的基础性工作。值得关注的是，即使在新课积极标倡导自主、合作、探究式语文学习新理念的背景下，温儒敏先生对我国历史上一向重视传授和训练的语文教学经验也并未一概否定，而是肯定地指出传授和训练在一些教学环节上是很必要的，问题是传授就应该传授得生动活泼，做到一边传授（或“灌输”）一边引发学生思考，如此传授和训练就很可贵。温儒敏先生是文学史家，他的专业是现代文学史研究，他戏称自己介入语文教育和课程改革是“打边鼓”，但也承认是出自于他作为北大人为语文教育做点事的责任和担当，是出自于北大学者在中国百年语文教育史上一度发挥过领军作用的传统。北大人富于理想，使命感是北大的旗帜，丰博的学识、闪光的才智、庄严无畏的独立思想、耿耿不阿的人格操守与勇锐的抗争精

* 本文发表于《课程教材教法》2014年6期，作者刘中黎。

神……这一切都构成了北大精神的重要内涵,温儒敏先生期望将这种北大精神化为我国当下语文教育和课程改革的灵魂。可见,温儒敏的语文教育观是建立在深厚的民族传统基础上。

2. 域外来风。温儒敏先生研究语文教育和课程改革从不闭关自守、闭门造车,他善于借鉴日本、欧美及其他四十多个国家的成功经验和失败教训,认真研究过域外四十多个国家的母语教材编写情况,对日本教育界所开展的“快乐教育”进行过反思,对欧美最近几十年基础教育改革的很多做法极为欣赏,对钱学森先生曾经求学的加州理工学院的人才培养方式有深锐的观察……这些域外因素对温儒敏的语文教育观有深刻影响。

3. 个人体验。温儒敏先生有着极为丰富的个人经历:在学生时代,他喜欢阅读和写作,有着丰富、独特的经典阅读经验和母语写作体验;作为国家级的教学名师,他在北京大学长期担任文学基础课的教学任务,有极为丰富、细腻、真切的文学教育经验和课程教学的改革经验;作为一位想为语文教育做点事的知名学者,他长期走访、调研过许多中小学的语文课堂,与很多中小学教师保有密切联系,聆听和评价过他们的语文课;作为一代德高望重、颇有影响的文学史家,他具有调动、整合各方面学术和教学资源为中小学语文教育和课程改革服务的经验。这些宝贵的个人体验使温儒敏的语文教育观显得更真切、细腻、贴近实际。

4. 着眼于国家的长远发展。温儒敏先生为我国的语文教育做了很多田野调查工作:他多次对北大中文系大一新生进行调查,从这些学子的亲身经历、感受和认识中了解“北大学生眼中”的中小学语文教学,获得了我国语文教育的许多第一手资料;他调阅过新中国建国六十年来的八次课改情况;他反思过 1996—1997 年教育部组织的涉及九省市义务教育情况的调查;他多次通过北大语文教育研究所向全国招标课题,借此了解我国各地区语文教育存在的问题。通过这些调查,温儒敏先生发现我国教育领域的问题很严重,最大的问题是现行人才培养方式不利于创造性人才的培养。因此,他提出从国家的长远发展考虑必须要推进课改,任何争论都应当服从于“必须改革”这个前提,语文教育也不例外。

二、温儒敏对语文教育的三大期望

温儒敏先生对语文教育有三大期望:第一,期望学生热爱语文;第二,期望借助语文教育来开发民族创新力;第三,期望语文课程聚焦于“语言文字的运用”,恪守这门课程的最基本功能。

根据温儒敏先生的调查,我国语文教育存在的一个大问题是广大学生尤其是中学生对语文学习不感兴趣,对语文的“厌学”情绪普遍存在。甚至有学生反映:“中学语文教学是最令学生反感的一个学科”“一见到语文考试就头痛”。对此,温儒敏尖锐地指出:现今的语文教学很大程度上破坏了学生对母语和中国文化的良好感知,破坏了学生对语文的感觉,把学生的脑子“搞死”了,兴趣搞没了。

针对这些情况,温儒敏先生提出他对语文教育的第一个期望是要让学生热爱语文。为此,他指出了我国语文教育发展的两个方向:一是要注重培养学生对语文学习的兴趣,二是要注意发展学生的“语文素养”。就是说,培养学生对语文学习的兴趣被摆到了与学生“语文素养”同等重要甚至更优先的地位。在此基础上,温儒敏先生提出了评价课堂教学成功与否的一个重要指标,他说:“课讲得效果如何,主要看是否调动了学生阅读作品的兴趣和探究问题的主动性。”总之,在温儒敏先生的评价体系中,对语文的热爱、对祖国语言文化的尊敬和热忱、对阅读兴趣和阅读习惯的养成,构成了评价课堂教学成功与否的重要尺度。笔者以为,温儒敏先生的思考启发了人们思考语文教育的两个抓手,即“有趣”和“有效”。所谓“有趣”和“有效”,是指在语文教学中注重“有趣”和“有效”的辩证结合,在“有趣”的教学中实现学生语文素养的“有效”提高,学生语文素养的“有效”提高要尽量通过“有趣”的教学来实现;坚决避免语文教学的“刻板、教条、贫乏和单一”,坚决避免语文教学的“生硬”灌输和“直奔主题”。

基于上述思考,温儒敏先生在主持义务教育语文新课标修订工作的过程中,以及在参与主编人教版高中语文教科书、中小学阅读和阅读教学的指导、课堂教学设计和实践、教师专业化成长研究等工作的过程中,始终坚持一个原则,即在开展各项工作时,把激发和调动学生的语文学习兴趣摆到了首先考量的位置,一切工作都要基于让学生有兴趣、能理解、愿接受。比如,在阅读方面,他主张营造一种“悦读”的氛围,关照与尊重学生的“语文生活”(课外“闲书”的阅读交流、上网、写博客、QQ 聊天等),并指出不让学生读“闲书”是扼杀兴趣;在语文教材编写上,他在注重编排语文知识能力序列的同时,特别注重学生兴趣的有效激发;在确定新课标的修订原则、思路和策略时,他坚持认为:“希望学生学习更主动、快乐、有兴趣,这是改革的需要、策略。”在课堂教学设计和实践中,他始终思考如何调动与激发学生的学习兴趣和思维主动性,并孜孜追寻语文教学“无趣”的根源。

可贵的是,温儒敏先生对他的语文学习“兴趣”观有着难得的警惕和清醒。他关注和重视学生的语文学习兴趣,但并不意味着对学生“兴趣”毫无原则地迁就和迎合,其要旨是企图通过语文学习引导学生体味语文的优雅有趣,享受语文激励心智发展的喜悦,对母语和民族文化增加一份感情和觉悟,“读经典的书,做有根的人”,以及发展学生的感受力、想象力、理解力、分析评判力、表达力和主动性、创造性、应付生计的能力,等等。基于此,温儒敏在借鉴当代日本教学改革的失败教训后就明确指出:不宜笼统地提“快乐教育”;所谓在教学中提升学生的兴趣和主动性,不是最终目的。在温儒敏先生看来,语文教学的最终目的是发展学生的“语文素养”,核心是解决学生的读写能力,因而实践性很强,必须有反复的训练和积累;训练的过程不可能都是快乐的,甚至也不可能都是个性化的;希望语文学习全都变得快乐,或者所有学生都很喜欢,那只是一种理想。此外,温儒敏先生还就语文学习兴趣培养和高考应试的关系指出,“高考语文是戴着镣铐跳舞”,语文教师应该在“应试”和“兴趣”培养之间寻求平衡。

温儒敏先生从不局限于语文教育来思考、研究语文,他经常跳出语文看语文。他认为,我国现有的人才培养方式存在很多弊端,最大的弊端是“不讲差异,不重视发展学生的个性,不重视因材施教,容易把所有的学生都变成同一个模子里出来的‘标准件’。在这样的教育机器的加工下,创造力会衰退”。从国家的未来考虑,并借鉴最近几十年欧美教育改革重视创新型人才培养的经验,以及在“钱学森之问”的启发下,温儒敏指出:我国教育存在的一个重要问题是全体学生的个性没有得到充分、自由的发展,创新、质疑和批判的学风在校园内非常淡薄,因而培养不出拔尖的“具有创新思想的人才”。基于这一思考,温儒敏先生期望借助语文教育来开发民族创新力。——这是温儒敏对语文教育的第二个期望。

在温儒敏先生看来,创新力来自开阔的眼界和开放的视野。在温儒敏先生的语文教育实践中,他注重通过语文学习来引导学生打开眼界,树立开放的视野。他说:“眼界打不开,又哪来创新?”为此,他做了许多如下的工作:一、在文学文本的细读和鉴赏中,他经常展示文学评论的不同方法,借此打开学生的眼界,提高他们从多个视角感悟艺术的能力;二、在经典阅读方面,他提倡学生阅读不同时代、不同国别、不同文化背景、不同题材、不同风格、不同文体的各类作品,尤其是文学、历史、哲学等方面的经典作品,试图通过多元化的经典阅读来引导学生打开眼界,树立开放的视野;三、在高考和大学招生考试改革方面,他倡导重点考查学生思维的灵活性、创造性,以及思路与知识面是否开阔,是否具有学科融合和科际整合的视界,等等。

在温儒敏先生眼里,创新力来自个性的张扬、精神的放达和思想的独立。“创造性”怎么来?温儒敏借鉴钱学森在加州理工学院的学习经验后认为:关键就是需要营造一种氛围,“(让)创新的学风弥漫在整个校园……在这里,你必须想别人没有想到的东西,说别人没有说过的话。拔尖的人才很多,我得和他们竞赛,才能跑到前沿。……那里的学术气氛非常浓厚,学术讨论会十分活跃,互相启发,互相促进”。学生在这种气氛中能获得自信,又互相竞争,互相交流,创造性就出来了。而要营造这种氛围,很重要的一点是给学生思想上、学术上的自由,鼓励个性化学习,容许“标新立异”,允许不同的见解,甚至可以向权威挑战。此外,还要创造条件,给学生不同的见解充分交流和自由竞争的机会。正是基于这些认识,温儒敏先生在语文教育中特别重视保护学生的天性,全力发展他们“健康的个性”。为此,他在主编新的人教版高中语文教科书时,开创性地将教科书分为“必修”和“选修”两大板块,意图是给教师和学生留下充足的个性学习的空间;他认为个性化的阅读可以唤起灵性和兴味,“为高考而读”则容易扼杀兴趣,主张在应试教育还不能取消的情况下最好还是兼顾一下,除“为高考而读”外,给学生适当保留一点阅读“闲书”的自由,让他们的爱好和潜力在更加个性化、相对宽松自由的阅读中发展;在组织语文教学时,他反对教师讲得过多、教得过于死板,反对用集体讨论代替个人阅读,主张引导学生多发现他们各自独特的阅读体验、感觉,并尊重和珍视这种体验、感觉或理解;对于作文教学,他反对“文笔”成为作文的“第一要义”,也反对文体“套路”练习成为作文教学的主流范式,因为这容易束缚个性……温儒敏先生提出这些主张和认识,主要目的是试图通过语文教育为我国培养一代代个性张扬、精神放达、思想独立、极具批判精神的青少年,为民族创新力的繁荣昌盛培植丰厚的土壤。

温儒敏先生认为,创新力来自好奇心、求知欲,以及主动探究问题的兴趣。温儒敏先生研究中小学语文教育,从不把它作为一个孤立的阶段来看待,而是将其纳入学生终生发展的全过程、纳入他们进入社会或大学之前的一个重要环节予以考察和思考。他认为,大学不只是我们通常所理解的传授和学习知识的地方,更是质疑、批判、否定和更新知识的自由殿堂;没有研究和探索,没有表达和争论,没有反问与沉思,就没有真正的大学精神;而要培养这种精神,就必须从孩子抓起。为此,温儒敏先生主张改变中小学语文课程繁、难、偏、旧的倾向,而大力倡导自主、合作、探究的学习方式。在他看来,语文教学的主要任务之一就是引导学生思考和探究一个问题,即:经典文本所唤起的独特感觉到底在哪里?并精心组织学生对此予以探究。这个探究的过程,应该是引领学生“直观感受”文本,并形成他们各自的阅读感觉、感受和认识的过程;也是引领每位学生“设身处地”想象和感受作品的时代氛围,以及当时普遍的读者接受状态,并理解和学习该作的语言表达方式、获得语文知识、发展语文能力的过程;更是引领学生进行“名理分析”以训练和发展他们的思考力、分析力的过程。这种教学方式彻底改变了语文课程以往注重知识传授的倾向和教师讲得过多过细过于琐碎的弊端,把一堂堂语文课变成了一次次师生自主、合作地发掘文本奥秘的探究之旅,这就激发了学生的好奇心、求知欲和主动探究问题的兴趣,也发展了他们的感受力、分析力、思考力、创新力,同时也高效地完成了语文知识学习和语文能力训练的课程教学任务。

温儒敏先生承认,创新力来自大胆想象和大跨度的联想。一般而言,联想和想象是形象思维的主要形式,演绎、归纳、推理是逻辑思维的重要形式。一代科学巨匠钱学森先生基于他在加州理工学院的留学经验和自身的成长经历,深刻地指出:科学创新光靠逻辑思维是不行的,创新往往开始于形象思维,从大跨度的联想中得到启迪,然后再用严密的逻辑加以验证。钱学森回顾加州理工学院的留学经历时,记忆最深刻的是该院鼓励工科学生提高艺术修养;他所在的美国火箭研究小组的头头马林纳就是一边研究火箭,一边学习绘画,后来还成为西方有影响的抽象派画家;钱老自己从小也接受了很好的艺术教育,学习过音乐和绘画。温儒敏先生由于深受“钱学森之问”以及钱老对中国教育问题之反思的影响，很注重从民族创新力发展的视角来大力开发语文课程中的文学教育对形象思维的激活功能，他郑重指出：语文课程的文学教育可以多一点，但仍然离不开语文，是语文学习基础上的文学教育；文学教育的核心使命是让学生想象力飞扬。针对文学边缘化的现状，温儒敏先生乐观地说：只要人类还需要想象的空间，文学就有存在的必要；文学教育的要旨是培养人们的文学感觉和想象力，释放创造性思维；多读原典、少讲理论，可以有效地培养人们的文学感觉和想象力，当然强调原典阅读并不是说不要理论。

此外，创新力还来自健全人格的培养。温儒敏先生所谓“健全人格”的内涵很丰富，包括了人的性格、气质、道德品质等方面的很多元素，如宽容、爱心、单纯、耿耿不阿的人格操守与勇锐的抗争精神、博大的胸怀、质朴踏实与大度乐观的人生态度、充沛细腻的情感，以及理想主义、对国家与民族的使命感和责任感、对社会现实的关注与对人类命运的悲悯等。在温儒敏先生看来，这些健全而高尚的人格元素对创新力的形成、发展起到了重要的助推和涵养功能；尤其是其中的理想主义、对国家与民族的使命感和责任感、对社会现实的关注和对人类命运的悲悯等人格元素，在人类史上经常孕育出某种超前性思维，带来了某种思想或技术上的创新。

总之，温儒敏先生期望通过语文教育发挥以上各种因素的“合力”作用，开发学生的创造潜力，发展民族创新力。因为在他看来，开发人的创新潜力，促进国家发展，推动社会进步，是教育工作的大道理；在很多时候，“大道理”要管“小道理”。

除上述两大期望之外，温儒敏还期望语文课有“语文味”。所谓“语文味”，其内涵是强调语文课程、教材、教法要做到两方面兼顾：一要聚焦于“语言文字的运用”，二要有“味”。

在课程性质方面，温儒敏先生认为：“语文”作为一门课程的命名，其本质是母语学习的课程；“母语”的学习既要关注“语”，也要关注“母”。所谓“语”，是指语言文字知识传授、能力训练的教学，这是语文课程的“基本口粮”，它着眼于语文课程的工具性目标；所谓“母”，是指蕴含在语言文字深处的母体文化心理积淀、母体民族的智慧经验和人生况味，这是语文课程的重要任务之一，它着眼于语文课程教学的人文性目标。在温儒敏先生看来，语文新课标虽然强调“工具性和人文性相结合”，但工具性更为基础，人文性要扣着“语文”来实现。

在教材编写方面，温儒敏先生不太赞成现行多种版本语文教材的人文主题单元框架，指出这种编写体系虽然让学生感到有“味”，也易于激发他们的兴趣，但都是往人文素质教育靠拢，把“语文”的含量稀释了，因而容易导致语文课被上成思想教育课、文学课或人文素质课，其结果是“掏空语文”。他主张把语文素养划分为若干因素，把小学和中学语文学习所要达到的知识点和能力训练点梳理一下，安排到每一学期各个单元之中，最好每一课都有一点“干货”,做到“每课一得”就更好。这些都应当作为组合单元的要素之一。他建议,如果继续以人文主题的单元框架组编教材,就应该考虑把这些语文知识点、能力训练点往每个人文主题的单元中靠一靠、插一插,最好能紧密结合选文,实在结合不了,就在单元导语、阅读提示、思考练习题上体现。对语文教育而言,知识传授、能力训练本身没有问题,问题在于许多被选入各版本语文教材的知识点、能力训练点有时并未经过学有专长的资深学者和专家的严格挑剔与审核,这导致了某些语文教材所编排的知识点和能力点不时出现陈旧芜杂、紊乱无序、学理欠缺、不适应实际、膨胀、低效等备受人们诟病的问题。很显然,基础知识的教学和基本能力的训练是语文课程的“基本口粮”,但语文课程所需要的是精当、有效、学理坚实、衔接有序的知识教学和能力训练,不是低效、芜杂、陈旧,经不起学理推敲,也经不起语言文字运用实践检验的知识教学和能力训练。

在教学方法上,温儒敏先生主张语文课程与其他学科一样,小学、中学的核心任务是知识传授和能力训练。讲传授、讲训练,与提倡自主、合作、探究的学习不应该是对立的。他认为,知识传授本身并没有问题,“灌输”也不是贬义词;在一些教学环节,“灌输”的办法也是很必要的;一个有水平的教师即使是“满堂灌”也可以“灌”得活跃——他一边灌,学生一边动脑,这也是互动。所以,不能把教法的问题绝对化。翻看温儒敏的语文论著,经常可以看到“语文味”“文化味”“有味”等词语,这些词语与温儒敏所提倡的语文教学方法有着内在的联系。具体说,温儒敏先生提倡的语文教学方法无论是偏重于传授、训练,还是偏重于自主、合作、探究,所追求的都是同一个境界,即:引领学生在文本的语言文字运用中体会“味”(文学味、文化味),又在体会“味”中发觉作者的语言文字运用之妙(语文味)。如果一言蔽之,可谓:从语文入,又从语文出。

三、温儒敏作为语文教育家的三重身份

温儒敏先生是我国当下语文教育基本形态的重要塑造者之一。笔者以为,他作为语文教育家,在基础教育的宏大舞台上历史性地展现了三重身份:

第一,他是语文教育本质的守护人。在我国百年语文教育史上,先后出现过大范围的语文课程语言化倾向、工具化倾向、人文化倾向和技术化倾向,这些倾向都曾经严重地异化了语文课程的本质属性。从本质而言,语文是学习“语言文字运用”的课程,其中的重心是学习我国各类经典文本在特定的历史、文化语境下所创造的鲜活的语言文字运用的个体经验,以及通过个体性的语言文字运用所传达出来的民族文化心理、国人智慧和人生况味等人文元素。温儒敏作为一代文学史家,比语言学家更能洞悉积淀在经典文本中的语言文字运用的个体经验,以及从这些个体经验中归纳、升华出来的语言知识和语文能力;作为一位具有文学史和文学基础课教学与研究背景的语文教育家,温儒敏先生对各类经

典文本透过个体性的语言文字运用所传达出来的民族文化心理、国人智慧和人生况味等人文元素，比很多语文学科教学专家认识得更透彻、更开阔。也就是说，温儒敏作为一代文学史家，比很多语言学家或学科教学专家更能守护好语文课程“语言文字运用”的本质属性。在事实上，温儒敏先生也以他的深邃洞察了语文教育的本质，牢牢守住了语文教育的根本，这展现了他在当下作为语文教育本质“守护人”的身份。

第二，他是语文教育迷津的指点者。在教育史上，语文课程教学常常陷入某些理论上或实践中的迷津而难以自拔，包括温儒敏先生在内的许多语文教育家都对此给予了及时指点和帮助。比如，新课标提出语文课程的最终目标是发展学生的“语文素养”，那么“语文素养”是什么？很多教师对此感到迷惑不解。温儒敏先生作为新课标修订的召集人及时做出回应，明确而清晰地说：语文素养是指中、小学生具有比较稳定的、基本的，适应时代发展要求的听说读写能力以及在语文方面所表现出来的文学、文章等学识素养和文风、情趣等人格修养。这就帮助人们厘清了对新课标核心概念的认识。又如语文课改提出了课程的基本特点是工具性和人文性结合，但因为现在争论太多、概念纠缠混乱，很多基层学校的教师有点六神无主，温儒敏先生及时指点说：工具性和人文性很难分开，是自然融合在一块的，千万不能误解为课改就是突出人文性、相对淡化工具性。对于语文教师在备课中刻意安排许多讨论、对话，课堂一味追求热闹，学生根本没机会静下心来自己“读”的教学乱象，温儒敏先生告诫说：这是缺少思维深度的讨论、对话，是“浅问答”，语文教学的“对话”很重要，但“对话”要有质量，要建立在学生细读、默读后并形成他们自己的独特感觉、感受、理解和思考的基础上，这才是有质量和意义的“对话”。此外，针对高考体制下的应试教育严重干扰素质教育的情况，温儒敏先生建议：能否考虑换个思路，在高考制度还不能取消的当下让高考“指挥棒”发挥积极作用，朝正面“指挥”……总之，温儒敏先生对我国语文课程的理念、教材编写、课堂教学、考试评价等方面存在的许多弊端与问题都进行了尖锐批评、科学辨析和认真纠偏，时时展现了他作为语文教育迷津指点者的可贵身份。

第三，他是当下语文教育的保驾护航者和干扰排除者。近些年，社会舆论对我国语文教育的介入很多，也很频繁。这种介入一方面体现了社会对语文教学及课改的关心与支持，但另一方面由于传媒过分介入甚至炒作，常常造成语文教科书增删或调整一两篇课文的小事都可能引起过分关注、炒作和责难，这就给语文教师和研究者带来了很大压力与干扰。面对这些压力和干扰，温儒敏先生挺身而出，诚恳指出语文教育是专业性很强的工作，呼吁媒体“能不能别那么关心语文”，“对基础教育的语文教学不要‘关注’过度，更不要太多炒作”。于此可见，温儒敏先生毫不顾惜他崇高的学术地位和德高望重的社会声誉而开罪一些强势媒体，这展现了他作为当下语文教育的保驾护航者和干扰排除者的可贵身份。

最后说一点:在当当和亚马逊上,有网友留言评点温儒敏的语文教育论著写得“很大气”,笔者赞同这个评价,并以为这种“大气”是来自于温儒敏语文教育观的四个基础、三大期望和他在当下语文教育界所展现的三重身份。